RESEARCH ON
ENTERPRISES' OUTWARD
DIRECT INVESTMENT
AFFECTING THE DIVISION OF
LABOR IN THE GLOBAL VALUE CHAIN

企业对外直接投资
影响全球价值链分工的
机制研究

林梨奎 ◎ 著

中国财经出版传媒集团

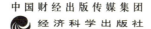

经济科学出版社
Economic Science Press

图书在版编目（CIP）数据

企业对外直接投资影响全球价值链分工的机制研究 ／
林梨奎著 . —北京：经济科学出版社，2021.7
ISBN 978 - 7 - 5218 - 2719 - 4

Ⅰ.①企⋯　Ⅱ.①林⋯　Ⅲ.①企业 - 对外投资 - 直接
投资 - 中国 - 影响 - 国际分工 - 研究　Ⅳ.①F279.23
②F114.1

中国版本图书馆 CIP 数据核字（2021）第 141892 号

责任编辑：杨　洋　程　铭
责任校对：郑淑艳
责任印制：王世伟

企业对外直接投资影响全球价值链分工的机制研究
林梨奎　著
经济科学出版社出版、发行　新华书店经销
社址：北京市海淀区阜成路甲 28 号　邮编：100142
总编部电话：010 - 88191217　发行部电话：010 - 88191522
网址：www. esp. com. cn
电子邮件：esp@ esp. com. cn
天猫网店：经济科学出版社旗舰店
网址：http：//jjkxcbs. tmall. com
北京季蜂印刷有限公司印装
710 × 1000　16 开　17.25 印张　290000 字
2021 年 7 月第 1 版　2021 年 7 月第 1 次印刷
ISBN 978 - 7 - 5218 - 2719 - 4　定价：66.00 元
（图书出现印装问题，本社负责调换。电话：010 - 88191510）
（版权所有　侵权必究　打击盗版　举报热线：010 - 88191661
QQ：2242791300　营销中心电话：010 - 88191537
电子邮箱：dbts@ esp. com. cn）

　　本书成果获得广东省普通高校创新团队项目（人文社科类）"资产管理研究团队"（2018WCXTD004）、国家社会科学基金重大项目"共生理论视角下中国与'一带一路'国家间产业转移模式与路径研究"（17ZDA047）、广州市哲学社科规划 2021 年度课题"产品质量视角下广州信贷错配影响贸易摩擦缓解的机制研究"（2021GZGJ21）资助，同时也感谢暨南大学余壮雄老师以及海南大学张佐敏老师的宝贵意见。

序

林梨奎博士善于学习，勤于钻研，笔耕不辍，近年集中精力研究企业对外投资，推出力作《企业对外直接投资影响全球价值链分工的机制研究》。

2020 年，新冠肺炎疫情肆虐，对全球经济发展造成严重影响，中国经济必须实现更高水平的动态平衡才能克难前行，这就需要加快构建以国内大循环为主体、国内国际双循环相互促进的新发展格局。在国内大循环为主体的新发展格局中，离不开更加畅通的国际大循环、双循环相互促进，对外开放不能有丝毫松懈。

2020 年，《区域全面经济伙伴关系协定》（RCEP）正式签署，中欧投资协定谈判如期完成，对我国改革开放提出了更高的要求。国内国外双循环新格局的形成，既需要依靠国内超大规模的市场优势，也需要国际产业分工网络的有效支撑，对外直接投资是中国企业参与国际分工、嵌入全球价值链和供应链高端环节的重要形式。随着中国企业不断加快"走出去"步伐，中国对外直接投资规模不断上升，成为提振全球经济的决定性因素，与此同时，中国企业也成为世界和平稳定发展的中坚力量。

中国对外直接投资主要由企业来完成，对外投资企业的行为特征与中国对外开放可持续性息息相关。林梨奎博士从这一认知出发，深入研究企业对外直接投资影响全球价值链分工的机制，这对于中国高水平的对外开放来说，极具理论价值。当前，新冠肺炎疫情继续在全球肆虐，世界经济全球化受到严峻挑战，全球供应链被打乱，全球国际分工格局甚至处于停滞状态。在此情势之下，林梨奎博士的研究凸显其现实意义，有利于认清对外直接投资影响全球价值链分工的机制，未雨绸缪，早作准备，在新冠肺炎疫情过后势必再现的新一轮全球化浪潮中，迈向与新的国际合作制度性相适应的更高水平的对外开放。

全球价值链分工位置变化是对外直接投资研究的重点，关系到中国企业对外直接投资的方向，是促进我国企业如何迈向全球价值链高端的关键。在中国企业"走出去"的初期阶段，主要凭借劳动力成本优势融入全球国际分工体系，产生大量以代工生产为主的劳动密集型企业。此后因其在原材料、技术和销售上高度依赖国外市场，遭遇"价值链低端锁定"困境。随后因发达国家实施制造业回归、中国人口红利渐失以及其他发展中国家的兴起，粗放增长的代工生产模式已难以为继，迈向全球价值链高端环节成为中国企业在全球产业竞争中存续的必然要求。

林梨奎博士的《企业对外直接投资影响全球价值链分工的机制研究》响应这一重大课题，在已有研究成果基础上，从"企业—产品"层面，使用企业出口国内增加值率对全球价值链分工位置的衡量指标进行改良和完善；在初始投资和持续投资两个不同阶段，检验企业对外直接投资行为影响其全球价值链分工位置变化的作用机制；进而对企业全球价值链分工位置进行更为细致的刻画，深入研究企业全球价值链分工位置提升对其出口持续的影响。林梨奎博士的研究客观地评价了中国企业对外直接投资行为对其全球价值链分工位置提升的影响机制，并进一步探讨企业全球价值链分工位置的提升对其出口持续的影响机制，客观地展示了企业通过对外直接投资行为提升其全球产业竞争力以及提高出口存活概率的作用路径。我认为，他的成果在理论上为这一研究领域作了有益的补充，为政府制定政策、引导对外直接投资企业提升其全球产业竞争力和延长出口贸易持续时间提供了理论参考，对于对外投资企业的持续投资行为也具有指导意义。当然，企业对外直接投资是一个复杂的问题，不仅需要理论探讨，更涉及全球政治经济形势的变化，以及企业的微观行为，研究不可能一蹴而就，希望林博士就此问题继续深入研究下去。

　　林梨奎博士本科就读于广东财经大学，是经济学院的优秀学生，可惜我并没有教过他。但是林梨奎将我视为亲师，始终执弟子礼以待我，谦虚请教，令我感动。他从暨南大学研究生毕业后，我们有幸在广东省综合改革发展研究院再度结缘成为同事，他是研究院的主力，也是我的得力助手，他的研究能力、工作态度以及待人接物的能力均属优秀。他秉承学无止境的信念，孜孜以求，不断进取，研究成果累累并顺利获得暨南大学经济学博士学位。林博士撰写此书过程中时有与我探讨，如今终于乐见付梓，欣然为之序。

徐印州

2021 年 1 月

目　　录

|第 1 章|

导　论

1.1　研究背景及意义

2020 年 7 月召开的中共中央政治局会议提出，要加快形成"以国内循环为主体、国内国际双循环相互促进"的新发展格局；同年 12 月召开的中央经济工作会议进一步明确"构建新发展格局，必须构建高水平社会主义市场经济体制，实行高水平对外开放，推动改革和开放相互促进"。国内国外双循环新格局的形成，既需要依靠国内超大规模市场优势的发挥，同时也需要国际产业分工网络的有效支撑（林梨奎，2020）。对外直接投资是中国企业参与国际分工、角逐全球价值链中高端环节的不可忽视的重要形式。中国改革开放 40 多年来，对外开放取得重大成就，对外直接投资已成为中国企业"走出去"参与国际分工的重要形式。随着中国企业"走出去"步伐不断加快，中国对外直接投资规模不断上升，中国对外直接投资逐步成为提振全球经济的决定性因素。统计数据显示，截至 2019 年底，中国企业对外直接投资金额存量达 21988.8 亿美元，是 2003 年投资存量的 65.9 倍，有效缓解了东道国资金短缺问题，带动当地经济发展。中国企业对外直接投资显著提升了东道国生产效率和基础设施水平，并提供大量就业岗位，对当地经济发展作出巨大贡献（黄亮雄等，2018；姚战琪和夏杰长，2018）。此外，中国还积极推进"一带一路"国际合作倡议，中华人民共和国商务部统计数据显示，截至 2019 年 9 月底，中国企业在"一带一路"沿线国家累计投资超过1000 亿美元，为当地创造 30 多万个就业机会。中国企业已成为世界和平稳定发展的中坚力量。中国对外直接投资主要由企业来完成，中华人民共和国商务部统计数据显示，截至 2018 年底，国内企业在境外投资设立企业（机构）数量已达到 4.3 万家，这些企业的行为特征与中国对外开放可持续性息息相关。因此研究对外直接投资企业对于中国进一步扩大对外开放具有其理论价值和现实意义，特别是在当前新冠肺炎疫情（以下简称"疫情"）肆虐下全球分工格局暂时处于停滞状态的形势下，我们更应该认清经济发展客观规律，早做准备，争取在未来疫情被控制住后即将掀起的新一轮全球化浪潮中占据有利位置，持续、加快推进中国对外开放进程。

全球价值链分工位置变化是对外直接投资研究的重要方向之一。全球价值链分工位置提升是我国经济由高速增长阶段迈向高质量发展阶段的重要命题。党的十九大报告提出，"促进我国产业迈向全球价值链中高端，培育若干世界级先进制造业集群"。改革开放 40 多年来，中国企业"走出去"始终保持强劲的增长趋势，国家统计局公布的统计数据显示，2019 年中国企业贸易货物出口额同比增长 5.0%、服务出口额同比增长 8.9%、对"一带一路"沿线国家货物贸易出口额同比增长 13.2%。在中国企业"走出去"融入全球产品内国际分工体系的初期阶段，凭借劳动力成本优势在全球产业竞争中占据一席之地，由此产生大量以代工生产为主、出口国内增加值率低的劳动密集型企业，由于其高度依赖国外市场提供原材料、技术和销售市场，由此产生"价值链低端锁定"困境（刘志彪和张杰，2007），然而随着发达国家"制造业回归政策"的实施（李俊江等，2018）、中国劳动年龄人口数量连年下滑以及其他发展中国家的兴起（杨海洋，2013），粗放增长的代工生产模式已捉襟见肘、难以为继，因此，争取迈向产品内分工价值链中高端环节是中国企业在全球产业竞争中生存下去的必然要求。

当前国际经济迫切需要结构再平衡，中国要抓紧制定对外发展新战略、新举措、新路径。当务之急是要在扩大内需背景下，加快建立国内地区间多层次的产业体系，通过构建国家价值链，部分替代全球价值链的循环体系，这也是我国应对国际分工新形势的内在要求。从中国经济面临的主要挑战来看，促进若干重要产业迈向全球价值链中高端，也正是建设现代化经济体系的要求。居民收入增长、消费水平提升、社会福利水平提高、资产增值、环境保护加强等趋势是不可能停滞的，但是如果企业不能生产出性价比更高的产品和服务，或不能从事附加值更高的财富创造活动，那么中国企业在面对新进入市场的低成本竞争者时，就会逐渐丧失国际竞争力，现代经济体系建设就会遭遇巨大障碍。因此，探究企业对外直接投资行为对其在全球价值链中分工地位的变化，具有极其重要的现实价值。同时，对于企业而言，向全球价值链中高端位置提升的初衷大多是为了在全球竞争中生存下来，增加参与国际分工的持续时间，因此，相关部门在制定实施政策促进企业迈向全球价值链中高端的过程中，应重点关注如何使得企业在全球价值链嵌入位置的提升能够更好地服务企业出口贸易关系的存续。因此，在研究企业对外直接投资行为对全球价值链分工位置影响作用的基础上，进一步研究企业对外直接投资通过其全球价值链分工位置提升对其出口持续概率的作用机制也具有重要的现实意义和理论价值。

综上所述，本书主要想回答这样一个问题，即企业在某个特定时期以及多个时期的对外直接投资行为将分别如何影响其全球价值链分工位置竞争地位的变化，同时企业对外直接投资所带来的这种全球价值链分工位置竞争地位的变化，将对其出口持续概率产生怎样的影响。这在当前我国推动全方位对外开放大背景下具有重要的现实价值和理论意义。

具体来说，本书的价值和意义主要体现在以下几个方面。

1.1.1　对全球价值链分工位置衡量指标尝试进行改良和完善

企业全球价值链分工位置提升是贯穿全书的研究重点，对其进行更为科学合理的衡量将是本研究取得预期效果的重要起点。本书主要从企业层面对企业对外直接投资影响全球价值链分工位置变化进行分析研究，对企业全球价值链分工位置变化影响其出口持续概率的研究则主要从企业—产品层面来进行，鉴于此，本书使用企业出口国内增加值率对其所处全球价值链分工位置进行衡量时，主要参考基和唐（Kee & Tang，2016）的计算方法，并在此基础上进行改善和完善，尝试寻求更为完善的测算方法。

1.1.2　划分初始投资以及持续投资两阶段视角进行研究

这里主要搭建这样一个研究情景，企业对外直接投资活动开展，往往要经历初始投资阶段的"适应期"以及持续投资阶段的"发展期"。在这两个阶段，企业所面临的内外部环境均有所不同，比如企业在初始投资阶段，由于刚刚进入东道国市场，对当地人文、法律、竞争对手等条件均不熟悉，企业在这一阶段的战略重点可能在于适应以及生存下去；当企业逐渐适应当地环境并逐渐占据主导权之后，往往会追加投资，从而进入持续投资阶段，企业在这一阶段的战略重点已不仅仅局限生存下去了，而是寻求更多的利润增长空间。显然，在这两个阶段，企业战略重点的转变，将导致其在两个阶段的投资行为，对其全球价值链分工位置变化的影响作用将可能发生转变。本书尝试设定某个特定时期，从初始投资视角，讨论当企业处于初始投资的起步阶段时，其对外直接投资行为对其全球价值链分工位置提升的影响作用及传导机制；同时，进一步从持续投资视角，讨论当企业处于持续投资的发展阶段时，其对外直接投资行为对其全球价值链分工位置变化的影响作用及传导机制。并将两阶段的回归结果进行比较分析，尝试探讨随着企业对外直接投资所处阶段的改变，其影响作用是否也会随之改变以及将如何变化等问题，并从中寻找可用信息，为政府制定政策提供理论指引和参考借鉴。已有研究成果大多较为笼统地考察企业对外直接投资对其全球价值链分工位置的影响作用，而忽略了由于企业在不同投资阶段可能采取的不同投资策略，而可能导致影响机制出现转变这一可能存在的客观事实。

1.1.3 从企业—产品层面进一步深入刻画及丰富相关研究

目前可检索的研究成果主要是从国别层面或企业层面对企业全球价值链分工位置变化影响其出口持续的作用及机制进行充分探讨，从企业—产品层面进行探讨的研究成果则较为少见。然而，对于企业来说，一家企业旗下往往会经营多种各式各样的产品，在本书合并的数据样本中，就有个别企业拥有产品种类达 1000 多种，各类产品上游原料供应中游生产制造以及下游销售及服务等，均各成体系、独具一格地形成价值链或产品链，此时统筹地用企业层面全球价值链来界定其企业在全球产业竞争中所处位置的有效性和准确度仍有待考量，因为该企业某类产品可能处于出口国内增加值率较高的位置，但同时也有可能其他产品在全球分工中处于增加值率较低位置。鉴于此，本书认为从企业—产品层面开展研究更为重要，且有其现实价值和理论意义。

1.2　研究视角和方法

1.2.1　研究问题

本书的核心问题是在对企业全球价值链分工位置衡量指标进行完善的基础上，客观评价中国企业对外直接投资行为对其全球价值链分工位置提升的影响机制，并进一步探讨企业全球价值链分工位置提升对其出口持续的影响机制，客观展示企业通过对外直接投资行为提升其全球产业竞争力以及提高出口存活概率的作用路径，为政府制定政策引导对外直接投资企业提升其全球产业竞争力和延长出口贸易持续时间提供理论参考和指引。在这里需要说明的是，本书研究衡量全球价值链分工位置的指标为企业出口国内增加值率，这里的位置高低只是衡量企业在全球产业竞争中所处的状态，并非褒贬之意。本书基于该指标计算公式，认为该指标取值高，则意味着企业更多中间投入品是来自本国市场，其对国外要素市场的依赖程度相对较低，在全球产业竞争中抗风险能力以及自主话语权更高，反之则更为依赖国外要素市场，更容易受到国外市场主体的牵制。具体而言，本书将围绕上述核心研究问题，对三个子问题进行研究，分别为：

（1）企业初始对外直接投资如何影响其全球价值链分工位置提升。

当处于初始投资阶段时，企业将处于更为重视适应东道国市场环境以及寻求生存空间的"适应期"阶段，此时，企业初始对外直接投资行为将对其全球价值链分工位置竞争产生怎样的影响效应？是减弱对国外要素市场的依赖程度从而提升其全球价值链分工位置竞争地位，还是扩大对国外要素市场的依赖程度从而降低其全球价值链分工位置竞争地位呢？而且，这种影响效应是否会随着企业所有制、规模大小、行业要素密集类型的不同而改变呢？并且是否存在某些企业通过自身努力或是政策引导可以改变的因素，会对其影响作用强弱程度以及作用方向产生调节效应呢？这些都是本研究需要回答的主要问题。

（2）企业持续对外直接投资对其全球价值链分工位置提升的影响。

随着企业平稳度过初始投资的适应阶段并站稳脚跟，其投资将进一步扩大，并逐步进入寻求更多利润增长空间的"发展期"阶段，此时，企业多时期持续投资行为将对其全球价值链分工位置提升产生怎样的影响效应呢？以及其影响作用与其处于初始投资的"适应期"阶段的研究结果相比较，又会有何不同呢？而且这种随着企业投资发展阶段转变而带来的影响机制的变化，对于政府干预政策的制定将有何不同的启示和理论指导价值？此外，与第一个研究子内容相似，本书也将检验企业持续投资阶段对其全球价值链分工位置变化的影响作用是否会随着企业所有制、规模大小、行业要素密集类型、地区分布以及天生国际化特性等的不同而改变；是否存在某些企业通过自身努力或是政策引导可以改变的因素，会对其影响作用强弱程度以及作用方向产生调节效应；是否存在某种企业自身通过努力或是政策引导可以改变的因素，将在其影响作用过程中扮演中间传导角色。这些也是本研究需要回答的主要问题。

（3）企业全球价值链分工位置提升对其出口持续概率的影响。

这个子问题的提出主要是使得本研究的主题更为全面和完善。上述两个子问题主要回答如何影响的问题，而这个子问题在上述两个子问题的基础上，进一步回答了会产生什么影响作用的问题，可以视为是上述子问题的延续。那么，政府在对企业对外直接投资行为进行干预和引导之后，促进了企业全球价值链分工位置的升级，然而这种升级将对企业出口贸易持续状态产生什么样的影响作用？而且这种影响作用是否会随着贸易方式、所有制、企业规模大小以及行业要素密集类型分类的不同而产生改变？以及是否存在某些企业通过自身努力或是政策引导可以改变的因素，会对其影响作用强弱程度以及作用方向产生调节效应呢？这些也是本研究需要回答的主要问题。

1.2.2　研究视角

本书假设企业对外直接投资将经历初始投资阶段的"适应期"及持续投资阶段的"发展期"两个发展阶段，并从两个阶段企业不同特征变化作为研究的切入点。本研究首先从初始投资阶段视角开始，设定某个特定时期，重点考察企业在初始投资"适应期"阶段的对外直接投资行为对其全球价值链分工位置变化的影响作用。更进一步地，随着企业逐渐适应东道国发展环境，将逐步进入持续投资阶段的"发展期"，这里主要采用多期双重差分法（DID）模型，考察企业多期对外直接投资行为对其全球价值链分工位置变化的影响作用。同时比较企业在投资发展阶段转变过程中，其影响作用可能发生的变化特征。此外，作为上述研究的一个延续，本研究还将从企业—产品视角检验企业—产品分工的出口持续效应。研究全球价值链分工问题细化到企业—产品层面的理由在前面已有详细阐述，而且在目前可检索到的关于企业全球价值链分工位置影响其出口持续概率的研究成果中，尚未发现有学者从企业—产品层面视角对这一问题进行充分讨论。这是本研究的第三个视角。

1.2.3　研究方法

本研究主要采取文献综述分析法、描述性统计分析法以及实证计量分析法。

（1）文献综述分析法。

关于中国对外直接投资影响全球价值链分工位置变化以及全球价值链分工位置变化影响出口贸易持续的相关研究，本书已进行系统性梳理，并作了客观评价。对相关研究成果进行全面梳理是本研究的重要基础。本研究将从"对外直接投资研究综述""全球价值链分工研究综述""中国对外至二级投资与全球价值链研究综述"等方面梳理对外直接投资影响全球价值链分工的相关研究成果，并从"企业出口持续计量方法研究综述""企业出口持续影响因素研究综述""企业参与全球价值链分工影响其出口持续研究综述"等方面梳理企业全球价值链分工位置提升影响其出口持续概率的相关研究成果。对上述研究成果的梳理和评价有利于研究相关领域的学者对研究主题热点以及变动脉络产生较为全面的了解，为研究主题的延续提供前期基础。

（2）描述性统计分析法。

基于匹配得到的合并数据样本，并从"中国企业对外直接投资总体情况及演变""中国企业全球价值链分工位置演变""中国企业对外直接投资决策与全球价值链分工位置""中国企业对外直接投资的投资强度与全球价值链分工位置""企业参与全球价值链分工及其出口持续典型事实"等方面入手，对中国企业对外直接投资、全球价值链分工以及出口持续等进行描述性统计分析，刻画相关基本事实，为下一步实证分析提供事实基础。此外，为进一步了解研究成果分布情况，本书还以在《中文社会科学引文索引（2017－2018）收录来源期刊表》所收录期刊发表的文献为研究样本，通过手动收集及整理得到相关数据样本，对中国企业对外直接投资国内研究主题热点进行描述性统计分析。

（3）实证计量分析法。

本书主要采用倾向得分匹配＋双重差分法、多期双重差分法检验企业对外直接投资对其全球价值链分工位置提升的影响效应及传导机制，以及采用Cox半参数回归法对企业全球价值链分工位置提升的出口持续效应进行久期分析。此外，还引入调节变量检验其调节效应，引入中介变量检验其中间传导机制。关于内生性问题的讨论，则主要是使用倾向得分匹配法处理可能存在的选择性偏误而导致的内生性问题，以及使用滞后一期项作为代理变量以处理可能存在的互为因果关系而导致的内生性问题。

1.3 研究内容与结构安排

1.3.1 研究内容

本书研究内容主要包括以下三个方面：

1. 企业初始投资阶段对其全球价值链分工位置提升的影响

本书将使用2000~2013年国家商务对外直接投资企业备案目录、中国工业企业调查数据库与中国海关进出口数据库的合并数据样本，对数据样本进行清洗后，以2010年存在初始对外直接投资行为的企业为实验组、在任何年份均不存在任何对外直接投资行为的企业为对照组，采用倾向得分匹配方法对数据样本进行筛选，并进一步采用双重差分法，在控制国际金融危机事件影响的基础上，重点考察企业在2010年初始对外直接投资行为如何影响其全球价值链分工位置提升、该影响作用的异质性特征表现，以及其他相关变量对其的调节效应。关于企业在2010年初始对外直接投资影响其全球价值链分工位置提升的影响作用，本研究在倾向得分匹配的基础上采用双重差分法回归得到基准回归结果，并通过替换被解释变量、改变年份区间、时间累进等方式进行稳健性检验，同时假设企业对外直接投资年份提前方式进行安慰剂检验；关于其影响作用的异质性特征，本研究主要从中央企业、地方国有企业、私营企业、外资企业等所有制分类，大规模企业、中规模企业、小规模企业等企业规模大小分类，还有劳动密集型、资本密集型、资本及技术密集型等行业类型分类等方面进行分析研究；关于影响作用的调节效应，本研究重点考察了生产工艺提升、产品功能提升、市场地位提升以及国外市场扩张的调节效应。

2. 企业持续对外直接投资对其全球价值链分工位置提升的影响

本书将使用2000～2013年国家商务对外直接投资企业备案目录、中国工业企业调查数据库与中国海关进出口数据库的合并数据样本，对数据样本进行清洗后，在对其进行平行趋势假设检验的基础上，采用多期双重差分法，在控制国际金融危机事件影响的基础上，重点考察企业在多个时期初始对外直接投资行为如何影响其全球价值链分工位置提升、该影响作用的异质性特征表现、其他相关变量对其的调节效应，此外，还在理论推导的基础上，选择企业全要素生产率水平作为中介变量检验企业对外直接投资行为通过其全要素生产率水平改变进而影响其全球价值链分工位置提升的中间传导机制。本研究在通过平行趋势假设检验的基础上，采用多期双重差分法回归得到基准回归结果，并通过替换被解释变量、改变年份区间等方式进行稳健性检验；关于其影响作用的异质性特征，本研究主要从中央企业、地方国有企业、私营企业、外资企业等所有制分类，大规模企业、中规模企业、小规模企业等企业规模大小分类，劳动密集型、资本密集型、资本及技术密集型等行业类型分类，东部、中部、西部和东北三省等地区分布分类以及天生国际化、非天生国际化等投资倾向特性分类等方面进行分析研究；关于中介效应分析，本研究将在理论推导的基础上选取企业全要素生产率作为中介变量，在回归得到基准回归结果的基础上，同时通过替换被解释变量、改变年份区间等方式进行稳健性检验。

3. 企业全球价值链分工位置提升对其出口持续概率的影响

本书将使用2000～2010年中国工业企业调查数据库与中国海关进出

口数据的合并数据样本，同时使用来源于法国前景研究与国际信息中心（CEPII）地理及距离数据库、国家风险国际指南（ICRG）、世界银行 WDI 数据库、国家统计局《国际统计年鉴》等的各类相关数据，对数据样本进行清洗后，采用 Cox 模型进行久期分析，重点考察企业—产品层面全球价值链分工位置提升如何影响其出口持续概率提升、该影响作用的异质性特征表现以及其他相关变量对其的调节效应。本研究在通过基于舍恩菲尔德残差的比例风险假设检验的基础上，采用 Cox 模型回归得到基准回归结果，并通过改变参数回归方法、替换被解释变量等方式进行稳健性检验；关于其影响作用的异质性特征，本研究主要从一般贸易为主、加工贸易为主等贸易方式分类，中央企业、地方国有企业、私营企业、外资企业等所有制分类，大规模企业、中规模企业、小规模企业等企业规模大小分类，资源密集型、劳动密集型、资本密集型、资本及技术密集型等行业类型分类等方面进行分析研究；关于影响作用的调节效应，本研究从企业特征变量以及产品特征变量两个维度进行选择，重点观察企业应对融资约束能力、技术效率、贸易依存度、沉没成本、产品功能、市场地位、出口产品多元化等企业特征以及出口产品质量、出口产品核心程度、产品出口规模等产品特征对其影响作用的调节效应。

1.3.2 研究框架

本研究主体内容主要包括企业初始投资阶段对其全球价值链分工位置变化的影响研究、企业持续投资阶段对其全球价值链分工位置变化的影响研究及企业全球价值链分工位置变化对其出口持续概率的影响作用三部分。研究思路框架如图 1-1 所示。这三部分主要逻辑脉络为，首先，研究当企业处于初始投资的"适应期"阶段时，其对外直接投资行为对其全球价值链分工位置的影响机制；其次，当企业投资进入"发展期"阶段时，随着企业投资策略的改变，进一步研究其对外投资行为对其全球价值链分工位置的影响机制，探寻企业发展阶段转变过程中所呈现出来的影响机制特征变化；最后，从企业出口持续视角出发，探讨企业对外直接投资行为促进其全球价值链分工位置提升可能带来的经济效益。

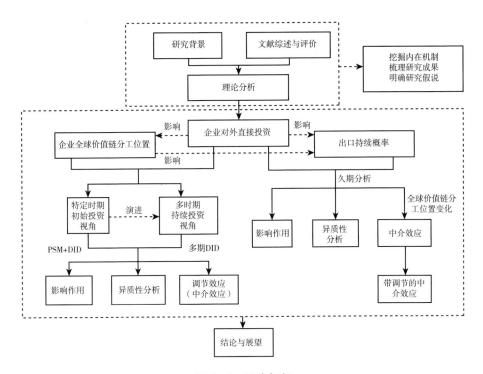

图1-1 研究框架

本研究框架结构安排如下:第1章为导论,重点阐述研究背景及意义、研究视角和方法、研究内容与结构安排以及可能的创新点;第2章为文献综述与评价,重点阐述对外直接投资影响全球价值链分工研究、全球价值链分工影响出口持续研究以及本章小结;第3章为理论分析,建立数理模型,从理论层面分析企业对外直接投资影响其出口国内增加值率的影响机制;第4章为企业特征与基本事实,重点阐述中国企业对外直接投资总体情况及演变、中国企业对外直接投资国内研究热点分析、中国企业全球价值链分工位置演变及特征、中国企业对外直接投资决策与全球价值链分工位置、中国企业对外直接投资强度与全球价值链分工位置、企业参与全球价值链分工及其出口持续典型事实;第5章为企业初始投资影响其全球价值链分工位置变化的机制研究,除了引言部分,重点阐述了理论分析与研究假说,计量模型、变量选取与数据说明、倾向得分匹配、基准回归结果、稳健性检验、安慰剂检验、异质性检验等实证结果及分析,基于调节效应的进一步分析以及结论与启示;第6章为企业持续投资影响其全球价值链分工位置变化的机制研究，除了引言部分，重点阐述了理论分析与研究假说，计量模型、变量选取与数据说明，平行趋势检验、基准回归及稳健性检验、异质性检验、调节效应检验等实证结果及分析，基于企业全要素生产率的中介效应分析以及结论与启示；第7章为企业全球价值链分工位置变化影响其出口持续概率的机制研究，除了引言部分，重点阐述了理论分析与研究假说，计量模型、变量选取与数据说明，典型事实分析、基准回归结果、稳健性检验、异质性检验等实证结果及分析，基于调节效应的进一步分析以及结论与启示；第8章为结论与展望，包括研究结论、政策启示以及研究展望等内容。

1.4 可能的创新点

本书主要的创新点可能体现以下三个方面：

第一，尝试完善企业全球价值链分工位置衡量指标。本书主要使用出口国内增加值率对其全球价值链分工位置进行衡量，在基和唐（2016）研究成果的基础上，尝试对企业出口国内增加值率测算方法进行完善和优化。本书测算方法与其最大的不同之处在于对来自国外要素市场的中间投入品的本国成分的处理方式。基和唐（2016）认为这一成分占比非常小，可以忽略并假设为0，本书进一步放宽该假设，并在估算企业出口国内增加值率时，将来自国外要素市场的中间投入品的本国成分考虑在内。如上所述，本书使用各进口起运国各行业中间投入品中的中国成分占比乘以来自各进口起运国各行业的中间投入品金额，计算得到企业—产品层面来自国外要素市场的中间投入品的本国成分，这使得最终计算得到的出口国内增加值率更为接近企业现实水平。这是本研究的创新点之一。

第二，对初始投资"适应期"阶段以及持续投资"发展期"阶段视角进行比较分析。本书分别探讨了当企业处于初始投资"适应期"阶段时，其对外直接投资行为对其全球价值链分工位置变化的影响机制，以及当企业处于持续投资"发展期"阶段时，其对外直接投资行为对其全球价值链的影响机制。并围绕两阶段的特征表现变化，进行比较分析，考察企业在不同阶段对外直接投资行为对其全球价值链分工位置变化的影响机制以及影响作用特征转变情况。已有研究成果大多较为笼统地考察企业对外直接投资对其全球价值链分工位置的影响作用，而忽略了由于企业在不同投资阶段可能采取的不同投资策略导致影响机制出现转变这一可能存在的客观事实。这也是本研究的创新点之一。

　　第三，从企业—产品层面进一步探讨企业全球价值链分工位置提升对其出口持续概率的影响效应及作用机制。本书在研究企业对外直接投资通过全球价值链分工位置变化的基础上，进一步引入全球价值链分工位置指标，探讨企业全球价值链分工位置变化影响其出口持续概率的中间传导机制，并同时引入企业技术效率、融资能力和出口产品质量等特征变量探讨其对传导作用的调节效应等。在类似研究主题里，在目前可检索成果中尚未发现以上内容，这也是本研究的创新点之一。

第 2 章

文献综述与评价

本书重点关注"企业对外直接投资如何影响其全球价值链分工位置变化"以及"企业全球价值链分工位置变化如何影响其出口持续状态"两个问题，本书的文献综述也重点阐述上述两个方面。

2.1 对外直接投资影响全球价值链分工研究综述

与本书主题密切相关的文献成果主要有三类，一是对外直接投资的研究综述，二是全球价值链分工的研究综述，三是中国对外直接投资与全球价值链研究综述。

2.1.1 对外直接投资研究综述

第二次世界大战以后，随着欧美发达国家在全球范围内掀起跨国界的直接投资行为，对外直接投资成为继国际贸易以外的另一个实现经济全球化发展的重要渠道。对外直接投资的空前发展引起各国学者的广泛重视，20 世纪 60 ~ 80 年代，涌现了很多理论研究成果，在此基础上，国内外学者开展各类细分领域的研究，大致可分为对外直接投资的动机与影响因素、对外直接投资与出口贸易的关系、对外直接投资的影响等方面。

1. 对外直接投资的动机与影响因素

已有研究成果主要分为三类：一是研究企业对外直接投资的动机。如解释发达国家企业对外直接投资动机的垄断优势理论（Hymer，1976）、产品生命周期理论（Vemon，1966）、内部化理论（Buckley & Casson，1976）、生产折衷理论（Dunning，1977）、边际生产扩张理论（Kojima，1978），以及解释发展中国家企业对外直接投资动机的投资周期理论（Dunning，1982）、小规模技术理论（Wells，1983）、技术地方化理论（Lall，1983）、投资诱发要素组合理论等。

二是企业对外直接投资区位选择的影响因素。已有研究成果主要从东道国特征、投资企业自身特征、母国特征等方面开展论述。关于东道国特征因素，如克鲁格曼（Krugman，1991）、邓宁（Dunning，1995）、利希和帕夫林（Leahy & Pavelin，2003）从理论分析的角度讨论了东道国产业集聚特征对企业投资区位选择的影响；巴克马和维穆伦（Barkema & Vermeulen，1997）、莫洛西尼等（Morosini et al.，1998）、比约克曼等（Björkman et al.，2007）、阎大颖（2009）以及殷华方和鲁明泓（2011）重点关注东道国文化差异对投资企业区位选择的影响；贝纳西·奎雷等（Bénassy-Quéré et al.，2007）、阿拉兰和拉里莫（Aralan & Larimo，2010）、陈怀超和范建红（2014）、余壮雄和付利（2017）重点关注东道国制度因素对投资企业区位选择的影响；巴克利等（Buckley et al.，2007）研究发现中国对外直接投资与东道国政治风险、文化差异、制度差异、市场规模、自然资源禀赋等因素显著相关；张宗斌等（2019）重点关注东道国城市化水平以及与母国城市发展水平差异的影响；余振和陈鸣（2019）研究发现东道国对华反倾销行为显著影响中国企业对外直接投资区位选择决策。关于企业异质性因素，如梅里兹（Melitz，2003）提出企业异质性是影响企业国际化行为选择的关键因素，赫尔普曼等（Helpman et al.，2004）以及耶普尔（Yeaple，2009）在此基础上建立企业生产率异质性与企业国际化战略选择之间关系的理论框架；王方方和赵永亮（2012）通过对广东省企业层面数据的实证考察，探索中国企业生产率异质性带来的对外直接投资区位选择差异；陶攀和荆逢春（2013）将企业生产率异质性纳入中国对外直接投资区位选择框架下，探索中国企业对外直接投资的扩展边际效应；张夏等（2019）考察了企业生产率水平对其对外直接投资决策的影响。此外，刘晓宁（2018）同时考虑东道国特征以及企业异质性因素，对中国对外直接投资区位选择行为进行实证考察。关于母国特征因素，陈胤默等（2019）认为母国税收政策的不确定性显著影响企业对外直接投资行为决策；王欢欢等（2019）重点考察母国最低工资水平变动对企业对外直接投资概率的影响作用；孙和刘（Sun & Liu，2019）则重点关注外交伙伴战略关系的影响。

三是企业对外直接投资进入模式选择的影响因素。已有研究成果大致可将影响因素分为东道国特征、产业特征以及企业异质性特征三方面。关于东道国特征因素，如阿尔·卡比等（Al-Kaabi et al.，2010）、程时雄和刘丹（2018）考察了东道国市场规模对投资进入模式选择的影响；亨纳特和雷迪（Hennart & Reddy，1997）、亨纳特和拉里莫（Hennart & Larimo，1998）、巴克马和维穆伦（Barkema & Vermeulen，1998）、德罗根迪克和斯兰根（Drogendijk & Slangen，2006）、潘镇和鲁明泓（2006）、洛佩斯·杜阿尔特和维达尔·苏亚雷斯（López-Duarte & Vidal-Suárez，2010）、綦建红和杨丽（2014）等重点关注东道国文化差异对投资进入模式选择的影响；科古特和辛格（Kogut & Singh，1988）、迈耶等（Meyer et al.，2009）、吴先明（2011）、布鲁瑟斯（Brouthers，2012）、鲍等（Bowe et al.，2014）考察了东道国制度环境对投资进入模式选择的影响；李善民和李昶（2013）研究发现，东道国工程建设速度、经济增长率、市场需求的不确定性以及政策引导显著影响投资企业进入模式的选择。关于产业特征因素，如泽杨（Zejan，1990）、亨纳特和帕克（Hennart & Park，1993）、陈和曾（Chen & Zeng，2004）分别关注产业多元化、产业技术水平以及产业集中度对投资进入模式选择的影响。关于企业异质性因素，如安德森和斯文森（Anderson & Svensson，1994）关注企业经营能力差异对其投资进入模式选择的影响；吕萍和郭晨曦（2015）从所有权结构、董事会结构和管理层激励三方面研究了治理结构对企业对外直接投资进入模式选择的影响机制；周茂等（2015）关注企业生产率差异对其投资进入模式选择的影响；蒋冠宏和曾靓（2020）则认为企业应对融资约束能力的高低显著影响其最终选择跨国并购或绿地投资来开展对外直接投资行为。

2. 对外直接投资与出口贸易的关系

已有研究成果主要分成三类：一是认为对外直接投资与出口贸易之间是相互替代的。如巴克利和卡森（Buckley & Casson，1981）认为在销售量较低的情况下企业会倾向于出口贸易，反之则倾向于对外直接投资；布雷纳德

（Brainard，1993）认为对外直接投资和出口贸易对于企业而言，是一种逆向的权衡关系；贝尔德伯斯和斯鲁瓦根（Belderbos & Sleuwaegen，1996）研究发现，当企业面临贸易保护的威胁时，会倾向于采用对外直接投资替代出口贸易；佩恩和韦克林（Pain & Wakelin，1998）研究发现企业对外直接投资对出口贸易份额存在显著的抑制效应；赫尔普曼等（2004）研究发现当贸易摩擦更少或企业所获得的经济规模水平更高时，企业倾向于选择出口贸易的概率更高。二是认为对外直接投资与出口贸易之间是相互促进的关系。如马库森（Markusen，1983）对要素跨国流动与出口贸易之间的互补关系进行讨论；马杜森（Mardusen，1995）认为企业的对外直接投资行为间接促进了母国中间投入品的出口；斯文森（Swenson，1996）研究发现，日本汽车制造商对美国的对外直接投资行为促进了日本的汽车零配件出口贸易；卡尔等（Carr et al.，2004）采用 13 个经济合作与发展组织国家面板数据进行实证检验，研究发现对外直接投资与本国出口贸易存在显著互补关系；张春萍（2012）研究发现中国对外直接投资具有显著的出口创造效应；柴庆春和胡添雨（2012）认为发展对外直接投资对出口贸易存在促进作用；程中海和张伟俊（2017）认为中国对外直接投资对出口贸易会产生显著的正向影响；毛海鸥和刘海云（2019）认为企业对外直接投资行为对于双边互补贸易形成存在显著的促进效应。二是认为上述两种关系均存在，且随着背景条件的变化可能发生改变。如黑德和里斯（Head & Ries，2001）、布罗尼根（Blonigen，2001）等对对外直接投资与本国出口贸易之间的关系进行讨论，并认为两者之间的关系要视贸易要素与非贸易要素的关系、投资方式、投资时长等因素而定；王胜等（2014）研究发现，中国对资源丰裕类国家的直接投资会增加本国的出口贸易流量，对其他类型国家的直接投资则会减少本国出口贸易流量；聂飞和刘海云（2018）研究发现，中国对欧美发达国家直接投资存在显著的出口贸易替代效应，对欠发达国家直接投资则存在显著的出口贸易创造效应。

3. 对外直接投资的影响

已有研究成果按影响对象大致可分为三大类：一是对东道国的影响。主要包括技术创新影响效应、环境环保影响效应等方面。如艾特肯和哈里森（Aitken & Harriison，1997）、赫加齐和萨法里恩（Hejazi & Safarian，1999）、谢建国（2007）研究发现，跨国公司直接投资显著提升东道国企业的技术水平，德扬科夫和霍克曼（Djankov & Hoekman，2000）、达米詹和肯奈尔（Damijan & Knell，2005）则质疑对外直接投资（OFDI）对发展中国家的技术提升效应；科普兰和泰勒（Copeland & Taylor，1994）、邢和科尔斯塔德（Xing & Kolstad，2002）、林季红和刘莹（2013）、刘玉博和吴万宗（2017）关注对外直接投资"污染避难所"效应的检验。二是对母国的影响。主要包括产业结构调整效应、逆向技术溢出效应、就业效应、国内投资带动效应和环境保护影响效应五个方面。如赫尔普曼（1985）、耶普尔（2006）认为对外直接投资通过产业转移的方式实现母国产业结构高级化发展，汤婧和于立新（2012）、贾妮莎等（2014）、李东坤和邓敏（2016）、章志华和唐礼智（2019）探讨了中国对外直接投资对本国产业结构升级的影响机制；科古特和常（Kogut & Chang，1991）认为日本企业在美国直接投资是为了分享美国技术进步成果，博特里尔和利希滕贝格（Potterie & Lichtenberg，2001）、德里菲尔德等（Driffield et al.，2009）研究发现，对外直接投资对母国具有显著的逆向技术溢出效应，杨连星和刘晓光（2016）、杜龙政和林润辉（2018）、沙文兵和李莹（2018）均对中国对外直接投资的逆向技术溢出效应进行讨论；布兰施泰特（Branstetter，2006）、哈卡拉等（Hakkala et al.，2014）认为对外直接投资有利于增加母国就业需求，德里菲尔德等（2009）、辛普森（Simpson，2010）认为对外直接投资对母国就业存在显著的替代效应，德拜尔等（Debaere et al.，2010）、巴乔·鲁比奥和迪亚斯·莫拉（Bajo-Rubio & Díaz-Mora，2015）则认为对外直接投资对母国就业市场的影响作用要视具体情况而定；努尔佐伊（Noorzoy，1980）、史蒂文斯和利普西（Stevens & Lipsey，1992）、贝尔德伯斯（Belderbos，1992）均研究发现对外直接投资与对母国本国投资之间存在显著相关关系；欧阳艳艳等（2020）研究发现企业对外直接投资行为显著提升了母国环保水平。三是对企业自身的影响。大多数学者主要从自我选择效应和学习效应的角度尝试解释企业对外直接投资行为对其生产率的影响，如赫尔普曼等（2004）、瓦格纳（Wagner，2006）、木村和清田（Kimura & Kiyota，2006）、耶普尔（2009）、田巍和余森杰（2012）、朱荃和张天华（2015）围绕企业对外直接投资的自我选择效应进行实证检验，布兰施泰特（2000，2006）、黑德和里斯（2003）、格林纳维和尼勒（Greenaway & Kneller，2007）、杨等（Yang et al.，2013）、蒋冠宏和蒋殿春（2014）、李蕾和赵忠秀（2015）、严兵等（2016）、黄和张（Huang & Zhang，2017）、张海波（2017）、严等（Yan et al.，2018）则重点关注企业对外直接投资的学习效应。杨连星等（2019）则将企业对外直接投资行为划分为垂直型和水平型两种类型，并对其影响企业产出水平的差异程度进行比较。此外，还有的学者关注企业对外直接投资对其利润率（杨平丽和曹子瑛，2016）、创新绩效（Iwasa & Odagiri，2004；Arvanitis & Hollenstein，2011；Chen et al.，2012；Hsu et al.，2015）、产能利用率（李雪松等，2017）或是成本加成率（毛其淋和许家云，2016；诸竹君等，2018）的影响。

2.1.2 全球价值链分工研究综述

全球价值链分工已经成为当今国际分工的重要形式。根据已有研究成果，大致可以分为全球价值链分工指标测算、全球价值链分工地位的影响因素、全球价值链分工地位变化的影响三个方面。

1. 全球价值链分工指标测算

赫梅尔斯等（Hummcls ct al.，2001）首次提出垂直专业化指数的测算方法。该方法主要基于两个重要的假设条件，第一个条件是假设不存在一个国家进口中间产品并将其加工成半成品后又出口到国外的情况，第二个条件是假设不存在加工贸易的情况。随后，王等（Wang et al.，2009）、库普曼等（Koopman et al.，2008，2010，2014）基于全球投入产出表统计数据，对上述假设条件逐步放松和修正，进一步提出分解出口贸易国内附加值和国外附加值的统计框架。随着对企业异质性因素的讨论和关注，马等（Ma et al.，2015）、唐等（Tang et al.，2015）将企业异质性因素纳入产出模型，对投入产出表进一步拆分以测算附加值贸易。然而，由于受到数据限制，上述方法只能考察企业在产业层面以及特定年份的异质性，不能研究企业内部变化特征。为了解决这一问题，采用微观数据样本的测算方法逐步发展起来，使用这一方法的包括阿普德等（Upward et al.，2013）以及基和唐（2016）。此外，还有些学者尝试测算全球价值链的生产长度指数，如迪特森巴赫（Dietzenbacher，2005）首次提出用平均传递步长指标衡量生产网络中各产业部门之间的生产距离；法利（Fally，2012）对生产阶段数和上游度指标进行初步定义；安特拉斯等（Antràs et al.，2012）、安特拉斯和乔尔（Antràs & Chor，2018）对上游度和下游度指标进行了充分讨论。至此，全球价值链的测算方法已取得较大发展，但是宏观和微观的测算方法几乎是平行发展，甚少有交集，未来实现两个层面的融合或许是一种趋势（Johnson，2017；倪红福，2019）。

2. 全球价值链分工地位的影响因素

大致可分为国外和国内两个方面的因素。一是国外因素，主要包括外商直接投资、对外直接投资、国际生产分工等因素。关于外商直接投资的影响，已有研究成果主要从外资企业的技术溢出效应进行研究，如张和林（Cheung & Lin，2004）、王等（Wang et al.，2014）研究发现，外资企业带来的先进技术促进了当地技术进步，从而提升其国际竞争力；博特里尔等（Potterie et al.，2001）、田等（Tian et al.，2016）则认为外资企业的技术溢出效应并不显著；巴里奥斯等（Barrios et al.，2005）则认为外商直接投资对东道国技术进步的影响显著为负。关于对外直接投资的影响，如帕纳农（Pananond，2013）认为对发达国家的直接投资有助于促进母国企业升级；南和李（Nam & Li，2013）认为对外直接投资企业可获得更多先进经验、先进技术和创新人才等资源；陈和杨（Chen & Yang，2013）认为在研发密集型行业，对外直接投资是企业实现科技能力提升的重要渠道。关于国际生产分工的影响，已有研究成果尚未形成统一结论，如阿米奇尼（Amighini，2005）、金（Kam，2013）、李等（Li et al.，2014）均认为参与国际生产分工能够促进制造业全球价值链地位的提升；邱斌等（2012）、赵增耀和沈能（2014）则认为国际生产分工对本国全球价值链地位升级的影响存在行业差异和阶段性变化；张明志和李敏（2011）认为国际生产分工促进了产业间升级，但抑制了产业内升级；巫强和刘志彪（2012）以中国装备制造业为研究对象，发现国际生产分工阻碍了国内价值链延伸；张中元（2019）则重点探讨了区域贸易一体化的影响作用。二是自身因素。主要包括经济社会环境、本地价值链、企业自身条件等方面。关于经济社会环境因素，芬斯特拉等（Feenstra et al.，2013）、特巴尔迪和埃尔姆斯利（Tebaldi & Elmslie，2013）均认为良好的制度质量更有利于全球价值链地位的提升；王和魏（Wang &

Wei，2008）认为有效的产业政策会显著促进全球价值链地位的提升；李
（Li，2015）提出国家制度与社会规则之间的协同度会显著影响出口技术复
杂度；拜尔和柏格斯特朗（Baier & Bergstrand，2007）、奥里菲斯和罗沙
（Orefice & Rocha，2013）认为更自由的贸易开放制度更有利于全球价值链地
位升级；张鹏杨等（2019）认为出口加工区的产业扶持政策显著抑制企业全
球价值链分工位置的提升；盛斌和景光正（2019）重点探讨了金融市场结构
的影响机制；许家云和徐莹莹（2019）研究发现，企业所享受的政府补贴强
度提升能够显著促进其全球价值链分工位置的提升；戴翔和宋婕（2019）探
讨了"一带一路"国际合作倡议的实施对中国企业全球价值链分工位置提升
的影响机制；文娟和张叶娟（2019）探讨了企业承担税负水平对其全球价值
链分工位置的影响作用，并引入生产率检验其调节效应；卢潇潇和梁颖
（2020）则分析了基础设施投入的影响作用。关于本地价值链因素，纳瓦
斯·阿莱曼（Navas-Alemán，2011）、柴斌锋和杨高举（2011）、张少军和刘
志彪（2013）、赵放和曾国屏（2014）、李跟强和潘文卿（2016）均探讨了
国内价值链与全球价值链之间的关系。关于企业自身条件因素，里夫
（Reeve，2006）、朱和傅（Zhu & Fu，2013）、房等（Fang et al.，2014）、崔
威（Choi，2015）、杨水利和杨祎（2019）研究发现，人力资本、知识创造、
品牌提升、管理创新、技术模式等方面的投入都有助于企业在全球价值链地
位的提升；肖宇等（2019）探讨了企业全要素生产率水平提升对其全球价值
链分工位置提升的影响机制；肖宇和田侃（2020）研究发现，企业融资杠杆
率显著抑制其全球价值链分工位置的提升。

3. 全球价值链分工地位变化的影响

已有研究成果大致可分为对企业绩效（主要是通过对生产率的衡量）、
技术进步、就业市场等方面的影响。一是对企业绩效的影响。如基亚维西奥
等（Chiarvesio et al.，2010）认为全球价值链地位提升会促使企业改善效率
以应对更为激烈的国际竞争；布兰卡蒂等（Brancati et al.，2017）研究发
现，全球价值链地位变化会显著影响企业的生产率和利润率；吕越等
（2017）重点考虑全球价值链嵌入的生产率改善效应；沈鸿等（2019）、刘
磊等（2019）分别从不同角度探讨企业全球价值链变化的成本加成促进效
应。二是对技术进步的影响。如汉弗莱和施密茨（Humphrey & Schmitz，

2002）认为全球价值链分工有助于发展中国家的企业实现技术进步；毕思布洛克（Biesebroeck，2005）、勒克（Loecker，2007）主要用出口学习效应解释了技术进步的原因；赫梅尔斯等（2001）、贾沃契克（Javorcik，2004）则用技术外溢来解释技术进步的原因；福斯弗里（Fosfuri et al.，2008）、伊斯特比·史密斯（Easterby-Smith，2008）认为企业吸收能力是影响全球价值链分工下企业实现技术进步的重要因素。三是对就业市场的影响。如张少军（2015）、胡昭玲和李红阳（2016）、吴云霞和蒋庚华（2018）、袁媛和綦建红（2019）探讨了企业参与全球价值链分工和劳动者收入之间的关系；史青和赵跃叶（2020）探讨了企业全球价值链嵌入程度对其就业规模以及就业结构的影响机制。

2.1.3　中国对外直接投资与全球价值链研究综述

通过检索平台上的已有文献可以发现，仅有少数几位国内学者探讨了中国对外直接投资与全球价值链地位提升的关系，从微观企业视角开展研究的成果则更少。

已有检索结果显示，采用国别数据的有孙坤乾（2009）、刘海云和毛海鸥（2016）、杨连星和罗玉辉（2017）、李超和张诚（2017）、梁中云（2017）、李俊永和蔡琬琳（2018）、罗军和冯章伟（2018）、胡晓燕和蒋冠（2019）、丁一兵和张弘媛（2019）以及余海燕和沈桂龙（2020）。其中，孙坤乾（2009）的硕士学位论文并没有讨论中国对外直接投资与其全球价值链分工地位提升之间的关系。刘海云和毛海鸥（2016）使用2003～2011年国别数据，分别从水平对外直接投资和垂直对外直接投资两个层面，采用随机效应回归估计以及两步最小二乘估计等方法，考察了中国对外直接投资存量对其出口国内增加值规模以及行业分布特征的影响作用。杨连星和罗玉辉（2017）使用2003～2013年国别数据，从行业层面和国家层面出发，使用固定效应回归估计方法、两步系统动态广义矩估计以及广义最小二乘估计法，探讨中国对外直接投资存量对其全球价值链地位提升的关系。李超和张诚（2017）使用2003～2014年国别数据，控制国别效应和行业效应，采用固定效应回归和两步最优广义矩估计等估计方法，考察中国对外直接投资存量对其全球价值链地位提升的影响作用。梁中云（2017）的硕士学位论文采用

1995～2014 年国别数据，控制行业效应，采用固定效应回归估计方法，探讨了中国对外直接投资存量对其在全球价值链地位提升的影响作用。李俊永和蔡琬琳（2018）使用 1999～2011 年国别数据，控制国别效应和年份效应，采用随机效应回归、动态系统广义矩估计等方法，考察中国对外直接投资存量对其全球价值链地位提升的影响作用。罗军和冯章伟（2018）使用国别数据样本，将样本分别划分市场寻求型、资源寻求型、技术寻求型和战略资产寻求型对外直接投资企业以及劳动密集型、资本密集型、资本技术密集型对外直接投资企业，采用固定效应回归估计方法，考察中国对外直接投资存量对其全球价值链分工地位提升的影响效应及机制。胡晓燕和蒋冠（2019）按照投资动因将对外直接投资划分为资源寻求型、效率寻求型、市场寻求型和创新资产寻求型四种类型，使用 2003～2014 年国别数据，控制时间效应和国别效应，采用固定效应回归估计方法，衡量中国对外直接投资流量对其全球价值链生产规模和结构的影响作用。丁一兵和张弘媛（2019）使用 2000～2014 年国别数据，借助修正后的引力模型，探讨中国对外直接投资对其国家层面的全球价值链分工位置变化的影响作用。余海燕和沈桂龙（2020）使用 1995～2017 年国别数据，探讨本国对外直接投资对其全球价值链分工位置、深度及长度影响作用，并进一步划分发达国家或地区以及发展中国家或地区两类样本进行异质性分析。

使用企业微观数据的有刘斌等（2015）、肖添（2019）、王杰等（2019）以及郑丹青（2019）。其中，刘斌等（2015）首先使用 1995～2011 年国别数据，控制年份效应和行业效应，使用固定效应回归、两阶段最小二乘回归等估计方法从行业层面考察中国对外直接投资存量对其全球价值链地位提升的影响作用；其次使用 2000～2006 年中华人民共和国商务部对外直接企业名录、中国工业企业数据与中国海关进出口数据的合并数据样本，控制行业效应、地区效应和年份效应，使用倾向得分匹配方法从企业层面考察中国对外直接投资对其全球价值链分工地位提升的影响效应。肖添（2019）的著作虽然标题为"中国对外直接投资与产业价值链攀升"，但并没有直接探讨中国企业对外直接投资对产业价值链攀升的影响作用，而是论述了人民币汇率波动因素对中国企业、对产业价值链分环节直接投资选择策略的影响作用。王杰等（2019）采用简化形式对企业全球价值链分工位置进行测算，并使用固定效应面板回归方法探讨企业对外直接投资对其全球价值链生产工艺升级、产品质量升级、使用功能升级以及链条环节升级等过程的影响作用，并采用久期参数回归法进一步探讨企业对外直接投资行为影响其嵌入全球价值链的持续概率。郑丹青（2019）采用倾向得分匹配和双重差分法，重点探讨在2005 年及以后存在初始对外直接投资行为的企业，其初始对外直接投资行为对其全球价值链分工的影响作用，并从时间滞后、投资目的国、投资动机、"一带一路"影响等方面检验其异质性。

可见，与本书相似度最高的是刘斌等（2015）、王杰等（2019）以及郑丹青（2019）的研究。相较于其他研究成果，本书最大的创新之处可能在于使用"倾向得分匹配 + 双重差分法"以及多重差分法等准自然试验方法对可能存在的选择性偏误而导致的内生性问题进行处理，以及使用2000～2013年企业微观数据样本，通过使用巨量数据样本提升回归结果的有效性和说服力。相较于刘斌等（2015）、王杰等（2019）以及郑丹青（2019）的研究，本书主要的创新之处可能在于：第一，数据样本更为完善。刘斌等（2015）使用的数据样本年份为 2000～2006 年，王杰等（2019）没有注明所使用的数据样本来自哪几个年份，郑丹青（2019）使用的数据样本来自 2004～2011年，从数据样本年份长度来看，本书使用数据样本为 2000～2013 年，相较之下更为全面和完善，数据样本量也更多，回归结果更为有效和有说服力。第二，研究方法及研究视角更为全面。刘斌等（2015）主要使用倾向得分匹配法，王杰等（2019）在没有对可能存在的选择性偏误而导致的内生性问题进行处理的情况下进行面板回归，郑丹青（2019）则主要使用"倾向得分匹配 + 双重差分法"。相较之下，本书采用"倾向得分匹配 + 双重差分法"，检验企业单期初始对外直接投资行为对其全球价值链分工位置变化的影响作用，并进行大量的稳健性检验和异质性分析，并引入调节变量检验生产工艺提升、产品功能提升、市场地位提升以及国外市场扩张等因素对企业全球价值链分工位置变化影响作用的调节效应；在此基础上，本书更进一步放宽研究的前提条件，采用多期双重差分法，对企业多期初始对外直接投资行为对其全球价值链分工位置变化的影响作用进行探讨，并进行大量的稳健性检验和异质性分析，在研究发现生产工艺提升、产品功能提升、市场地位提升以及国外市场扩张等因素调节效应不显著的情况下，进一步引入全要素生产率作为中介变量检验其中介传导机制。因此，虽然研究主题相似，但本书与上述研究成果在研究方法和研究视角方面仍存在较大的差异之处。

2.2 全球价值链分工影响出口持续研究综述

与本书主题密切相关的文献成果主要有三类，一是企业出口持续计量方法的研究，二是企业出口持续影响因素的研究，三是企业参与全球价值链分工影响其出口持续的研究。

2.2.1 企业出口持续计量方法研究综述

这是国际经济学的重要研究方向之一，围绕该主题已有大量研究成果。贝塞德和普鲁萨（Besedeš & Prusa，2006a，2006b）最早围绕"企业出口持续受何种因素影响"这一问题进行实证分析，并引入 Cox 比例风险模型对这一问题进行研究，并认为出口多元产品的企业比出口单一产品的企业具备更高的抗风险能力，且企业出口产品初始交易价值越高，出口持续概率越高。随后有大量学者沿用 Cox 比例风险模型的方法对企业出口持续进行深入研究，如尼奇（Nitsch，2009）以德国出口企业为研究对象，发现出口产品价值、出口产品差异化程度、多边贸易关系等因素显著提升企业出口持续概率；布伦顿等（Brenton et al.，2010）研究发现企业出口行为对其出口持续概率显著存在"干中学"效应，企业出口经验越丰富，越有利于企业在国际市场竞争中存活下来；邵等（Shao et al.，2012）使用 Cox 比例风险模型、Weibull 模型和指数模型对影响企业出口持续概率的因素进行实证检验，结果发现出口目的地经济发展水平、产品多元化、初始贸易价值均显著促进企业出口持续概率提升。同时，相较于 Cox 比例风险模型，也有学者更提倡使用离散时间模型进行回归分析（Hess & Persson，2012；陈勇兵和李燕，2012）。离散时间模型主要包括服从正态分布的 Probit 模型、服从 Logistic 分布的 Logit 模型以及服从极小值分布的 Cloglog 模型（Hess & Persson，2012）。

2.2.2 企业出口持续影响因素研究综述

按照影响因素归类，已有研究成果又可以进一步划分为企业自身特征因素、出口产品特性因素和外部环境因素三方面。

1. 关于企业自身特征因素

陈勇兵等（2012）研究发现，企业年龄、企业规模、企业生产率、企业所有制等因素显著影响其出口持续概率的变化；曼诺瓦（Manova，2013）认为企业面临的融资约束程度将影响其出口行为的持续性；李宏兵等（2016）进一步提出，企业所面临融资约束程度的恶化，将通过生产率水平下降、产品交易价值下降、出口沉没成本增加、信息不对称程度加剧等传导机制，显著降低其出口持续概率；古尔斯特兰德和佩尔松（Gullstrand & Persson，2015）认为出口目的地市场与企业核心业务相关性越强，企业出口持续概率越高；斯蒂尔巴特等（Stirbat et al.，2015）以老挝出口企业为研究对象，发现企业出口经验和业务伙伴网络关系等因素均显著正向促进企业出口持续概率提升；卡雷尔和斯特劳斯·卡恩（Carrère & Strauss-Kahn，2017）及洛夫和玛涅斯（Love & Máñez，2019）均认为企业出口经验显著提升其出口持续概率；崔和刘（Cui & Liu，2018）研究发现出口制造企业服务化转型有利于提升企业国际竞争力，促进企业出口持续概率提升；肖凯特（Choquette，2019）认为企业对出口目的地的进口贸易经验有利于提高其在该目的地的出口持续概率。

2. 关于出口产品特征因素

亚科沃内和贾沃契克（Iacovone & Javorcik，2010）认为产品出口年限越长，国外消费者对该类产品的依赖性越强，从而显著提升其出口持续概率；格尔克等（Görg et al.，2012）则发现除了企业生产率等企业自身特征外，产品出口规模和产品出口年限等因素也与出口企业存活率显著相关；埃斯特夫·佩雷斯（Esteve-Pérez et al.，2013）认为出口产品结构多样化程度有利于提升出口企业抗风险能力，提高其出口持续概率；埃克尔等（Eckel et al.，2015）研究发现企业出口产品核心程度越高，其出口持续概率越高；蒋学灵和陈勇兵（2015）认为除了企业生产率、行业技术冲击等因素外，企业出口产品核心程度以及产品出口规模均显著提高企业出口持续概率；赵瑞丽等（2017）则认为企业出口产品复杂度的提升有助于提高企业出口持续概率；张俊美（2019）研究发现企业出口产品质量显著促进其出口持续概率提升；杨连星等（2020）则重点考虑文化产品特征对其出口贸易持续的影响机制。

3. 关于外部环境因素

埃斯特夫·佩雷斯等（2013）研究发现，出口目的地政治风险程度越高，外来企业出口到该目的地的持续概率越低；纽伦（Nguyen，2012）研究指出市场需求信息的不确定性是导致企业出口退出的重要原因；教德等（Jaud et al.，2015）以及金祥义和张文菲（2019）均认为本地金融市场发展水平显著影响其出口贸易持续；徐等（Xu et al.，2016）探讨了汇率波动对企业出口持续概率的影响；王等（Wang et al.，2017）提出来自国际市场的石油供给冲击显著降低企业出口持续概率，石油需求冲击则显著提高企业出口持续概率；王秀玲等（2018）研究发现双边实际汇率波动显著降低企业出口持续概率，而第三方实际汇率波动则显著促进企业出口持续概率；蒂尔坎和萨伊格（Türkcan & Saygılı，2018）认为随着经济一体化协定的签订，贸易自由化程度的提升有利于提高企业出口持续概率；安瓦尔等（Anwar et al.，2019）研究了出口退税政策对企业出口持续的影响。

2.2.3　企业参与全球价值链分工影响其出口持续研究综述

从国家—产品层面进行研究的主要有奥巴希（Obashi，2010）、科尔科勒斯等（Córcoles et al.，2015）、蒂尔坎（Türkcan，2016）、迪亚兹·莫拉等（Díaz-Mora et al.，2018）及蒂尔坎和萨伊格（2019）。其中，奥巴希（2010）更多地关注了出口产品结构对其出口持续概率的影响，研究发现相较于整机产品，零部件产品的出口持续状态更为稳定。科尔科勒斯等（2015）研究发现相较于全球生产链分工的后端环节，中间环节的出口持续状态更为稳定。蒂尔坎（2016）研究发现参与国际分工有利于提升出口持续概率，且这种影响作用会随着产品类型和交易方式的改变而改变。迪亚兹·莫拉等（2018）以及蒂尔坎和萨伊格（2019）则重点关注发达国家和发展中国家参与全球价值链国际分工的行为影响其出口持续的异质性特征，并进一步将嵌入方式划分为前向嵌入（用出口国内增加值率来衡量）和后向嵌入（用出口国外增加值率来衡量），用于考察全球价值链嵌入方式改变对其出口持续概率的影响作用。从企业—产品层面进行研究的主要有朱等（Zhu et al.，2019）。朱等（2019）使用中国工业企业数据库与海关出口产品数据库匹配得到的合并数据样本，通过测算企业出口贸易国外增加值率来衡量企业嵌入全球价值链的程度，并进一步检验企业嵌入全球价值链对其出口持续概率的影响作用，并引入出口产品质量、沉没成本（用专用性资产投资来衡量）、产品多样化等调节变量进一步检验企业异质性特征对上述影响作用的调节效应。

相较于上述研究成果，本书主要的创新之处可能在于：第一，从企业—产品层面探讨企业在全球价值链嵌入位置的提升对其出口持续的影响作用。目前的文献检索结果显示，仅有少数几位学者关注企业参与全球价值链分工对其出口持续的影响。其中奥巴希（2010）、科尔科勒斯等（2015）、蒂尔坎（2016）、迪亚兹·莫拉等（2018）及蒂尔坎和萨伊格（2019）均从国家—产品层面进行研究，这些研究的企业—产品层面数据样本观测值非常多而且包含了大量个体信息，更有效地保证估计的一致性。现有的文献检索结果显示，目前从企业层面维度研究企业全球价值链分工位置变化对其出口持续的影响，主要有朱等（2019），但其研究成果仍存在进一步拓展的空间，一是研究视角仍可以进一步细化到企业—产品层面，二是政策视角可以由企业嵌入程度转为对企业所处位置的衡量，这更为符合当前政策制定需要。该研究采用阿普德等（2013）的方法对全球价值链分工位置进行衡量，这种方法从计算公式上看仅仅能够估算到企业层面，受到其所使用衡量指标的限制，仅能从衡量企业层面全球价值链分工情况变化对其出口持续概率的影响作用，但是在现实经济生活中，每个企业往往会生产及销售各式各样的产品，而每种产品根据产业分工又会拥有其独特的分工价值链，不对产品特性进行区分地对企业全球价值链分工位置进行估算的做法显然还不够细致；此外，这种方法重点关注企业层面嵌入全球价值链的程度（用出口国外增加值率来衡量）对其出口持续的影响作用，然而当前的政策重点是鼓励中国出口企业向全球价值链中高端环节转型，所以关注企业嵌入全球价值链分工位置的提升更有现实价值。本书将在基和唐（2016）提出的测算方法的基础上进行改良并从企业—产品层面对企业全球价值链分工位置进行衡量，相较之下，更贴近现实经济生活。本书认为对核心指标的改进可以使得研究成果更加可靠和可信。出口国内增加值率越大，意味着企业在国际分工中占据更为主动的地位。第二，考虑调节效应影响，更为全面地考察企业在全球价值链分工地位提升影响其出口持续概率的内在传导机制。朱等（2019）仅选取出口产品质量、沉没成本投资和产品多样化作为调节变量进行直接效应的调节效应检验。然而根据已有研究成果显示，企业出口持续与否，除了外部冲击以外，还受到全要素生产率、融资能力、沉没成本投资等企业特征以及出口产品质量、出口产品多样化、出口产品核心程度以及产品出口规模等产品特征等一系列因素的影响。本书将选取融资能力、全要素生产率、沉没成本、出口产品质量、出口产品多样化、出口产品核心程度以及产品出口规模等作为调节变量，更为全面地考察企业特征及其产品特征的调节效应。

2.3 本章小结

本章重点对相关研究成果进行梳理，尝试厘清相关主题研究脉络，并提出本书研究方向。在上述论述的基础上，形成以下主要观点：

（1）关于对外直接投资的研究，根据研究主题，大致可以划分为对外直接投资动机与影响因素、对外直接投资的影响等方面，其中随着文献发表年份的推进，关于对外直接投资的研究主题逐渐集中在对外直接投资的影响因素以及对外直接投资的影响等方面。笔者在研究早期，曾经对国内文献成果进行梳理，以《中文社会科学引文索引（2017－2018）收录来源期刊表》所收录期刊中发表的文献为研究样本，借助中国知网、维普等常见的中文文献检索渠道，选取"对外直接投资""海外直接投资""OFDI""ODI""境外投资""对外投资""境外直接投资""海外投资""企业'走出去'""国际直接投资""直接投资"等作为关键词进行篇名检索，检索工作在2018年1月10日结束，最终获得2141个涉及对外直接投资研究主题的文献样本，出版年份分布在1981～2017年。收集样本显示，从研究主题分布上看，对影响因素的分析共有530篇，占24.75%；对影响机制的分析共有505篇，占23.59%。可见，国内学者重点关注影响因素分析、影响机制分析等主题。其中，全球价值链分工位置变化是近期逐步兴起的研究方向之一。

（2）关于全球价值链分工位置的研究，根据研究主题，大致可以分为全球价值链分工位置指标测算、全球价值链分工位置的影响因素及全球价值链分工位置变化的影响三方面。关于全球价值链分工位置指标测算，主要经历基于国别数据以及行业数据的宏观测算法、基于企业—产品数据的微观测算法以及宏观测算法与微观测算法融合发展三个演变阶段，未来微观测算与宏观测算相结合将是主要发展方向，本书重点选取企业—产品层面的微观测算法，并根据研究需要对微观测算结果进行合并，形成行业指标以及国别指标；关于全球价值链分工位置的影响因素，主要划分为国外因素、国内因素以及企业自身因素等方面，其中对外直接投资是影响全球价值链分工位置变化的主要因素。

（3）全球价值链分工位置变化已成为对外直接投资研究主题的新兴研究方向之一，然而目前的研究成果大多停留在国别数据的宏观层面，仅有少数学者从微观视角对其进行研究，因此，已有研究视角仍有提升空间。本书将在已有研究成果基础上，使用中国工业企业数据库、中国海关进出口数据库、中华人民共和国商务部对外直接投资企业名录匹配得到的合并数据样本，主要采用"倾向得分匹配法＋双重差分法"、多期双重差分法等准自然实验方法，从国外要素市场依赖的视角，围绕"当企业处于初始投资'适应期'阶段时，在某个特定时期初始对外直接投资行为将如何影响其全球价值链分工位置提升（是促进还是抑制，以及如何影响）""当企业处于持续投资'发展期'阶段时，多期对外直接投资行为将如何影响其全球价值链分工位置提升（进一步放宽研究假设条件）"等视角，系统讨论样本总体特征以及各种异质性特征，以求对本书主题背后所隐藏的经济发展规律进行更为充分、更为科学的讨论，为对后者进行更深入的研究提供研究基础。

（4）出口持续问题也是目前国际经济学中重要的新兴研究方向，目前关注企业对外直接投资对其出口持续概率影响作用的学者并不多，研究成果体系仍有提升空间。本书将在已有研究成果基础上，使用中国工业企业数据库、中国海关进出口数据库匹配得到的合并数据样本，主要采用 Cox 半参数回归法，并对基和唐（2016）提出的全球价值链分工位置衡量指标进行适度完善，从企业—产品层面探讨企业全球价值链分工位置变化对其出口持续概率的影响作用及内在机制。

第 3 章

理论分析

3.1 引言

全球价值链理论的提出经历了"价值链→全球商品链→全球价值链"相关概念的演变，其研究视角也从行业间分工向行业内分工再向产品内分工等多个视角逐步拓展，并已成为解释全球产业分工的重要组织形态，主要从价值环节解构产品生产的方式对全球产业分工进行诠释。从理论演变过程来看，首先是价值链理论，这被认为是全球价值链理论的雏形。其中，最具代表性的是波特（Porter，1985）首次提出和诠释的价值链的经济含义并围绕企业竞争角度提出的价值体系观点，以及科古特（Kogut，1985）从增加值视角对价值链各环节进行的解构，两位学者的研究成果分别从单个企业价值链创造行为和多个企业价值链分工行为视角奠定了价值链理论的基础。其次是全球商品链理论，这是首次从国际视角对产业内链条分工进行系统诠释的理论成果。格里菲（Gereffi，1994）提出，全球商品链具备以下主要特征：一是投入产出结构，即存在这样一种增加值经济活动，将相关的产品和服务串联在一起；二是属地性，即由不同规模和类型的企业组成的生产和分销网络在空间分散或集中布局；三是治理结构，即存在某种治理权属关系，决定了资本、原材料、劳动力等在商品生产链中的分配和流动。最后是全球价值链理论，这一理论在明确提出之后到目前仍在逐步演变深化和不断丰富完善（Gereffi，2001；Antràs & Chor，2013）。产品内分工深化和细化促使"全球商品链"理论范畴向"全球价值链"理论范畴转变，这是由于随着产品内分工推进，一件商品的创造可能包括无数个价值创造的环节，价值创造能够更好地诠释在商品内全球分工的细节（秦升，2014）。

本书将进一步引入产品生命周期理论（Vemon，1966），从理论分析层面尝试探讨企业对外直接投资行为对其全球价值链分工位置变化的影响机制。目前已有部分学者引入产品生命周期理论来探讨企业成长轨迹（Klepper，1986）。对应产品生命周期理论的引入期、成长期、成熟期和衰退期，企业投资活动也将面临适应期、发展期、成熟期和衰退期四个发展阶段，鉴于2000～2013年中国对外直接投资活动均保持较好增长态势，国家统计局公布的统计数据显示，2013年对外直接投资流量同比增长22.8%，并且自2013年起至今，中国始终牢牢占据全球投资流量规模前三的位置，在现阶段判定中国对外直接投资活动进入成熟期仍为时尚早，本章将重点关注企业初始投资"适应期"以及持续投资"发展期"两个阶段的特征变化。本次研究采用出口国内增加值率这一指标来衡量企业全球价值链分工位置。本章余下部分首先设定基本理论模型，并区分企业不对外直接投资以及企业对外直接投资两个情形下出口国内增加值率的表现形式，并结合企业处于初始投资"适应期"阶段以及持续投资"发展期"阶段，提出相关命题，并提出模型分析证明研究命题。

3.2 基本模型设定

3.2.1 前提假设

（1）假设企业生产最终产品需要投入资本 K、劳动力 L 以及中间投入品 I，最终产品生产函数为 $Y = AK^{\beta_K}L^{\beta_L}I^{1-\beta_K-\beta_L}$。其中 A 为企业持有的专有技术。$\beta_K$、$\beta_L$ 和 $1-\beta_K-\beta_L$ 取值范围均大于 0 且小于 1。

（2）假设存在两个关税区，分别用关税区 D 与关税区 F 代表国内与国外。并假设最终产品进入另一关税区时面临关税税率为 γ，并且 $\gamma>0$。

（3）假设企业所使用的中间投入品分为来自国内要素市场的国内中间投入品 I_D 和来自国外要素市场的国外中间投入品 I_F，组合方式为 $I = \left(I_D^{\frac{\theta-1}{\theta}} + \right.$

$I_F^{\frac{\theta-1}{\theta}}\Big)^{\frac{\theta}{\theta-1}}$，其中 θ 为国内中间投入品 I_D 与国外中间投入品 I_F 的替代弹性，并且 θ > 1。

（4）假设企业不从中间投入品的销售中赚取利润，只从最终产品的销售中赚取利润。

（5）假设企业所使用的中间投入品产值包含的国内成分（这里的国内是一个相对概念，指的是中间投入品所在的关税区）为中间产品的固定比例 δ。

（6）假设企业追求利润最大化，此时，当且仅当企业对外直接投资中母公司的利润总额大于不对外直接投资的利润总额时，企业才进行对外投资。并假设企业采用设立合资公司或成立子公司等方式开展对外直接投资活动，且持有股权比例为 s。

（7）假设要素市场充分竞争，企业为要素市场接受者，即企业不改变国内资本成本 r_D、国外资本成本 r_F、国内工资率 w_D、国外工资率 w_F、国内中间投入品价格 p_D^I 以及国外中间投入品价格 p_F^I。

（8）假设存在大量的最终产品生产商（n 个），最终产品面临垄断竞争的市场结构，但每个生产商都存在一定市场影响力，每个厂的境外需求为 $Y = \beta p^{-\theta_Y}$。其中 p 为最终产品生产商设定的价格，Y 表示在国外市场面临的产品需求，$\theta_Y > 1$ 表示该类型产品的替代弹性，且 β > 0。

3.2.2　企业不对外投资的行为分析

当企业不对外投资时，企业在本国开办工厂，并从本国要素市场获取资本投入 K_D、劳动力投入 L_D。将企业行为分解为要素选择行为与定价行为，其中企业成本最小化决定其要素需求，此时有：

$$\min_{K_D, L_D, I} r_D K_D + w_D L_D + p_I I \qquad (3-1)$$

$$\text{s. t. } Y_D = A K_D^{\beta_K} L_D^{\beta_L} I^{1-\beta_K-\beta_L} \qquad (3-2)$$

其中，K_D、L_D 分别表示来自国内要素市场的资本投入和劳动力投入，I 表示中间投入品且 $I = \Big(I_D^{\frac{\theta-1}{\theta}} + I_F^{\frac{\theta-1}{\theta}}\Big)^{\frac{\theta}{\theta-1}}$，$r_D$、$w_D$、$p_I$ 分别表示国内资本成本、国内劳动力成本以及中间投入品购买价格，β_K、β_L 和 $1-\beta_K-\beta_L$ 分别表示资本产出弹性、劳动力产出弹性和中间投入品产出弹性。

同时，假设企业通过成本最小化方式组合中间投入品 I，此时有：

$$\min_{I_D, I_F} p_D^I I_D + p_F^I I_F \qquad (3-3)$$

$$s.t. \ I = \left(I_D^{\frac{\theta-1}{\theta}} + I_F^{\frac{\theta-1}{\theta}} \right)^{\frac{\theta}{\theta-1}} \qquad (3-4)$$

其中，I_D、I_F 分别表示来国内要素市场的中间投入品和来国外要素市场的中间投入品，p_D^I、p_F^I 分别表示来自国内要素市场的中间投入品的市场价格水平和来自国外要素市场的中间投入品的市场价格水平。

假设企业不从中间投入品的销售活动中赚取利润，只从最终产品的销售活动中赚取利润，因此有：$p_I = \left[(p_D^I)^{1-\theta} + (p_F^I)^{1-\theta} \right]^{\frac{1}{1-\theta}}$。企业的定价行为确定企业利润，此时有：

$$\pi_D = \max_{p_D} \left(\frac{p_D}{1+\tau} - MC_D \right) y(p_D) \qquad (3-5)$$

$$s.t. \ y(p_D) = \beta p_D^{-\theta_Y} \qquad (3-6)$$

其中，π_D 表示没有开展对外直接投资活动的企业所获取的利润水平，p_D 表示本国商品销售价格，τ 表示出口关税，MC_D 表示本国边际成本水平，$y(p_D)$ 表示企业产量函数。

3.2.3　企业对外投资的行为分析

当企业对外投资时，企业通过成立合资公司或子公司等形式，在东道国开办工厂，并从东道国要素市场获取资本投入 K_F、劳动力投入 L_F。将企业行为分解为要素选择行为与定价行为，其中企业成本最小化决定其要素需求，此时有：

$$\min_{K_F, L_F, I} r_F K_F + w_F L_F + p_I I \qquad (3-7)$$

$$s.t. \ Y_F = A K_F^{\beta_K} L_F^{\beta_L} I^{1-\beta_K-\beta_L} \qquad (3-8)$$

其中，K_F、L_F 分别表示来自东道国要素市场的资本投入和劳动力投入，I 表示中间投入品且 $I = \left(I_D^{\frac{\theta-1}{\theta}} + I_F^{\frac{\theta-1}{\theta}} \right)^{\frac{\theta}{\theta-1}}$，$r_F$、$w_F$、$p_I$ 分别表示东道国资本成本、东道国劳动力成本以及中间投入品购买价格，β_K、β_L 和 $1-\beta_K-\beta_L$ 分别表示

资本产出弹性、劳动力产出弹性和中间投入品产出弹性。

同时，假设企业通过成本最小化方式组合中间投入品 I，此时有：

$$\min_{I_D, I_F} p_D^I I_D + p_F^I I_F \tag{3-9}$$

$$s.t.\ I = \left(I_D^{\frac{\theta-1}{\theta}} + I_F^{\frac{\theta-1}{\theta}} \right)^{\frac{\theta}{\theta-1}} \tag{3-10}$$

其中，I_D、I_F 分别表示来自国内要素市场的中间投入品和来自国外要素市场的中间投入品，p_D^I、p_F^I 分别表示来自国内要素市场的中间投入品的市场价格水平和来自国外要素市场的中间投入品的市场价格水平。

假设企业不从中间投入品的销售活动中赚取利润，只从最终产品的销售活动中赚取利润，因此有：$p_I = \left[(p_D^I)^{1-\theta} + (p_F^I)^{1-\theta} \right]^{\frac{1}{1-\theta}}$。企业的定价行为确定企业利润，此时有：

$$\pi_F = \max_{p_F} s(p_F - MC_F)y(p_F) \tag{3-11}$$

$$s.t.\ y(p_F) = \beta p_F^{-\theta} Y \tag{3-12}$$

其中，π_F 表示开展对外直接投资行为的企业所获取的利润水平，p_F 表示东道国商品销售价格，MC_F 表示边际成本水平，$y(p_F)$ 表示企业产量函数。

3.3 模型分析

3.3.1 当企业不对外直接投资时的出口国内增加值率

根据式（3-1）和式（3-2），企业成本最小化决定其要素需求。求解可得，企业不对外直接投资时的各类要素需求为：

$$K_D = \beta_K \frac{MC_D}{r_D} Y_D \tag{3-13}$$

$$L_D = \beta_L \frac{MC_D}{w_D} Y_D \tag{3-14}$$

$$I = (1 - \beta_K - \beta_L) \frac{MC_D}{p_I} Y_D \tag{3-15}$$

其中，边际成本 $MC_D = \dfrac{\beta_K^{-\beta_K}\beta_L^{-\beta_L}(1-\beta_K-\beta_L)^{1-\beta_K-\beta_L}}{A}r_D^{\beta_K}w_D^{\beta_L}p_I^{1-\beta_K-\beta_L}$。

假设企业通过成本最小化方式组合中间投入品 I，由式（3-3）和式（3-4）求解可得，企业对两类中间投入品的需求水平为：

$$I_D = \left(\frac{p_D^I}{p_I}\right)^{-\theta_I} \tag{3-16}$$

$$I_F = \left(\frac{p_F^I}{p_I}\right)^{-\theta_I} \tag{3-17}$$

由于企业不从中间投入品的销售活动中赚取利润，只从最终产品的销售活动中赚取利润，因此有：$p_I = \left[(p_D^I)^{1-\theta}+(p_F^I)^{1-\theta}\right]^{\frac{1}{1-\theta}}$。企业的定价行为确定企业利润，由式（3-5）式（3-6）求解可得，企业最优定价水平为：

$$p_D = \frac{\theta_Y}{\theta_Y-1}(1+\tau)MC_D \tag{3-18}$$

此时，企业获取两类中间投入品所要支出的成本可表示为：

$$p_D^I I_D = (1-\beta_K-\beta_L)(p_D^I)^{1-\theta}p_I^{\theta-1}MC_D Y_D \tag{3-19}$$

$$p_F^I I_F = (1-\beta_K-\beta_L)(p_F^I)^{1-\theta}p_I^{\theta-1}MC_D Y_D \tag{3-20}$$

那么，企业可获取的利润水平为：

$$\begin{aligned}
\pi_D &= \frac{MC_D}{\theta_Y-1}Y_D \\
&= \beta\theta_Y^{-\theta_Y}(\theta_Y-1)^{\theta_Y-1}\left[\frac{\beta_K^{-\beta_K}\beta_L^{-\beta_L}(1-\beta_K-\beta_L)^{-(1-\beta_K-\beta_L)}}{A}\right]^{1-\theta_Y}r_D^{\beta_K(1-\theta_Y)}w_D^{\beta_L(1-\theta_Y)} \\
&\quad \left[(p_D^I)^{1-\theta}+(p_F^I)^{1-\theta}\right]^{\frac{(1-\beta_K-\beta_L)(1-\theta_Y)}{1-\theta}}(1+\tau)^{-\theta_Y}
\end{aligned} \tag{3-21}$$

同时，借鉴基和唐（2016）关于出口国内增加值率指标的研究成果，企业不对外直接投资时的出口国内增加值率可表示为：

$$\begin{aligned}
DVAR_D &= \frac{\pi_D + r_D K_D + w_D L_D + \delta p_D^I I_D + (1-\delta)p_F^I I_F}{p(Y_D)Y_D} \\
&= \frac{1+(\theta_Y-1)\{\beta_K+\beta_L+(1-\beta_K-\beta_L)[\delta(p_D^I)^{1-\theta}p_I^{\theta-1}+(1-\delta)(p_F^I)^{1-\theta}p_I^{\theta-1}]\}}{\theta_Y}
\end{aligned}$$

$$\tag{3-22}$$

将 $p_I = \left[(p_D^I)^{1-\theta} + (p_F^I)^{1-\theta} \right]^{\frac{1}{1-\theta}}$ 代入式（3 – 22），可以得到：

$$DVAR_D = \frac{1 + (\theta_Y - 1)\left\{ \beta_K + \beta_L + (1 - \beta_K - \beta_L)\left[(1 - \delta) + \frac{(2\delta - 1)}{1 + \left(\frac{p_F^I}{p_D^I}\right)^{1-\theta}} \right] \right\}}{\theta_Y}$$

$$(3 - 23)$$

其中，θ_Y 表示该类型产品的替代弹性，β_K、β_L 分别表示资本产出弹性和劳动力产出弹性，δ 表示企业所使用的中间投入品产值包含的国内成分占比（这里的国内是一个相对概念，指的是中间投入品所在的关税区）并假设为固定比例，p_D^I、p_F^I 分别表示来自国内要素市场的中间投入品的市场价格水平和来自国外要素市场的中间投入品的市场价格水平。

3.3.2　当企业对外直接投资时的出口国内增加值率

类似地，由式（3 – 7）和式（3 – 8）求解可得，企业对外直接投资时的各类要素需求为：

$$K_F = \beta_K \frac{MC_F}{r_F} Y_F \qquad (3 - 24)$$

$$L_F = \beta_L \frac{MC_F}{w_F} Y_F \qquad (3 - 25)$$

$$I = (1 - \beta_K - \beta_L) \frac{MC_F}{p_I} Y_F \qquad (3 - 26)$$

其中，边际成本 $MC_F = \dfrac{\beta_K^{-\beta_K} \beta_L^{-\beta_L} (1 - \beta_K - \beta_L)^{1-\beta_K-\beta_L}}{A} r_F^{\beta_K} w_F^{\beta_L} p_I^{1-\beta_K-\beta_L}$。企业对外投资时，通过成本最小化方式组合中间投入品 I，由式（3 – 9）和式（3 – 10）求解可得，企业对两类中间投入品的需求水平为：

$$I_D = \left(\frac{p_D^I}{p_I} \right)^{-\theta_I} \qquad (3 - 27)$$

$$I_F = \left(\frac{p_F^I}{p_I} \right)^{-\theta_I} \qquad (3 - 28)$$

此时，中间投入品价格为：$p_I = \left[(p_D^I)^{1-\theta} + (p_F^I)^{1-\theta} \right]^{\frac{1}{1-\theta}}$。企业的定价行

为确定企业利润，由式（3-11）和式（3-12）求解可得，企业最优定价水平为：

$$p_F = \frac{\theta_Y}{\theta_Y - 1} MC_F \qquad (3-29)$$

企业获取两类中间投入品所要支出的成本可表示为：

$$p_D^I I_D = (1 - \beta_K - \beta_L)(p_D^I)^{1-\theta} p_I^{\theta-1} MC_F Y_F \qquad (3-30)$$

$$p_F^I I_F = (1 - \beta_K - \beta_L)(p_F^I)^{1-\theta} p_I^{\theta-1} MC_F Y_F \qquad (3-31)$$

此时，企业利润水平可表示为：

$$\pi_F = s \frac{MC_F}{\theta_Y - 1} Y_F$$

$$= s\beta\theta_Y^{-\vartheta_Y}(\theta_Y - 1)^{\theta_Y - 1} \left[\frac{\beta_K^{-\beta_K} \beta_L^{-\beta_L}(1 - \beta_K - \beta_L)^{-(1-\beta_K-\beta_L)}}{A} \right]^{1-\theta_Y} r_Y^{\beta_K(1-\theta_Y)} w_F^{\beta_L(1-\theta_Y)}$$

$$\left[(p_D^I)^{1-\theta} + (p_F^I)^{1-\theta} \right]^{\frac{(1-\beta_K-\beta_L)(1-\theta_Y)}{1-\theta}} \qquad (3-32)$$

此时，企业对外直接投资时的出口国内增加值率可以表示为：

$$DVAR_F = \frac{\delta p_D^I I_D + (1-\delta) p_F^I I_F}{p(Y_F) Y_F}$$

$$= \frac{(\theta_Y - 1)(1 - \beta_K - \beta_L) \left[(1-\delta) + \dfrac{2\delta - 1}{1 + \left(\dfrac{p_F^I}{p_D^I} \right)^{1-\theta}} \right]}{\theta_Y} \qquad (3-33)$$

其中，θ_Y 表示该类型产品的替代弹性，β_K、β_L 分别表示资本产出弹性和劳动力产出弹性，δ 表示企业所使用的中间投入品产值包含的国内成分占比（这里的国内是一个相对概念，指的是中间投入品所在的关税区）并假设为固定比例，p_D^I、p_F^I 分别表示来自国内要素市场的中间投入品的市场价格水平和来自国外要素市场的中间投入品的市场价格水平。

3.4 理论命题

命题1：当企业处于初始投资"适应期"阶段时，企业对外直接投资行为会导致出口国内增加值率下降。

证明：将企业对外直接投资时的出口国内增加值率减去企业不对外直接投资时的出口国内增加值率，即式（3－33）减去式（3－23）。可以发现：

$$DVAR_F - DVAR_D = -\frac{1 + (\theta_Y - 1)(\beta_K + \beta_L)}{\theta_Y} < 0 \qquad (3-34)$$

所以，企业对外直接投资导致其出口国内增加值率下降。证毕。

此命题说明，当企业处于初始投资"适应期"阶段时，企业更倾向于依赖东道国要素市场，以谋求更多生存空间，此时，企业出口国内增加值率低于其没有开展对外直接投资时的数值。由于企业在要素市场为价格接受者，这里选取企业国外要素市场价格与国内要素市场价格比重为自变量，选取出口国内增加值率为因变量，并对其他参数在取值范围进行赋值，如图 3－1所示，相较于表示不对外直接投资企业出口国内增加值率的曲线，表示对外直接投资（ODI）企业出口国内增加值率的曲线处于较低位置，这或许可以表明，企业开展对外直接投资之后，其出口国内增加值率低于其不开展对外直接投资活动的出口国内增加值率。

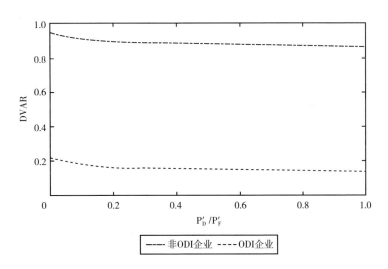

图 3－1 初始投资阶段企业出口国内增加值率比较

注：$\theta_Y = 3$，$\beta_K = \beta_L = 0.3$，$\delta = 0.8$，$\theta = 1.5$。

资料来源：笔者绘制。

命题 2：当企业处于持续投资"发展期"阶段，企业存在利润转移行为，此时，对外投资企业出口国内增加值率有可能会上升。

证明：随着企业步入持续投资"发展期"阶段，企业目标重点转变为追求更多经济利润。由于母公司控制着关键技术，因此在对外投资时，可以收取技术专利费，转移国外企业的利润到本国母公司。假设 F_A 为企业对国外直接投资企业单位产品收取的专利技术费，且取值范围 $\in[0,1]$。当存在利润转移时，企业的定价行为确定企业利润，此时有：

$$\pi_F = \max_{p_F} s[p_F(1-F_A) - MC_F]y(p_F) \tag{3-35}$$

$$\text{s. t. } y(p_F) = \beta p_F^{-\theta_Y} \tag{3-36}$$

则企业最优定价时有：

$$p_F = \frac{1}{1-F_A}\frac{\theta_Y}{\theta_Y-1}MC_F \tag{3-37}$$

因为 $\beta\left(\dfrac{1}{1-F_A}\dfrac{\theta_Y}{\theta_Y-1}MC_F\right)^{1-\theta_Y} = \left(\dfrac{1}{1-F_A}\right)^{1-\theta_Y}p(Y_F)Y_F < p(Y_F)Y_F$，所以，此时国外企业销售收入小于不被利润转移时的情况。企业对外直接投资时，其出口国内增加值率变为：

$$DVAR_F = \frac{F_A p_F(Y_F)Y_F + \delta p_D^I I_D + (1-\delta)p_F^I I_F}{p_F(Y_F)Y_F}$$

$$= \frac{F_A\theta_Y + (1-F_A)(\theta_Y-1)(1-\beta_K-\beta_L)\left[1-\delta+\dfrac{2\delta-1}{1+\left(\dfrac{p_F^I}{p_D^I}\right)^{1-\theta}}\right]}{\theta_Y} \tag{3-38}$$

此时，$\dfrac{dDVAR_F}{dF_A} = 1 - DVAR_F$。由于 $DVAR_F \in (0,1)$，则有 $\dfrac{dDVAR_F}{dF_A} > 0$。即企业对外直接投资时，随着收取技术专利费增多，其出口国内增加值率会随之提升。证毕。

此命题说明，当企业站稳脚跟并寻求通过收取技术服务费方式实现设立的合资公司或子公司利润向母公司转移之后，对外直接投资企业出口国内增加值率将随着技术服务费比例的提高而逐步上升，最终有可能超过其没有开展对外直接投资时的数值。依然选取国外要素市场价格占国内要素市场价格比重为自变量，企业出口国内增加值率为因变量，并对其他参数在取值范围进行赋值。如图3-2所示，企业转移利润行为将使其出口国内增加值率上升，随着企业技术服务费的比例由10%逐步提高到40%，对外直接投资企业出口国内增加值率与其没有对外直接投资时的出口国内增加值率之间的差距逐渐缩小。这说明，当企业处于持续投资"发展期"阶段时，对外直接投资活动对其出口国内增加值率的抑制效应逐渐降低，并有可能在未来某个时间点超过其没有对外直接投资时的出口国内增加值率，转变为促进效应。

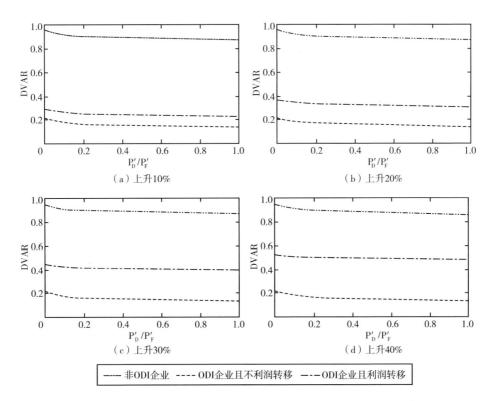

图3-2　持续投资阶段企业出口国内增加值率变化比较

注：$\theta_Y = 3$，$\beta_K = \beta_L = 0.3$，$\delta = 0.8$，$\theta = 1.5$，F_A 分别取值为 0.1、0.2、0.3 和 0.4。

资料来源：笔者绘制。

第4章

企业特征与基本事实

4.1 中国企业对外直接投资总体情况及演变

4.1.1 总体基本情况

本书主要从当期对外直接投资企业新增数量以及当期对外直接投资流量两个维度进行研究。其中,中国企业对外直接投资新增备案名单来源于中华人民共和国商务部公布的《中国境外投资企业(机构)名录》,年份分布为2000～2013年;中国企业对外直接投资流量统计数据来源于美国传统基金会公布的中国企业对外直接投资金额汇编数据,年份为2005～2013年。如图4-1所示,无论是从新增企业数量变化来看,还是从企业对外直接投资流量变化来看,2010年是一个重要的拐点,这将为后续的研究提供重要参考。

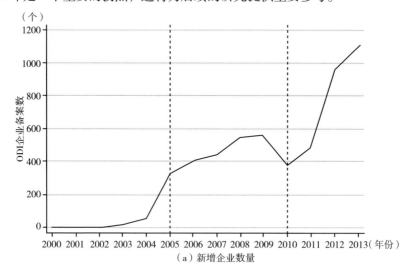

（a）新增企业数量

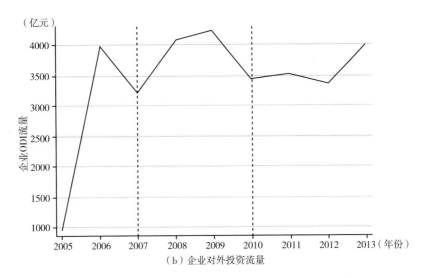

图 4 - 1　中国企业当年新增数量以及投资流量变化趋势

资料来源：中华人民共和国商务部《中国境外投资企业（机构）名录》。

4.1.2　分组异质性特征

接下来，本书将使用中华人民共和国商务部《中国境外投资企业（机构）名录》、国家统计局公布的中国工业企业数据库与中国海关进出口数据库匹配得到的合并数据样本，并剔除 2010 年及以前工业销售产值小于500 万元以及 2011 年及以后工业销售产值小于 2000 万元的数据样本以得到全新的数据样本（以下简称"样本 A"），用于考察规模以上工业企业中对外直接投资企业数量的结构性特征变化，并将此合并数据样本与美国传统基金会公布的中国企业对外直接投资金额汇编数据匹配得到新的合并数据样本（以下简称"样本 B"），用于考察企业对外直接投资流量的结构性特征变化。

1. 投资目的地比较分析

本书参考世界银行、国际货币基金组织、联合国开发计划署等机构发布的发达经济体标准，将百慕大群岛、加拿大、美国、阿拉伯联合酋长国、巴林、科威特、日本、塞浦路斯、沙特阿拉伯、文莱、新加坡、以色列、中国澳门地区、中国台湾地区、中国香港地区、爱尔兰、爱沙尼亚、奥地利、比利时、冰岛、波兰、丹麦、德国、法国、芬兰、荷兰、捷克、克罗地亚、拉脱维亚、立陶宛、列支敦士登、卢森堡、罗马尼亚、马耳他、挪威、葡萄牙、瑞典、瑞士、斯洛伐克、斯洛文尼亚、西班牙、希腊、匈牙利、意大利、英国、阿根廷、智利、澳大利亚、新西兰、波多黎各、韩国、安道尔、摩纳哥、圣马力诺、梵蒂冈城国、法罗群岛、根西岛以及泽西岛等国家或地区视为发达国家或地区，其余视为发展中国家或地区。如图4-2所示，从样本A均值水平来看，99.75%的企业对发展中国家或地区直接投资，0.25%的企业对发达国家或地区直接投资；从样本B均值水平来看，97.16%的中国企业投资额流向发展中国家或地区，2.84%的中国企业投资额流向发达国家或地区。两者相比较看，发展中国家或地区依然还是中国企业对外直接投资的主要目的地，中国对外直接投资的目的可能仍主要在于追求资源或市场；另外对发达国家或地区直接投资的0.25%企业在投资流量上就占了2.84%，投资强度明显高于对发展中国家或地区直接投资的企业，这说明资本实力更为雄厚的企业可能更倾向于投资发达国家或地区，寻求更高端的产业发展要素。

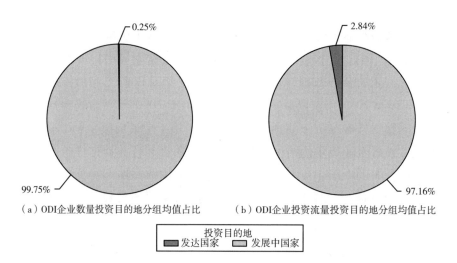

（a）ODI企业数量投资目的地分组均值占比　　　（b）ODI企业投资流量投资目的地分组均值占比

投资目的地
■ 发达国家　■ 发展中国家

图4-2　中国规模以上工业企业投资目的地样本差异比较

资料来源：中华人民共和国商务部《中国境外投资企业（机构）名录》、中国工业企业数据库以及中国海关进出口数据库。

2. 所有制比较分析

本书所获取的工业企业数据库中，关于企业所有制类型分类有一个识别变量，其中代码 1 为国有绝对控股企业，代码 2 为国有相对控股企业，代码 3 为私人控股企业，代码 4 为港澳台商控股企业，代码 5 为外商投资企业，代码 9 为其他。本书将国有绝对控股企业以及国有相对控股企业认定为国有企业，并根据隶属关系，进一步划分为中央企业（隶属关系代码为 10）和地方国有企业（隶属关系代码为 20、40、50、61、62、63、71、72 和 90）；同时将私人控股企业认定为私营企业，港澳台商控股企业以及外商投资企业认定为外资企业。如图 4 - 3 所示，从样本 A 均值水平来看，采取对外直接投资行为的规模以上工业企业（以下简称"规上工业企业"）中有 81.96% 为地方国有企业，其次分别是其他企业（7.88%）、外资企业（5.05%）、私营企业（4.92%）以及中央企业（0.20%）；从样本 B 均值水平来看，对外直接投资流量最大的企业类型为私营企业（57.70%），其次分别是外资企

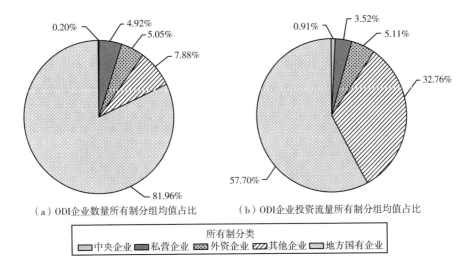

（a）ODI企业数量所有制分组均值占比　　　　（b）ODI企业投资流量所有制分组均值占比

所有制分类
中央企业　私营企业　外资企业　其他企业　地方国有企业

图 4 - 3　中国规模以上工业企业投资目的地样本差异比较[1]

资料来源：中华人民共和国商务部《中国境外投资企业（机构）名录》、中国工业企业数据库以及中国海关进出口数据库。

---

[1]　注：本章及第 5 章中，由于对计算结果都进行四舍五入并保留小数点后两位数字计算处理，导致部分计算结果加总出现略高于或略低于 100% 的情况，特此说明。

业（32.76%）、地方国有企业（5.11%）、其他地区（3.52%）和中央企业（0.91%）。两者相比较看，地方国有企业对外直接投资可能并非是企业追求利润最大化的市场行为，所以虽然其数量众多，投资流量却并不大；而私营企业作为最接近市场化运营的市场主体，通过对外直接投资追求国外生存空间的意愿更为强烈。此外，中央企业占比较低，可能是因为中央企业大多承担实现国家重要战略的重任，其对外直接投资的对象大多是金额巨大的、影响面广的大型项目，这类项目往往具有数量少、谈判时间久、波动幅度大等特征，国家统计局公布的统计数据显示，2017年中央企业和单位对外直接投资流量同比增长73.4%，2018年则同比下降56.7%，所以无论是投资数量还是投资流量，平均到每年的均值就显得占比低，所以后续分组异质性分析中依然将中央企业作为考察样本类型进行进一步研究。

3. 企业规模比较分析

本书使用xtile命令将所有样本按各企业平均就业人数由少到多排列，并按分位数分成小规模、中规模和大规模三组样本。如图4-4所示，从样本A统计数据来看，采取对外直接投资行为的规上工业企业中有44.32%为小规模企业，其次分别是中规模企业（40.48%）、大规模企业（15.20%）；从样本B统计数据来看，对外直接投资流量最大的企业类型为小规模企业

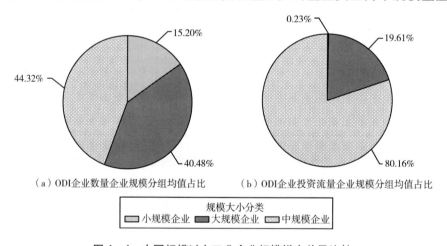

（a）ODI企业数量企业规模分组均值占比 　　（b）ODI企业投资流量企业规模分组均值占比

规模大小分类
小规模企业　大规模企业　中规模企业

图4-4　中国规模以上工业企业规模样本差异比较

资料来源：中华人民共和国商务部《中国境外投资企业（机构）名录》、中国工业企业数据库以及中国海关进出口数据库。

（80.16%），其次分别是中规模企业（19.61%）、大规模企业（0.23%）。两者相比较看，小规模企业对外直接投资意愿最为强烈，其次是中规模企业，最后是大规模企业。可能是因为企业规模越大，其在行业内话语权越大，对地方经济的带动效应也更为明显，更容易受到地方政府的关注和扶持，往往也在国内市场竞争中扮演"主导分配者"的角色，所以通过布局境外市场获得生存空间的动机没有规模较小企业那么强烈。

4. 要素密集类型比较分析

本书行业代码统一调整为 2002 年版本，其中 2000～2002 年原来沿用的是 1994 年版本，2012～2013 年原来沿用的是 2011 年版本。根据各行业要素依赖程度不同将所有样本划分为资源密集型行业、劳动密集型行业、资本密集型行业和资本及技术密集型行业。参考谢建国（2003）、邱斌等（2012）、洪世勤和刘厚俊（2013）、冯根福和毛毅（2015）以及陈旭等（2019）的划分方法以及 2002 年版国民经济行业分类代码，将煤炭开采和洗选业（行业代码06），石油和天然气开采业（行业代码07），黑色金属矿采选业（行业代码08），有色金属矿采选业（行业代码09），非金属矿采选业（行业代码10），其他采矿业（行业代码11）归类为资源密集型行业，将农副食品加工业（行业代码13），食品制造业（行业代码14），饮料制造业（行业代码15），烟草制造业（行业代码16），纺织业（行业代码17），纺织服装、鞋、帽制造业（行业代码18），皮革、毛皮、羽毛（绒）及其制造业（行业代码19），木材加工及木、竹、藤、棕、草制品业（行业代码20）归类为劳动密集型行业；将家具制造业（行业代码21）、造纸及纸制品业（行业代码22）、印刷业和记录媒介的复制（行业代码23）、文教体育用品制造业（行业代码24）、化学原料及化学制品制造业（行业代码26）、橡胶制品业（行业代码29）、塑料制品业（行业代码30）、非金属矿物制品业（行业代码31）、金属制品业（行业代码34）归类为资本密集型行业；将石油加工、炼焦及核燃料加工业（行业代码25），医药制造业（行业代码27），化学纤维制造业（行业代码28），黑色金属冶炼及压延加工业（行业代码32），有色金属冶炼及压延加工业（行业代码33），通用设备制造业（行业代码35），专用设备制造业（行业代码36），交通运输设备制造业（行业代码37），电气机械及器材制造业（行业代码39），通信设备、计算机及其他电子设备制造业（行业代码40），仪器仪表及文化、办公用机械制造业（行业代码41），工艺品及其他制造业（行业代码42）归类为资本及技术密集型行业。如图4-5所示，从样本A均值水平来看，采取对外直接投资行为的规上工业企业中有88.44%为资本及技术密集型企业，其次分别是劳动密集型企业（5.79%）、资本密集型企业（5.73%）和资源密集型（0.05%）；从样本B均值水平来看，对外直接投资流量最大的企业类型为资本及技术密集型企业（42.28%）、资本密集型企业（32.58%）、劳动密集型企业（24.85%）以及资源密集型企业（0.29%）。两者相比较，结合投资目的地特征来看，可以大致认为中国企业对外直接投资主体大多是资本及技术密集型企业。另外，可以发现资源密集型企业可能是由于资源依赖高、市场内向化严重等原因，无论是对外直接投资企业数量还是投资流量规模，均占据非常小的比例，研究其对外直接投资行为似乎现实意义不大，本书接下来研究企业要素密集类型分组异质性时，将重点关注劳动密集型、资本密集型和资本及技术密集型。

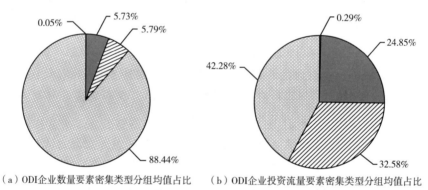

（a）ODI企业数量要素密集类型分组均值占比　　（b）ODI企业投资流量要素密集类型分组均值占比

要素密集类型分类
资源密集型　　资本密集型　　劳动密集型　　资本及技术密集型

图4-5　中国规模以上工业企业要素密集类型样本差异比较

资料来源：中华人民共和国商务部《中国境外投资企业（机构）名录》、中国工业企业数据库以及中国海关进出口数据库。

5. 地区分布比较分析

根据商务部、国家统计局以及国家外汇管理局联合公布的《2018年度中国对外直接投资统计公报》中的区域划分标准，东部地区包括北京、天津、河北、上海、江苏、浙江、福建、山东、广东和海南，中部地区包括山西、安徽、江西、河南、湖北、湖南，西部地区包括内蒙古自治区、广西壮族自治区、四川、重庆、贵州、云南、陕西、甘肃、青海、宁夏回族自治区、新疆维吾尔自治区、西藏自治区，东北三省包括黑龙江、吉林、辽宁。如图 4-6 所示，从样本 A 均值水平来看，采取对外直接投资行为的规上工业企业中有 96.97% 位于东部地区，其次分别是西部地区（1.45%）、中部地区（0.90%）和东北三省（0.67%）；从样本 B 均值水平来看，东部地区企业对外直接投资流量最大（86.50%），其次是中部地区（5.91%）、西部地区（3.88%）和东北三省（3.72%）。这说明，东部地区是中国对外直接投资的重镇，这或许与东部沿海地区是中国对外开放的前沿阵地相关，国家统计局最新统计数据呈现的中国对外直接投资地区分布也大致表现为这一特征。国家统计局统计数据显示，2018 年东部地区对外直接投资流量占总流量 77.2%，其次是中部地区（10.3%）、西部地区（10.2%）和东北三省（2.3%）。

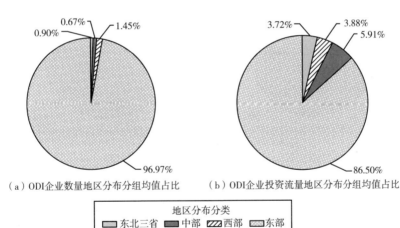

（a）ODI企业数量地区分布分组均值占比　　（b）ODI企业投资流量地区分布分组均值占比

地区分布分类
东北三省　中部　西部　东部

图 4-6　中国规模以上工业企业地区分布样本差异比较

资料来源：中华人民共和国商务部《中国境外投资企业（机构）名录》、中国工业企业数据库以及中国海关进出口数据库。

6. 投资倾向比较分析

天生国际化指的是在成立 3 年内开展国际投资活动的企业（Cannone & Ughetto，2014；Nummela et al.，2014；Gerschewski et al.，2015）。本书据此

设置天生国际化企业分组。如图4－7所示，从样本A均值水平来看，采取对外直接投资行为的规上工业企业中有99.74%为非天生国际化企业；从样本B均值水平来看，非天生国际化企业对外直接投资流量最大（99.62%）。这说明国内企业在成长初期仍主要扎根国内市场，一方面由于中国本身原材料、劳动力、市场以及资金等产业要素资源丰富，即使不开展国际投资活动，企业也可以依靠国内资源实现成长，另一方面也可以发现中国企业对外直接投资相对比较谨慎，企业往往是成长到一定成熟阶段后才考虑向境外市场扩张、布局，这同时也有利于企业对外直接投资行为的持续性、长期性和有效性。此时，仅仅研究企业在某个特定时期的对外直接投资行为并不能全面评估其行为的影响效应，因此将企业在不同时期的多次对外直接投资行为纳入研究考虑范畴就显得尤为重要。

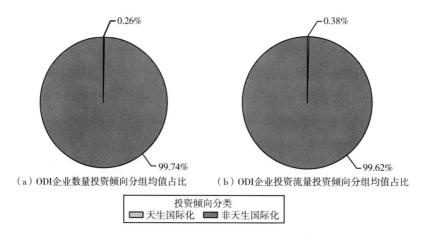

（a）ODI企业数量投资倾向分组均值占比　　（b）ODI企业投资流量投资倾向分组均值占比

投资倾向分类
▨ 天生国际化　■ 非天生国际化

图4－7　中国规模以上工业企业投资倾向样本差异比较

资料来源：中华人民共和国商务部《中国境外投资企业（机构）名录》、中国工业企业数据库以及中国海关进出口数据库。

4.2　中国企业对外直接投资国内研究热点分析

4.2.1　数据来源及变量说明

中国社会科学引文索引（CSSCI）是国内权威的进行社会科学研究的文献检索工具。文献研究的主题、数量变化以及所发表期刊或杂志的权威性直接反映了当前社会科学领域学者研究关注点的变化，因此，已发表学术文献成为对该领域理论状况进行度量的一个重要标准。本书以在《中文社会科学引文索引（2017－2018）收录来源期刊表》所收录期刊发表的文献为研究样本，借助中国知网、维普等常见的中文文献检索渠道，选取"对外直接投资""海外直接投资""OFDI""ODI""境外投资""对外投资""境外直接投资""海外投资""企业'走出去'""国际直接投资""直接投资"等作为关键词进行篇名检索。本次检索工作在 2018 年 1 月 10 日结束，最终获得 2141 个涉及 OFDI 研究主题的文献样本，出版年份分布在 1981～2017 年。并进一步设置"文章名称""研究侧重点""研究重点代码""公开发表时间""公开发表年份""发表期刊名称""期刊复合影响因子（中国知网 2017 年版）""期刊综合影响因子（中国知网 2017 年版）""截至 2018 年 1 月 10 日被引用次数""截至 2018 年 1 月 10 日被下载次数"等变量整理成文献数据库。

设置加权之前，所选取文献样本具备以下描述性统计特征：

从发表年份分布上看，1981～1985 年共有 20 篇，占 0.93%；1986～1990 年共有 104 篇，占 4.86%；1991～1995 年共有 139 篇，占 6.49%；1996～2000 年共有 153 篇，占 7.15%；2001～2005 年共有 264 篇，占 12.33%；2006～2010 年共有 368 篇，占 17.19%；2011～2015 年共有 683 篇，占 31.90%；2016～2017 年共有 410 篇，占 19.15%。可见，随着国内企业对外直接投资活动对中国宏观经济发展贡献度的日益提升，国内学者对 OFDI 领域的关注程度也随之提高。

从研究主题分布上看，总结可借鉴经验主题共有 269 篇，占 12.56%；必要性和可行性研究主题共有 117 篇，占 5.46%；理论综述研究主题共有 182 篇，占 8.50%；影响因素分析主题共有 530 篇，占 24.75%；区位及产业选择研究主题共有 163 篇，占 7.61%；投资方式进入研究主题共有 79 篇，占 3.69%；影响机制分析主题共有 505 篇，占 23.59%；政策导向研究主题共有 296 篇，占 13.83%。可见，国内学者重点关注影响因素分析、影响机制分析和政策导向研究等主题。

从被引用次数分布上看，截至 2018 年 1 月 10 日，100 次及以上共有 66 篇，占 3.08%；90～99 次共有 10 篇，占 0.47%；80～89 次共有 13 篇，占 0.61%；70～79 次共有 18 篇，占 0.84%；60～69 次共有 19 篇，占 0.89%；

50～59 次共有 34 篇，占 1.59%；40～49 次共有 68 篇，占 3.18%；30～39 次共有 93 篇，占 4.34%；20～29 次共有 165 篇，占 7.71%；10～19 次共有 365 篇，占 17.05%；5～9 次共有 346 篇，占 16.16%；5 次以下共有 944 篇，占 44.09%。可见，高引用次数文献数量仍有待提升。

从被下载次数分布上看，截至 2018 年 1 月 10 日，1000 次及以上共有 397 篇，占 18.54%；900～999 次共有 63 篇，占 2.94%；800～899 次共有 69 篇，占 3.22%；700～799 次共有 88 篇，占 4.11%；600～699 次共有 125 篇，占 5.84%；500～599 次共有 153 篇，占 7.15%；400～499 次共有 193 篇，占 9.01%；300～399 次共有 232 篇，占 10.84%；200～299 次共有 259 篇，占 12.10%；100～199 次共有 276 篇，占 12.89%；100 次以下共有 286 篇，占 13.36%。可见，国内学者对 OFDI 领域的关注度较高，有 41.80% 的文献下载次数达到 500 次以上。

从复合影响因子分布上看，截至 2018 年 1 月 10 日，得分 4.000 及以上共有 167 篇，占 7.80%；得分 3.000～3.999 共有 338 篇，占 15.79%；得分 2.000～2.999 共有 550 篇，占 25.69%；得分 1.000～1.999 共有 857 篇，占 40.03%；得分 1.000 以下共有 229 篇，占 10.70%。同时从综合影响因子分布上看，截至 2018 年 1 月 10 日，得分 3.500 及以上共有 88 篇，占 4.11%；得分 2.500～3.499 共有 84 篇，占 3.92%；得分 3.500 及以上共有 88 篇，占 4.11%。

4.2.2 数据分析框架构建及编码

本书将文献样本按照已有研究主题进行分类，可重点划分为总结可借鉴经验（邢天添和于杨，2017；王是业，2017；郭周明，2017；黄梅波和张博文，2017）、必要性和可行性研究（徐长山和金龙，2016；苏丽萍，2007；欧阳峣，2006）、理论综述研究（李一文，2016；司月芳和李英戈，2015；齐晓飞等，2015）、影响因素分析（田巍和余淼杰，2017；李磊等，2017；李丽丽和綦建红，2017）、区位及产业选择研究（刘希等，2017；杨亚平和高玥，2017）、投资方式选择研究（蒋冠宏和蒋殿春，2017；黄凌云和王军，2016；洪联英等，2015）、影响机制分析、政策导向研究（刘建丽，2017；刘志坚，2017）等主题，并在此基础上对影响机制分析主题进一步细化为对经济发展影响方向（刘刚等，2017；隋广军等，2017；聂名华和徐英杰，2016）、贸易效应（白思达和储敏伟，2017；程中海和冯梅，2017）、产业结构效应（张先锋等，2017；马相东，2017；贾妮莎和申晨，2016）、技术效应（吴先明和胡博文，2017；邵玉君，2017；刘东丽和刘宏，2017）、国内投资效应（宫汝凯和李洪亚，2016；宋林和谢伟，2016）、就业效应（李宏兵等，2017；李磊等，2016；蒋冠宏，2016）、环境效应（蓝虹，2013；余官胜，2017）、效率效应（刘晓丹和衣长军，2017；张晓涛和陈国媚，2017）及其他（阎虹戎和冼国明，2017；戚建梅和王明益，2017；姚树洁等，2014）等子主题。具体编码如表 4 - 1 所示。

表 4 - 1　　　　　　　　　　　文献研究主题分类及编码

研究主题	研究主题代码
总结可借鉴经验	01
必要性和可行性研究	02
理论综述研究	03
影响因素分析	04
区位及产业选择研究	05
投资方式选择研究	06
影响机制研究	07
其中：对经济发展影响方向	71
贸易效应	72
产业结构效应	73
技术效应	74
国内投资效应	75
就业效应	76
环境效应	77
效率效应	78
其他	79
政策导向研究	08

资料来源：笔者根据收集得到的文献样本书章标题、关键词以及摘要内容进行整理和分类。

4.2.3　国内研究热点的比较分析

1. 权重设置及加权处理

从影响力来看，相较于发表在普通核心期刊或是被引次数较少的文献，发表在权威期刊或是被引次数较多的文献产生的外部社会效益要高出很多，所以，本书综合考虑文献发表后的影响力并赋予新的权重，可以得到新的数据样本。本书考察各研究主题在研究范围内已发表的文献数量，并考虑该文献发表的学术期刊复合影响因子、综合影响因子以及该文献的被引用次数和被下载次数等维度，给予加权处理，具体加权设置如表 4-2 所示。

表 4-2　　　　　　　　　文献数量加权处理设置

项目名称	权重设置				
期刊复合影响因子	1.000 以下	1.000~1.999	2.000~2.999	3.000~3.999	4.000 及以上
期刊综合影响因子	0.500 以下	0.500~1.499	1.500~2.499	2.500~3.499	3.500 及以上
文献被引用次数	5 以下	5~29	30~59	60~89	90 及以上
文献被下载次数	100 以下	100~399	400~699	700~999	1000 及以上
赋予权重数	0.05	0.10	0.15	0.20	0.25

资料来源：笔者根据已收集样本各权重项目的分布情况人为设置权重数。

本书接下来将基于收集得到的数据样本，对国内对外直接投资的研究热点进行统计描述性分析。

2. 总体变化情况

如图 4-8 所示，可以发现对外直接投资一直是国内学术界的研究热点，而且热度还不断攀升，在 2010 年甚至出现一个猛涨期，结合图 3-1 的中国对外直接投资企业投资新增数量及投资流量的变化趋势，将 2010 年视为中国对外直接投资的拐点显然更为合理了。

3. 研究方向热点的横向比较分析

如图 4-9 所示，研究主题热点中影响机制研究（25.42%）以及影响因素分析（25.37%）占据主要位置，其次分别是政策导向研究（12.86%）、

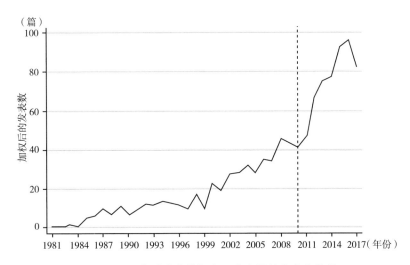

图 4 - 8　国内对外直接投资研究主题热点变化趋势

资料来源：笔者根据中国知网收集及整理。

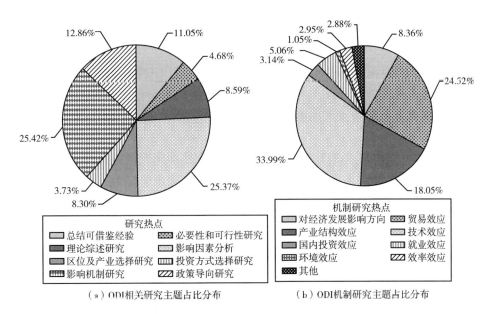

（ a ）ODI相关研究主题占比分布　　　　（ b ）ODI机制研究主题占比分布

图 4 - 9　国内对外直接投资研究主题结构分析

资料来源：笔者根据中国知网收集及整理。

总结可借鉴经验（11.05%）、理论综述研究（8.59%）、区位及产业选择研究（8.30%）、必要性和可行性研究（4.68%）以及投资方式选择研究（3.73%）；本书进一步对影响机制研究进行细分统计，结果显示，技术效应（33.99%）以及贸易效应（24.52%）是被研究次数最多的两个子方向，其次分别是产业结构效应（18.05%）、对经济发展影响方向（8.36%）、就业效应（5.06%）、国内投资效应（3.14%）、效率效应（2.95%）、其他（2.88%）以及环境效应（1.05%）。对研究主题的关注可能受到国家对外开放政策实施关注点的影响，改革开放以来，中国企业经历"借船出海""造船出海"等多个发展阶段，企业在境外市场的生存和成长问题日益受到重视。尤其是从企业投资目的地分类比较分析中可以看到，中国企业对外直接投资在没有引进新技术新模式对自身实现升级改造的情况下，随着全球产业和技术变革的推进，中国企业在全球价值链分工位置中容易被"低端锁定"，这对于我国对外开放政策的长期持续性将是一大挑战，学术界相对于实业界，超前关注对外直接投资的技术效应和贸易效应等领域，将为中国对外直接投资企业未来转型做好前期的理论研究，为其后续动作提供理论支撑和指引。

4. 研究方向热点的纵向比较分析

如图4-10所示，近几年研究主题热点中增势较为突出的依次是影响机制研究以及影响因素分析，而影响机制研究中较为突出的是技术效应、贸易效应以及产业结构效应，与图3-9的分析结果基本一致。

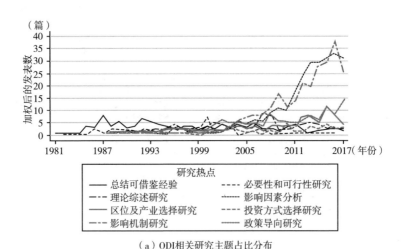

（a）ODI相关研究主题占比分布

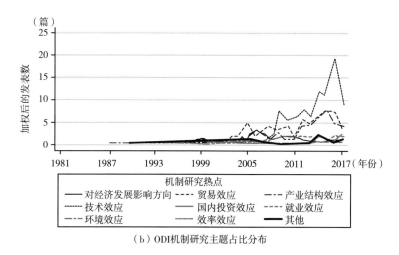

（b）ODI机制研究主题占比分布

图 4 – 10 国内对外直接投资研究主题结构变化趋势

资料来源：笔者根据中国知网收集及整理。

4.3 中国企业全球价值链分工位置演变及特征

本书将使用中华人民共和国商务部《中国境外投资企业（机构）名录》、国家统计局公布的中国工业企业数据库与中国海关进出口数据库匹配得到的合并数据样本，并剔除 2010 年及以前工业销售产值小于 500 万元以及 2011 年及以后工业销售产值小于 2000 万元的数据样本以得到全新的数据样本（以下简称"样本 A"）。并借助 KT 法估算得到的企业层面出口国内增加值率 DVAR_KT 衡量企业全球价值链分工位置（Kee & Tang，2016），这一指标主要度量企业在全球竞争中所处地位；借助 KT 法估算得到的企业出口国内增加值率占行业龙头企业出口国内增加值率比重 MDVAR_KT 来衡量企业全球价值链分工位置与行业内龙头企业的差距，这一指标主要衡量企业行业内竞争中所处地位；借助 KT 法估算得到的企业出口国内增加值率的增速水平 GDVAR_KT 来衡量企业全球价值链分工位置高低变化的快慢程度。上述 DVAR_KT、MDVAR_KT 以及 GDVAR_KT 等指标计算过程详见第 5 章中的式（5 – 2）、式（5 – 3）和式（5 – 4）。

4.3.1　总体变化情况

1. 企业全球价值链分工位置演变特征

本书主要考察企业全球价值链分工位置演变过程及特征。由于本书采用企业出口国内增加值率来衡量其全球价值链分工位置，就笔者自身对企业出口国内增加值率的理解，取值越高，意味着企业出口产品产值中来自本国要素市场的中间投入品比重越高，则企业生产出口产品对国外要素市场的依赖程度越低，此时企业出口行为受到国外市场的牵制程度减弱，这时候可以认为企业在全球价值链分工中的位置得到提升，企业在面对国际竞争中掌握更多自主权。从图 4-11 中可以发现，随着中国对外开放逐步推进，中国规上工业企业对国际市场的自主地位呈逐步提升趋势，虽然在 2013 年有所回落，但因为 2013 年以后的数据样本暂时没有渠道获取，这里暂不讨论。全球价值链分工位置的提升意味着中国企业国际竞争力和抗风险能力的提升，然而这种提升效应是否与企业对外直接投资行为有关，以及对企业在国际市场上生存是否会产生持续效应，这都是本次研究将重点关注并尝试回答的问题。

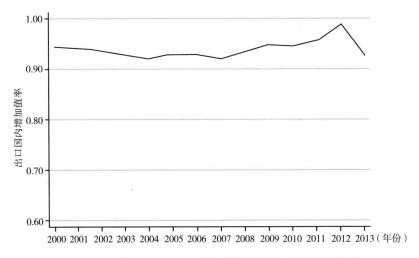

图 4-11　中国规上工业企业全球价值链分工位置变化趋势

资料来源：中国工业企业数据库和中国海关进出口数据库匹配得到的合并样本。

2. 企业全球价值链分工位置占行业内龙头企业比重演变特征

关注企业与行业龙头企业之间的差距是本次研究的衍生研究主题，因为研究企业全球价值链分工位置的提升，本身就是一个个体的比较，其衡量指标数值的提升，说明了企业在全球竞争中的总体地位得到提升，但其在行业内的地位提升与否并没有得到准确体现。考虑到目前政策管理大多是行业管理，考量企业产业内竞争关系也是一个具有较强现实意义的话题。此时，为了考察企业在全球价值链分工位置变化过程中企业在行业内地位的变化情况，本书引入企业出口国内增加值率占其所处行业龙头企业出口国内增加值率的比重这一指标来考察企业在行业内竞争的表现，当取值为 1，说明从全球价值链分工位置的衡量视角，该企业已成为行业的龙头企业。如图 4 - 12 所示，从总体变化趋势来看，企业全球价值链分工位置占所处行业龙头企业比重总体变化趋势与其全球价值链分工位置基本保持一致，整体保持稳步上升趋势并于 2013 年出现明显下滑。基于两者的变化趋势趋同，本书在后续将选择该变量作为全球价值链分工位置的替代变量进行稳健性检验。

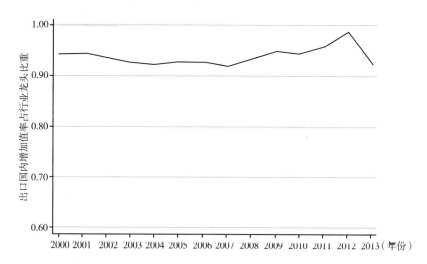

图 4 - 12　中国规上工业企业全球价值链分工位置较龙头企业差距逐年变化趋势

资料来源：中国工业企业数据库和中国海关进出口数据库匹配得到的合并样本。

3. 企业全球价值链分工位置变化增速演变特征

除了考察企业全球价值链分工位置变化趋势以外，本书还将其变化快慢程度纳入研究范围内，因此这里将关注企业全球价值链分工位置变化增速的演变特征。如图 4－13 所示，企业全球价值链分工位置指标变化增速水平总体为正且保持上升趋势，并在 2012 年有所回落、2013 年则为负数，对比图 3－11 可见，企业在 2012 年全球价值链分工位置指标仍保持增长趋势，但 2013 年则明显下降。2013 年出现的变化有待笔者获取更多年份的数据样本来探究其内在原因。

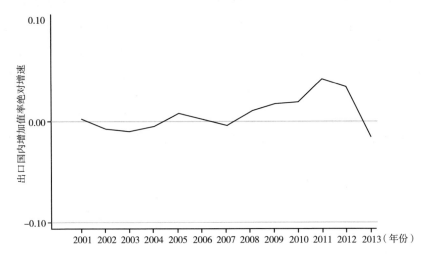

图 4－13 中国规上工业企业全球价值链分工位置增速变化趋势

资料来源：中国工业企业数据库和中国海关进出口数据库匹配得到的合并样本。

4.3.2 分组异质性特征

1. 投资目的地比较分析

从投资目的国划分来看，从图 4－14 可以发现，对发达国家直接投资以及对发展中国家直接投资的规上工业企业，两者全球价值链分工位置均值水平大致相同；从逐年变化趋势来看，两者变化趋势也大致趋同，似乎可以认为企业对外直接投资行为影响其全球价值链分工位置变化可能不存在投资目的地的分组异质性，下一步研究将对此进行检验。

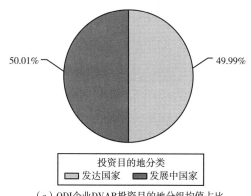

（a）ODI企业DVAR投资目的地分组均值占比

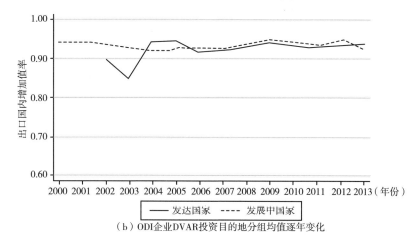

（b）ODI企业DVAR投资目的地分组均值逐年变化

图 4 - 14　中国规上工业企业全球价值链分工位置投资目的地样本差异均值及逐年比较

资料来源：中国工业企业数据库和中国海关进出口数据库匹配得到的合并样本。

2. 所有制比较分析

从企业所有制划分来看，从图 4 - 15 可以发现，中国规上工业对外直接投资企业的全球价值链分工位置均值水平中，私营企业最高，其次分别是外资企业、地方国有企业以及中央企业；从逐年变化来看，私营企业表现最为突出，其次分别是外资企业、地方国有企业以及中央企业，据此似乎可以认为中国规上工业企业对外直接投资行为影响其全球价值链分工位置变化影响作用；从所有制分组异质性角度看，可能呈 "私营企业—外资企业—地方国有企业—中央企业" 逐步递减特征，下一步研究将对其进行实证检验。

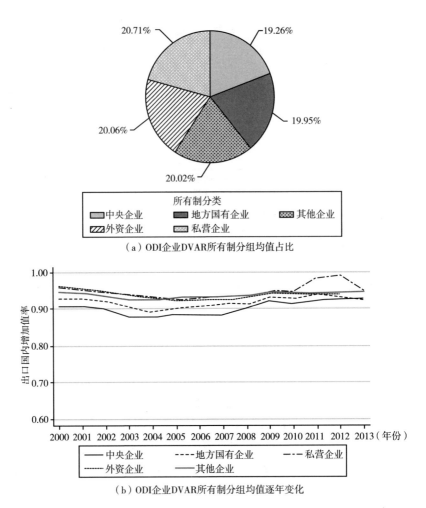

（a）ODI企业DVAR所有制分组均值占比

（b）ODI企业DVAR所有制分组均值逐年变化

图4-15　中国规上工业企业全球价值链分工位置所有制样本差异均值及逐年比较

资料来源：中国工业企业数据库和中国海关进出口数据库匹配得到的合并样本。

3. 企业规模比较分析

从企业规模划分来看，如图4-4所示，相较于中规模以及大规模企业，小规模企业无论是数量还是流量均表现最为积极。而进一步由图4-16可以发现，小规模企业全球价值链分工位置均值最大，且从逐年变化来看，依然是小规模企业全球价值链分工位置处于较高数值水平，似乎可以认为，小规模企业对外直接投资行为影响其全球价值链分工位置提升的作用效应最为强烈，这可能是小规模企业更愿意采取对外直接投资行为的原因。

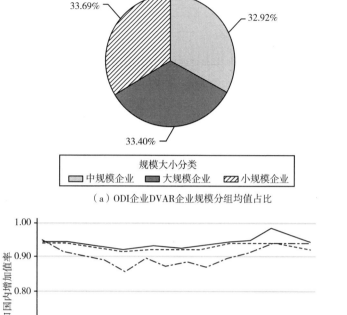

（a）ODI企业DVAR企业规模分组均值占比

（b）ODI企业DVAR规模大小分组均值逐年变化

图 4 – 16　中国规上工业企业全球价值链分工位置企业规模样本差异均值及逐年比较

资料来源：中国工业企业数据库和中国海关进出口数据库匹配得到的合并样本。

4. 要素密集类型比较分析

从要素密集类型划分来看，如图 4 – 17 所示，对外直接投资企业全球价值链分工位置呈"劳动密集型—资本及技术密集型—资本密集型—资源密集型"逐步递减特征，且其逐年变化也大致表现为这种排序。后续将据此提出研究假说，作进一步证伪检验。

5. 地区分布比较分析

从地区分布划分来看，由图 4 – 18 可见，对外直接投资企业全球价值链分工位置呈"东北三省—东部—中部—西部"逐步递减特征，且其逐年变化

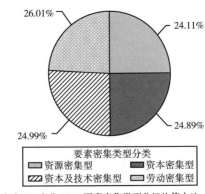

（a）ODI企业DVAR要素密集类型分组均值占比

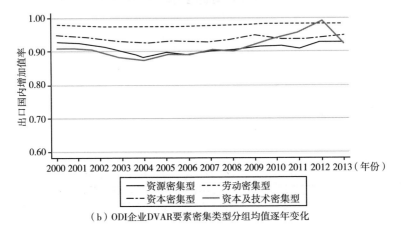

（b）ODI企业DVAR要素密集类型分组均值逐年变化

图4－17　中国规上工业企业全球价值链分工位置要素密集样本差异均值及逐年比较

资料来源：中国工业企业数据库和中国海关进出口数据库匹配得到的合并样本。

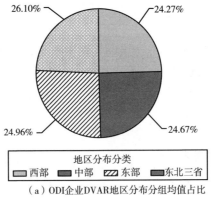

（a）ODI企业DVAR地区分布分组均值占比

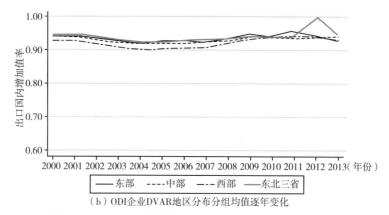

（b）ODI企业DVAR地区分布分组均值逐年变化

图 4 - 18　中国规上工业企业全球价值链分工位置地区分布样本差异均值及逐年比较

资料来源：中国工业企业数据库和中国海关进出口数据库匹配得到的合并样本。

趋势也基本呈现这一特征；从企业数量来看，采取对外直接投资行为的规上工业企业多少排序依次是"东部—西部—中部—东北三省"。比较之下，初步可以认为，企业对外直接投资影响其全球价值链分工位置的影响作用，东北三省表现得最为强烈，其次是东部，再次是中部，最后是西部。后续研究将据此提出研究假说，并作进一步证伪检验。

6. 投资倾向比较分析

从投资倾向划分来看，由图 4 - 7 可知，中国规上工业对外直接投资企业中，非天生国际化企业占绝大多数（99.74%），而从图 4 - 19 的均值占比来看，该类企业仅占 50.14%，初步可以认为，天生国际化企业对外直接投资行为影响其全球价值链分工位置的影响作用更为强烈。后续研究将据此提出研究假说，并作进一步证伪检验。

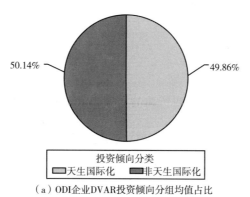

（a）ODI企业DVAR投资倾向分组均值占比

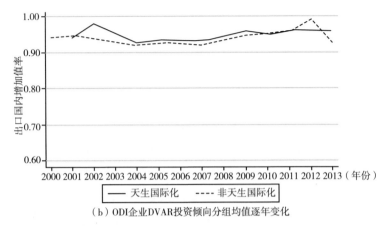

（b）ODI企业DVAR投资倾向分组均值逐年变化

图4-19 中国规上工业企业全球价值链分工位置投资倾向样本差异均值及逐年比较

资料来源：中国工业企业数据库和中国海关进出口数据库匹配得到的合并样本。

4.4 中国企业对外直接投资决策与全球价值链分工位置

本书将使用中华人民共和国商务部《中国境外投资企业（机构）名录》、国家统计局公布的中国工业企业数据库与中国海关进出口数据库匹配得到的合并数据样本，并剔除2010年及以前工业销售产值小于500万元以及2011年及以后工业销售产值小于2000万元的数据样本，以得到全新的数据样本（以下简称"样本A"），用于考察规模以上工业企业对外直接投资决策变化特征与全球价值链分工位置变化特征之间的共性化。

4.4.1 总体变化情况

1. 中国企业对外直接投资行为与全球价值链分工位置变化

如图4-20所示，从整体均值水平比较来看，没有对外直接投资行为的企业的全球价值链分工位置指标均值水平高于有对外直接投资行为的企业；从逐年变化来看，在2010年及以前两者基本趋同，但在2011年及以后，没有对外直接投资行为的企业的全球价值链分工位置指标则明显超过有对外直接投资行为的企业。这似乎可以表明，企业对外直接投资并没有提高其全球价值链分工位置。但是也有可能存在"自我选择"的情况，即全球价值链分工位置高的企业本身就是高度依赖国内要素市场的企业，其对开展国际投资活动意愿并不强烈。下一步研究将在控制可能存在"自我选择"的情况的基础上，尝试科学证伪两者之间的关系。

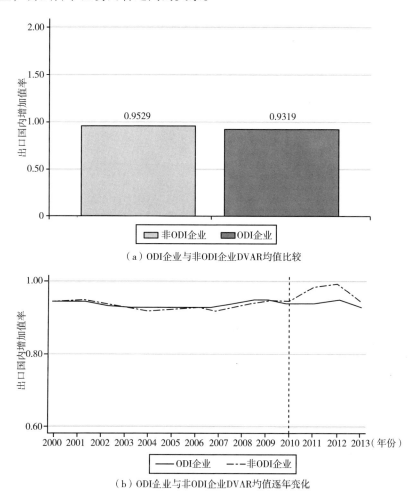

（a）ODI企业与非ODI企业DVAR均值比较

（b）ODI企业与非ODI企业DVAR均值逐年变化

图 4 – 20 中国规上工业 ODI 企业与非 ODI 企业全球价值链

分工位置均值差异及逐年比较

资料来源：中华人民共和国商务部《中国境外投资企业（机构）名录》、中国工业企业数据库以及中国海关进出口数据库。

2. 中国企业对外直接投资行为与全球价值链分工位置较龙头企业差距变化

如图 4 - 21 所示,从总体变化趋势来看,没有对外直接投资企业与有对外直接投资企业的全球价值链分工位置占所处行业龙头企业比重均值水平的比较情况与其全球价值链分工位置的比较情况基本一致。本书在后续将选择该变量作为全球价值链分工位置的替代变量进行稳健性检验。

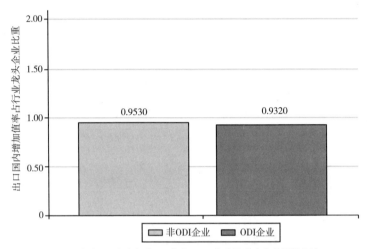

(a) ODI企业与非ODI企业DVAR均值较业内龙头差距比较

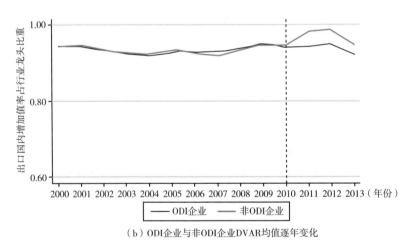

(b) ODI企业与非ODI企业DVAR均值逐年变化

图 4 - 21　中国规上工业 ODI 企业与非 ODI 企业全球价值链分工位置较龙头企业差距均值差异及逐年比较

资料来源:中华人民共和国商务部《中国境外投资企业(机构)名录》、中国工业企业数据库以及中国海关进出口数据库。

3. 中国企业对外直接投资行为与全球价值链分工位置增速

如图 4-22 所示，从增速水平来看，没有对外直接投资行为的企业的全球价值链分工位置变化幅度的增速水平明显大于有对外直接投资行为的企业，逐年变化趋势处于较高位置，然而这并不能说明企业对外直接投资行为抑制了其全球价值链分工位置的提升，这也有可能是由处于全球价值链分工较高位置的企业存在"自我选择"造成的，后续仍需进一步证伪检验。

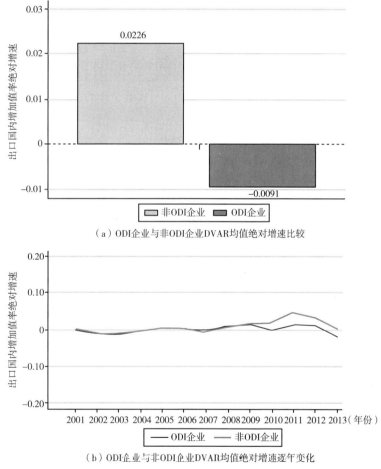

（a）ODI企业与非ODI企业DVAR均值绝对增速比较

（b）ODI企业与非ODI企业DVAR均值绝对增速逐年变化

图 4-22　中国规上工业 ODI 企业与非 ODI 企业全球价值链分工位置增速均值差异及逐年比较

资料来源：中华人民共和国商务部《中国境外投资企业（机构）名录》、中国工业企业数据库以及中国海关进出口数据库。

4.4.2 分组异质性特征

1. 所有制比较分析

如图 4-23 所示，从所有制类型划分来看，对外直接投资企业全球价值链分工位置均值水平高于没有对外直接投资行为企业的类型有外资企业和地方国有企业，反之则有私营企业、中央企业以及其他企业。

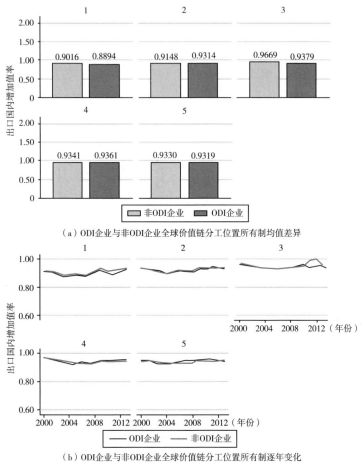

（a）ODI企业与非ODI企业全球价值链分工位置所有制均值差异

（b）ODI企业与非ODI企业全球价值链分工位置所有制逐年变化

**图 4-23 中国规上工业 ODI 企业与非 ODI 企业全球价值链
分工位置所有制均值差异及逐年比较**

注：1 为中央企业，2 为地方国有企业，3 为私营企业，4 为外资企业，5 为其他企业。

资料来源：中华人民共和国商务部《中国境外投资企业（机构）名录》、中国工业企业数据库以及中国海关进出口数据库。

2. 企业规模比较分析

如图 4-24 所示，从企业规模划分来看，对外直接投资企业全球价值链分工位置均值水平高于没有对外直接投资企业的类型有大规模企业，反之则有小规模企业和中规模企业。

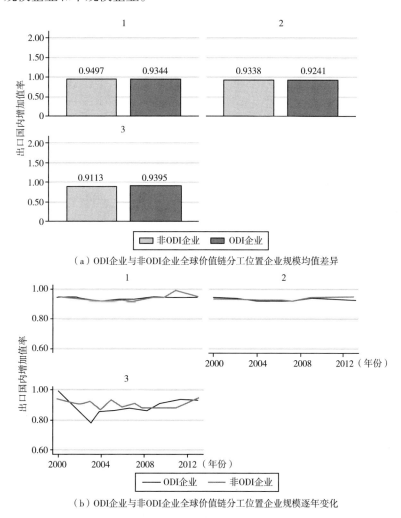

（a）ODI企业与非ODI企业全球价值链分工位置企业规模均值差异

（b）ODI企业与非ODI企业全球价值链分工位置企业规模逐年变化

图 4-24　中国规上工业 ODI 企业与非 ODI 企业全球价值链分工位置企业规模均值差异及逐年比较

注：1 为小企业，2 为中企业，3 为大企业。

资料来源：中华人民共和国商务部《中国境外投资企业（机构）名录》、中国工业企业数据库以及中国海关进出口数据库。

3. 要素密集类型比较分析

如图4-25所示，从企业要素密集类型划分来看，对外直接投资企业全球价值链分工位置均值水平高于没有对外直接投资企业的类型有大规模企业，反之则有小规模企业和中规模企业。

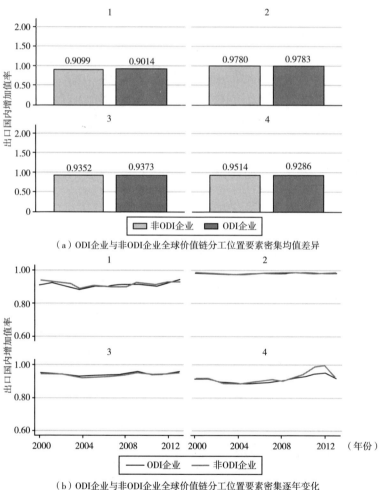

（a）ODI企业与非ODI企业全球价值链分工位置要素密集均值差异

（b）ODI企业与非ODI企业全球价值链分工位置要素密集逐年变化

图4-25 中国规上工业 ODI 企业与非 ODI 企业全球价值链分工位置要素密集均值差异及逐年比较

注：1为资源密集型，2为劳动密集型，3为资本密集型，4为资本及技术密集型。

资料来源：中华人民共和国商务部《中国境外投资企业（机构）名录》、中国工业企业数据库以及中国海关进出口数据库。

4. 地区分布比较分析

如图 4 - 26 所示，从地区分布划分来看，对外直接投资企业全球价值链分工位置均值水平均低于没有对外直接投资企业。

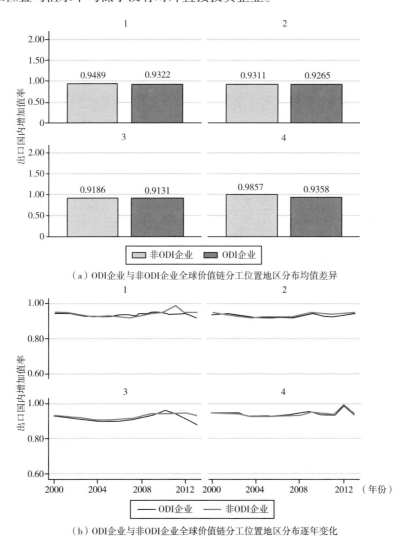

（a）ODI企业与非ODI企业全球价值链分工位置地区分布均值差异

（b）ODI企业与非ODI企业全球价值链分工位置地区分布逐年变化

图 4 - 26　中国规上工业 ODI 企业与非 ODI 企业全球价值链分工位置地区分布均值差异及逐年比较

注：1 为东部，2 为中部，3 为西部，4 为东北三省。

资料来源：中华人民共和国商务部《中国境外投资企业（机构）名录》、中国工业企业数据库以及中国海关进出口数据库。

4.5 中国企业对外直接投资强度与全球
价值链分工位置

本书将使用中华人民共和国商务部《中国境外投资企业（机构）名录》、国家统计局公布的中国工业企业数据库与中国海关进出口数据库匹配得到的合并数据样本，并剔除 2010 年及以前工业销售产值小于 500 万元以及 2011 年及以后工业销售产值小于 2000 万元的数据样本，以得到全新的数据样本，进一步将此合并数据样本与美国传统基金会公布的中国对外直接投资金额汇编数据匹配得到新的合并数据样本（以下简称"样本 B"），用于考察企业对外直接投资强度与全球价值链分工位置变化特征的共性。其中，用企业投资流量除以总产值计算得到企业对外直接投资强度，并使用 xtile 命令将投资强度划分为五组进行比较分析。

4.5.1 总体变化情况

1. 中国企业对外直接投资强度与全球价值链分工位置变化

如图 4 - 27 所示，从整体均值水平占比上看，随着企业对外直接投资强

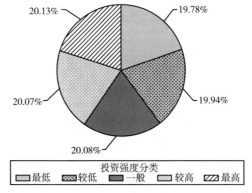

图 4 - 27 中国规上工业企业投资强度与其全球价值链
分工位置均值差异及逐年比较

资料来源：中华人民共和国商务部《中国境外投资企业（机构）名录》、中国工业企业数据库以及中国海关进出口数据库。

度的提升，其全球价值链分工位置均值水平逐步上升，可见企业对外直接投资强度对其全球价值链分工位置可能存在某种正向的促进作用。接下来，本书将考察中国企业对外直接投资强度与其全球价值链分工位置与行业龙头企业差异以及全球价值链分工位置变化增速的趋势比较，并从投资目的地、所有制、企业规模、要素密集型、地区分布、投资倾向等方面进一步考察两者变化趋势的异质性特征表现。

2. 中国企业对外直接投资强度与全球价值链分工位置较龙头企业差距变化

如图 4 – 28 所示，从整体均值水平占比上看，随着企业对外直接投资强度的提升，其全球价值链分工位置占行业内龙头企业比重的均值水平总体保持上升趋势，可见企业对外直接投资强度不仅对企业在提升全球竞争地位中存在某种正向的促进作用，而且对企业在行业内竞争地位的提升也存在某种正向的促进作用。

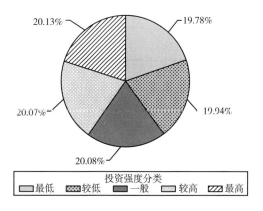

图 4 – 28　中国规上工业企业投资强度与其全球价值链
分工位置较龙头企业差距均值差异及逐年比较

资料来源：中华人民共和国商务部《中国境外投资企业（机构）名录》、中国工业企业数据库以及中国海关进出口数据库。

3. 中国企业对外直接投资强度与全球价值链分工位置绝对增速变化

如图 4 – 29 所示，从整体均值水平占比上看，随着企业对外直接投资强度的提升，其全球价值链分工位置变化增速均为正，但变化幅度波动不定，这再次说明企业对外直接投资强度对企业在提升全球竞争地位中存在某种正向的促进作用，但企业全球价值链分工位置变化幅度没有形成线性变化规律。

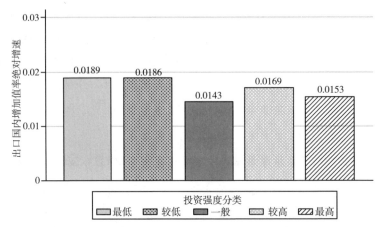

图 4 – 29 中国规上工业企业投资强度与其全球价值链分工

位置增速均值差异及逐年比较

资料来源：中华人民共和国商务部《中国境外投资企业（机构）名录》、中国工业企业数据库以及中国海关进出口数据库。

4.5.2 分组异质性特征

1. 投资目的地比较分析

如图 4 – 30 所示，从投资目的地划分来看，对于投资目的地为发达国家

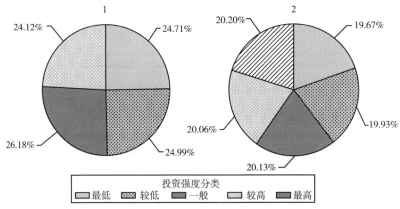

图 4 – 30 中国规上工业企业投资强度与其全球价值链分工

位置投资目的国均值差异及逐年比较

注：1 为发达国家，2 为发展中国家。

资料来源：中华人民共和国商务部《中国境外投资企业（机构）名录》、中国工业企业数据库以及中国海关进出口数据库。

或地区的企业样本，随着其对外直接投资强度的提升，其全球价值链分工位置均值占比总体呈先上升后下降的倒"U"型变化趋势；对于投资目的地为发展中国家或地区的企业样本，随着其对外直接投资强度的提升，其全球价值链分工位置均值占比总体呈先上升后下降再上升的"N"型变化趋势。

2. 所有制比较分析

如图 4 - 31 所示，从企业所有制划分来看，对于中央企业样本，随着其对外直接投资强度的提升，其全球价值链分工位置均值占比总体呈持续上升趋势；对于地方国有企业样本，随着其对外直接投资强度的提升，其全球价值链分工位置均值占比总体呈先上升后下降再上升的"N"型变化趋势；对于私营企业样本，随着其对外直接投资强度的提升，其全球价值链分工位置均值占比总体呈持续上升趋势；对于外资企业样本，随着其对外直接投资强度的提升，其全球价值链分工位置均值占比总体呈持续上升趋势；对于其他

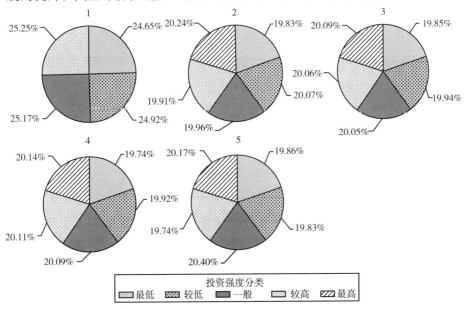

图 4 - 31　中国规上工业企业投资强度与其全球价值链分工位置所有制均值差异及逐年比较

注：1 为中央企业，2 为地方国有企业，3 为私营企业，4 为外资企业，5 为其他企业。

资料来源：中华人民共和国商务部《中国境外投资企业（机构）名录》、中国工业企业数据库以及中国海关进出口数据库。

企业样本，随着其对外直接投资强度的提升，其全球价值链分工位置均值占比呈无规律变化趋势。

3. 企业规模比较分析

如图 4 - 32 所示，从企业规模划分来看，对于小规模企业样本，随着其对外直接投资强度的提升，其全球价值链分工位置均值占比总体呈持续上升趋势；对于中规模企业样本，随着其对外直接投资强度的提升，其全球价值链分工位置均值占比总体呈先上升后下降再上升的"N"型变化趋势；对于大规模企业样本，可能受到数据样本的限制，仅包括投资强度最低的样本，这也与前面分析得到的大规模企业对外直接投资意愿最弱的结论基本一致。

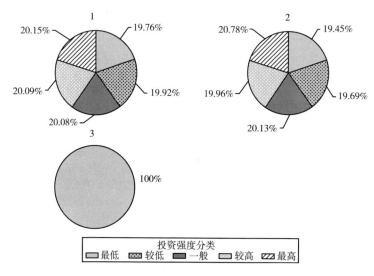

图 4 - 32 中国规上工业企业投资强度与其全球价值链分工位置企业规模均值差异及逐年比较

注：1 为小企业，2 为中企业，3 为大企业。

资料来源：中华人民共和国商务部《中国境外投资企业（机构）名录》、中国工业企业数据库以及中国海关进出口数据库。

4. 要素密集类型比较分析

如图 4 - 33 所示，从企业要素密集类型划分来看，对于资源密集型企业样本，随着其对外直接投资强度的提升，其全球价值链分工位置均值占比总体呈先下降后上升的"U"型变化趋势；对于劳动密集型企业样本以及资本密集型企业样本，随着其对外直接投资强度的提升，其全球价值链分工位置均值占比总体呈持续上升趋势；对于资本及技术密集型企业样本，随着其对外直接投资强度的提升，其全球价值链分工位置均值占比总体呈先上升后下降再上升的"N"型变化趋势。

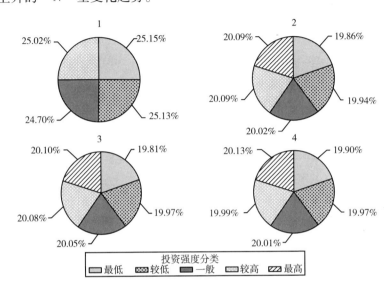

图 4-33　中国规上工业企业投资强度与其全球价值链分工位置要素密集均值差异及逐年比较

注：1 为资源密集型，2 为劳动密集型，3 为资本密集型，4 为资本及技术密集型。

资料来源：中华人民共和国商务部《中国境外投资企业（机构）名录》、中国工业企业数据库以及中国海关进出口数据库。

5. 地区分布比较分析

如图 4-34 所示，从企业地区分布划分来看，对于东部企业样本，随着其对外直接投资强度的提升，其全球价值链分工位置均值占比总体呈持续上升趋势；对于中部企业样本，随着其对外直接投资强度的提升，其全球价值链分工位置均值占比总体呈先上升后下降再上升的"N"型变化趋势；对于西部企业样本，随着其对外直接投资强度的提升，其全球价值链分工位置均值占比总体呈先上升后下降再上升的"N"型变化趋势；对于东北三省企业样本，随着其对外直接投资强度的提升，其全球价值链分工位置均值占比总体呈无规律变化趋势。

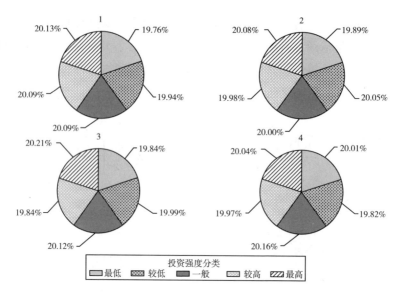

图4-34 中国规上工业企业投资强度与其全球价值链分工
位置地区分布均值差异及逐年比较

注: 1为东部, 2为中部, 3为西部, 4为东北。

资料来源: 中华人民共和国商务部《中国境外投资企业(机构)名录》、中国工业企业数据库、中国海关进出口数据库以及美国传统基金会公布的中国对外直接投资金额汇编数据。

6. 投资倾向比较分析

如图4-35所示, 从企业投资倾向划分来看, 对于天生国际化企业样

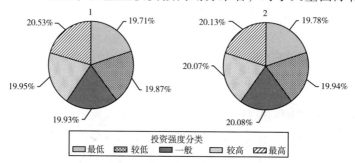

图4-35 中国规上工业企业投资强度与其全球价值链分工
位置投资倾向均值差异及逐年比较

注: 1为天生国际化企业, 2为非天生国际化企业。

资料来源: 中华人民共和国商务部《中国境外投资企业(机构)名录》、中国工业企业数据库以及中国海关进出口数据库。

本，随着其对外直接投资强度的提升，其全球价值链分工位置均值占比总体呈持续上升趋势；对于非天生国际化企业样本，随着其对外直接投资强度的提升，其全球价值链分工位置均值占比总体呈先上升后下降再上升的"N"型变化趋势。

4.6 企业参与全球价值链分工及其出口持续典型事实

4.6.1 总体变化情况

1. 企业参与全球价值链分工与出口持续变化

如图 4-36 所示，从总体变化趋势来看，随着企业全球价值链分工位置的提升，其出口持续概率总体呈右偏的"U"型变化趋势。

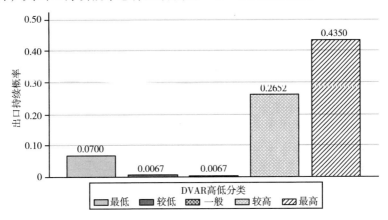

图 4-36 中国规上工业企业全球价值链分工位置与出口持续概率比较

资料来源：中国工业企业数据库与中国海关进出口数据库匹配得到的合并样本。

2. 企业参与全球价值链分工较龙头企业差距与出口持续变化

如图 4-37 所示，从行业内竞争地位变化来看，随着企业全球价值链分工位置较行业内龙头企业比重的提升，其出口持续概率总体呈右偏的"U"型变化趋势。

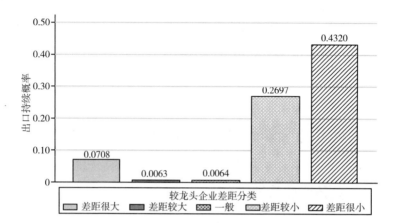

图 4 – 37   中国规上工业企业全球价值链分工位置较行业

龙头差距与出口持续概率比较

资料来源：中国工业企业数据库与中国海关进出口数据库匹配得到的合并样本。

3. 企业参与全球价值链分工位置变化增速与出口持续变化

如图 4 – 38 所示，从变化快慢程度来看，随着企业全球价值链分工位置变化增速的提升，其出口持续概率总体呈不太规则的倒 "U" 型变化趋势。

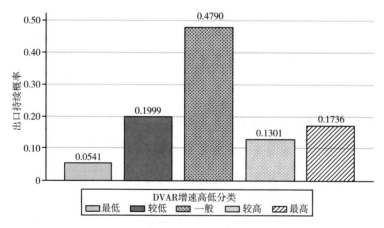

图 4 – 38   中国规上工业企业全球价值链分工位置增速与出口持续概率比较

资料来源：中国工业企业数据库与中国海关进出口数据库匹配得到的合并样本。

4.6.2　分组异质性特征

1. 所有制比较分析

如图 4－39 所示，从企业所有制划分来看，对于中央企业样本，随着企业全球价值链分工位置提升，其出口持续概率总体呈先上升后下降再上升的"N"型变化趋势；对于地方国有企业样本，随着企业全球价值链分工位置提升，其出口持续概率总体呈倒"U"型变化趋势；对于私营企业样本，随着企业全球价值链分工位置提升，其出口持续概率总体呈先下降后上升再下降的倒"N"型变化趋势；对于外资企业样本，随着企业全球价值链分工位置提升，其出口持续概率总体呈先下降后上升再下降的倒"N"型变化趋势。

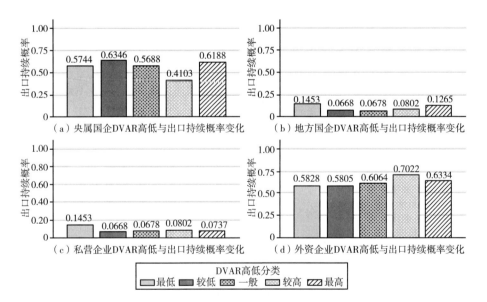

图 4－39　中国规上工业企业全球价值链分工位置与出口持续概率比较所有制样本差异

资料来源：中国工业企业数据库与中国海关进出口数据库匹配得到的合并样本。

2. 企业规模比较分析

如图 4 - 40 所示，从企业规模划分来看，对于小规模企业样本，随着企业全球价值链分工位置提升，其出口持续概率总体呈"U"型变化趋势；对于中规模企业样本，随着企业全球价值链分工位置提升，其出口持续概率总体呈"U"型变化趋势；对于大规模企业样本，随着企业全球价值链分工位置提升，其出口持续概率总体呈先上升后下降再上升"N"型变化趋势。

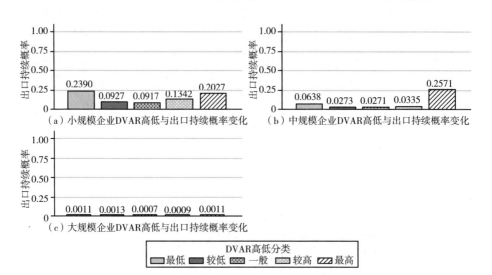

图 4 - 40 中国规上工业企业全球价值链分工位置与出口
持续概率比较企业规模样本差异

资料来源：中国工业企业数据库与中国海关进出口数据库匹配得到的合并样本。

3. 要素密集类型比较分析

如图 4 - 41 所示，从要素密集类型划分来看，对于资源密集型企业样本，随着企业全球价值链分工位置的提升，其出口持续概率总体呈下降趋势；对于劳动密集型企业样本，随着企业全球价值链分工位置的提升，其出口持续概率总体呈无规律变化趋势；对于资本密集型企业样本，随着企业全球价值链分工位置的提升，其出口持续概率总体呈左偏的倒"U"型变化趋势；对于资本及技术密集型企业样本，随着企业全球价值链分工位置的提升，其出口持续概率总体呈"U"型变化趋势。

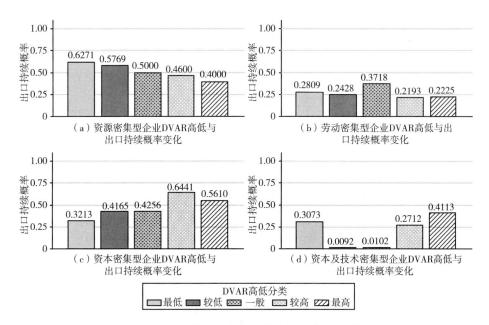

图 4-41　中国规上工业企业全球价值链分工位置与出口
持续概率比较（要素密集样本差异）

资料来源：中国工业企业数据库与中国海关进出口数据库匹配得到的合并样本。

4. 地区分布比较分析

如图 4-42 所示，从企业地区分布划分来看，对于东部企业样本，随着企业全球价值链分工位置的提升，其出口持续概率总体呈"U"型变化趋势；对于中部企业样本，随着企业全球价值链分工位置的提升，其出口持续概率总体呈先下降后上升再下降的倒"N"型变化趋势；对于西部企业样本，随着企业全球价值链分工位置的提升，其出口持续概率总体呈先下降后上升再下降的倒"N"型变化趋势；对于东北三省企业样本，随着企业全球价值链分工位置的提升，其出口持续概率总体呈"U"型变化趋势。

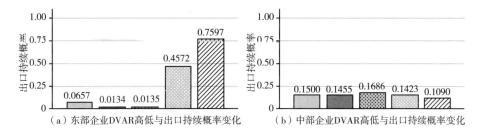

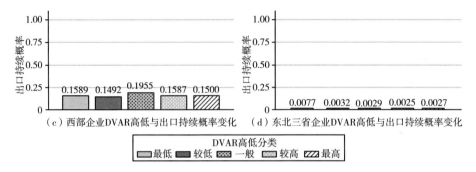

（c）西部企业DVAR高低与出口持续概率变化　　（d）东北三省企业DVAR高低与出口持续概率变化

DVAR高低分类
最低　较低　一般　较高　最高

**图 4 – 42　中国规上工业企业全球价值链分工位置与出口
持续概率比较地区分布样本差异**

资料来源：中国工业企业数据库与中国海关进出口数据库匹配得到的合并样本。

4.7　本章小结

基于上述讨论，本章形成以下主要结论：

（1）共同拐点年份是设置实验期的重要参考。后续研究从特定时期静态视角进行研究时，关于特定时期的选取，一般选择企业对外直接投资有明显变化的年份。综上所述，无论是从企业当期新增对外直接投资数量变化来看，还是从企业对外直接投资流量变化来看，2010 年均是共同拐点，选择其作为实验期年份具有一定合理性。

（2）初步认为企业对外直接投资有利于其全球价值链分工位置提升。企业对外直接投资新增数量和投资流量以及企业全球价值链分工位置变化，两者均保持持续上升趋势，似乎可以认为企业对外直接投资行为促进了其全球价值链分工位置的提升，后续研究将据此提出研究假说，并从特定时期静态影响、多时期动态影响等视角进行详细探讨。

（3）后续研究将把所有制、规模大小、要素密集类型、地区分布、天生国际化特性等因素纳入考虑范围。从上述观察可以发现，企业对外直接投资行为以及全球价值链分工位置变化特征会因为上述因素不同而产生不同变化，且变化差异性很大，将上述因素纳入考虑范围进行异质性分析，对于提升政策实施的针对性和有效性具有理论价值和现实意义。

（4）从所有制类型来看，私营企业对外直接投资动机强烈，且其全球价值链分工位置取值处于较高水平，这似乎可以说明相较于其他所有制类型，私营企业开展对外直接投资行为更有利于其全球价值链分工位置提升。后续的实证检验结果也验证了这一结论，虽然在特定时期静态视角下，企业对外直接投资的影响作用不显著，但在多时期对外直接投资动态视角下，其影响作用显著为正，企业多时期对外直接投资行为的开展，显著促进了企业全球价值链分工位置的提升。

（5）从企业规模类型来看，小规模企业对外直接投资数量最少、投资流量均值最高，并且其全球价值链分工位置均值水平最高。似乎可以认为，企业对外直接投资行为对其全球价值链分工位置的影响作用并非规模越大则影响作用越强烈，后续检验结果并不能很好地解释这种现象，有待进一步探讨。

（6）从要素密集类型来看，资源密集型企业对外直接投资意愿很弱，研究其对外直接投资行为的影响作用并没有太大现实意义，同时，劳动密集型企业全球价值链分工位置数值最高，资本及技术密集型企业无论是开展对外直接投资企业数量还是投资流量均占据较大比例，这两种类型企业将是研究重点。实证检验结果也发现，劳动密集型企业特定时期初始对外直接投资对其全球价值链分工位置影响作用显著为正，且多时期视角下其影响作用略有下降但也显著为正；资本及技术密集型企业影响作用表现得更为强烈，其特定时期初始对外直接投资对其全球价值链分工位置影响作用显著为负，在企业多时期持续开展对外直接投资之后，企业逐步度过对外投资适应期，其影响作用在多时期视角下显著为正，且影响程度相较于劳动密集型企业更为强烈。

（7）从地区分布类型来看，东部企业对外直接投资数量以及流量均占比很大，投资意愿强烈，其对企业全球价值链分工位置的影响作用不容忽视；同时，东北三省企业虽然对外直接投资企业数量以及流量均占比不大，其全球价值链分工位置均值却处于最高水平，但这或许不能说明东北三省企业对外直接投资能够显著促进其全球价值链分工位置的提升，其处于较高位置的原因可能在于东北三省本地产业以资源密集型、劳动密集型等本地依赖型企业为主。后续实证检验结果也发现，从地区分布来看，仅有东部企业对外直接投资显著促进了其全球价值链分工位置竞争地位的提升，其他地区样本均不显著。

（8）从企业国际化特性类型来看，虽然天生国际化企业更为适应国际市场竞争，但是非天生国际化企业数量及流量占比均较大，且非天生国际化企业在成长初期重点发展本地市场，在国内竞争中逐步成长并具备一定行业竞争力和话语权之后才开展国际性的经济活动，在"走出去"参与全球产业竞争之前就已具备与国外企业"分庭抗礼"的实力和战略储备。因此，相较于更为偏好在国际市场中寻求生存空间的天生国际化企业，非天生国际化企业更容易在国际分工中占据更多主动权，获得全球价值链分工位置的提升。后续实证检验结果也可以发现，非天生国际化企业对外直接投资对其全球价值链分工位置竞争地位提升存在显著的促进效应。

第 5 章

企业初始投资影响其全球价值链分工位置变化的机制研究

5.1 引言

　　企业开展对外直接投资行为，往往是为了在东道国寻求某种要素，来满足其在本国市场无法满足的某种需求，比如追求市场份额、寻求某种战略资源、引入先进技术等，总而言之，无论企业出于何种目的开展国际投资活动，最终结果往往有利于企业实现取长补短，得到成长和发展。同时，对外直接投资是我国企业"走出去"参与全球产业竞争的重要方式之一，自我国放开企业对外直接投资管制以来，已有大量企业开展对外直接投资活动，并为世界经济增长带来巨大贡献。然而，当企业开始采取对外直接投资行为时，首先将处于初始投资的"适应期"阶段，此时企业更多地追求适应东道国经济社会发展环境，寻求更多生存空间。那么，当企业处于初始投资阶段时，其对外直接投资行为是否有利于提升自身在全球市场竞争中的自主权和话语权并获得更为有利的分工地位，以及政府应制定怎样的政策来保障企业平稳渡过"适应期"阶段，这都是本章要回答的问题。而且，由图 4 - 20 可以发现，开展对外直接投资的企业和没有开展对外直接投资的企业，两者全球价值链分工位置存在明显差异，并且在 2010 年以前，两类企业全球价值链分工位置变化趋势基本趋同，2010 年则出现明显差异，这说明企业是否开展对外直接投资行为对其全球价值链分工位置可能存在某种影响作用。本章重点关注企业在某个特定时期初始对外直接投资行为对其全球价值链分工位置变化的影响作用。

本章主要的理论贡献可能在于：第一，尝试完善全球价值链分工位置衡量指标。关于企业层面全球价值链分工位置的衡量指标测算，本书借鉴基和唐（2016）的研究成果，采用企业出口国内增加值率进行衡量，在原有测算公式中，假设来自国外要素市场的中间投入品的本国成本 δ^D 为 0，对此进行拓展，使用各进口起运国各行业中间投入品中的中国成分占比乘以来自各进口起运国各行业的中间投入品金额，计算得到企业—产品层面来自国外要素市场的中间投入品的本国成分。第二，借助 PSM + DID 模型，在尝试避免因选择性偏误而导致的内生性问题的基础上，从企业层面探讨企业初始对外直接投资对其全球价值链分工位置提升的影响作用，并进一步探讨生产工艺提升、产品功能提升、市场地位提升以及国外市场扩张对其影响作用的调节效应。

本章接下来的结构安排如下：第二部分是理论分析与研究假说提出，第三部分是计量模型设定、变量选取与数据说明，第四部分是实证结果及分析，第五部分是进一步分析，第六部分是结论与启示。

5.2　理论分析与研究假说提出

5.2.1　总体均值效应

有学者认为，国内要素市场资源错配加剧，将促使企业前往要素市场配置更为合理的国家或地区开展对外直接投资行为（王文珍和李平，2018），这些企业开展对外直接投资最初始的动机或许就是为了在国际市场获得其在国内要素市场无法获取的生产资源，这将使得企业在开展初始对外直接投资的短期内表现得更为依赖国外要素市场。更进一步地，在进行实证检验之前，本书采用剔除中间贸易商但没有进行缩尾处理的数据样本，对企业对外直接投资行为影响其全球价值链分工位置变化的作用进行初步的描述性统计分析，具体如表 5 - 1 所示。相较于没有采取对外直接投资决策的企业，对外直接投资企业无论是其全球价值链分工位置平均水平还是其全球价值链分工位置占行业龙头企业比重平均水平，均处于较低水平，但其全球价值链分工位置增速水平则处于较高水平，这说明企业某一特定时期对外直接投资决策将加大其对国外要素市场的依赖程度，从而表现为其全球价值链分工位置衡量指标的下降，但这种依赖程度变化增速则在总体上呈减弱趋势，表现为其全球价值链分工位置衡量指标增速水平相较于没有对外直接投资行为企业处于较高水平。

表5－1　　　　　　　企业全球价值链分工位置描述性统计分析

变量类型	企业类型	样本量	均值	标准差	最小值	最大值
DVAR_KT	ODI 企业	219173	0.9394	0.0056	0.6840	1.0000
	非 ODI 企业	931573	0.9440	0.0539	0.6840	1.0000
MDVAR_KT	ODI 企业	219173	0.9394	0.0056	0.6840	1.0000
	非 ODI 企业	931579	0.9440	0.0539	0.6840	1.0000
GDVAR_KT	ODI 企业	31328	0.0125	0.0848	－ 0.3126	0.3736
	非 ODI 企业	670664	0.0080	0.0528	－ 0.3160	0.4620

注：所采用的数据样本已剔除中间贸易商。

因此，我们提出以下研究假说：

H5－1：企业在某一特定时期的初始对外直接投资决策在短期内将显著扩大其对国外要素市场的依赖程度，导致其全球价值链分工位置竞争地位衡量指标下降，但这种下降效应在某个时间段内将被其增速效应所抵消。

5.2.2　企业所有制差异特征

本书所获取的工业企业数据库中，关于企业所有制类型分类有一个识别变量，其中代码1为国有绝对控股企业，代码2为国有相对控股企业，代码3为私人控股企业，代码4为港澳台商控股企业，代码5为外商投资企业，代码9为其他。本书将国有绝对控股企业以及国有相对控股企业认定为国有企业，并根据隶属关系，进一步划分为中央企业（隶属关系代码为10）和地方国有企业（隶属关系代码为20、40、50、61、62、63、71、72和90）；同时将私人控股企业认定为私营企业，港澳台商控股企业以及外商投资企业认定为外资企业。

国内目前仍围绕中央企业、地方国有企业、外资企业以及私营企业的特征差异，在行业准入门槛、产业扶持政策、财税优惠政策、银行信贷政策等方面设置不同条件或要求，以及各类产业政策产生的效应也可能各不相同（李兰剑和李洄旭，2019；徐璐等，2019），因此所有制因素是研究企业问题的重要关注点。而且已有研究成果也发现，企业国际竞争力也因不同所有制特征而呈现特征差异（周大鹏，2014），因此本书将所有制因素纳入重点考虑范围。在上述四类企业中，国有企业开展对外直接投资行为的同时，要兼顾经济效益和社会效益（Duanmu & Urdinez, 2018；Davis et al. , 2019；陈兆源等，2018），因此这类企业相较于外资企业以及私营企业而言，在进行对外直接投资过程中，对企业出口国内增加值率的促进效应将表现得更为明显；而外资企业往往是跨国集团在中国的一个产业环节的布点，其对外投资往往是为了在中国市场上寻求更多战略资源以及需求市场，那么对于中国而言，外资企业出口国内增加值率也主要呈现促进效应；相较之下，私营企业面临的生存空间最为有限，市场竞争也最为激烈，这类企业通过市场竞争需求获取生存机会的意愿最为强烈。此外，如图 5-1 所示，从对外直接投资企业和没有对外直接投资企业的特征比较中，我们也可以发现，将对外直接投资企业全球价值链分工位置均值水平占没有对外直接投资企业比重按所有制分类，呈"地方国有企业—外资企业—中央企业—私营企业"逐步递减特征。这意味着，如果企业在某个特定时期初始对外直接投资决策显著抑制其全球价值链分工位置的提升，那么这种抑制效应受地方国有企业自身特性抵消程度最大，其次分别是中央企业、外资企业以及私营企业。

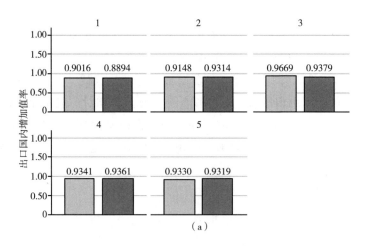

（a）

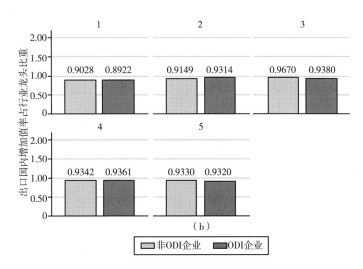

图 5 – 1　中国规上工业 ODI 企业与非 ODI 企业全球价值链分工

位置及其较行业龙头差距均值所有制差异

注：1 为中央企业，2 为地方国有企业，3 为私营企业，4 为外资企业，5 为其他企业。

资料来源：中华人民共和国商务部《中国境外投资企业（机构）名录》、中国工业企业数据库以及中国海关进出口数据库。

因此，我们提出以下研究假说：

H5 – 2：企业在某个特定时期对外直接投资决策影响其全球价值链分工位置竞争地位衡量指标提升的效应显著为负，且这种抑制作用绝对值呈现"私营企业—中央企业—外资企业—地方国有企业"逐步递减特征。

5.2.3　企业规模差异特征

本书使用 xtile 命令将所有样本按各企业平均就业人数由少到多排列并按分位数分成小规模、中规模和大规模三组样本。不同经济规模企业的对外直接投资活动决策过程呈现出不同的特征，企业规模大小往往影响着企业的国际竞争力和抗压能力，企业规模越大，开展对外直接投资活动所面临的经济风险越低，在全球经济竞争中取得优势地位的机会也会随之提升。可见企业规模大小与其全球价值链分工位置提升密切相关。但是也并非企业规模越大，其全球价值链分工位置就提升得越快。如图 5 – 2 所示，我们也可以发现，将对外直接投资企业全球价值链分工位置均值水平占没有对外直接投资企业比重按规模大小分类，呈"小规模企业—中规模企业—大规模企业"逐步递减特征。这或许是因为相较于规模较大企业，规模较小企业在本土市场竞争中处于劣势地位，通过国际市场扩张寻求更多战略资源、抢占更为有利竞争地位的欲望更为强烈。也有学者研究发现，企业规模越大，越倾向于参与国际市场扩张行为，将不利于企业成长（张楠和吴先明，2020）。这往往也意味着，如果企业在某个特定时期初始对外直接投资决策显著抑制其全球价值链分工位置的提升，那么这种抑制效应受小规模企业自身特性抵消程度最大，其次分别是中规模企业、大规模企业。

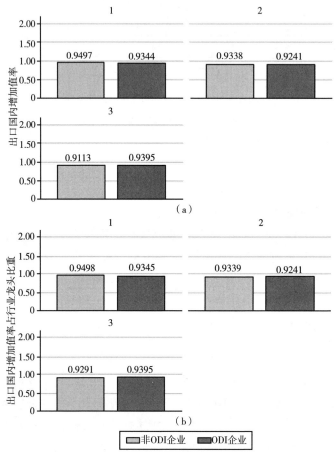

图 5 - 2　中国规上工业 ODI 企业与非 ODI 企业全球价值链分工
位置及其较行业龙头差距均值规模差异

注：1 为小企业，2 为中企业，3 为大企业。

资料来源：中华人民共和国商务部《中国境外投资企业（机构）名录》、中国工业企业数据库以及中国海关进出口数据库。

因此，我们提出以下研究假说：

H5 - 3：企业在某个特定时期的对外直接投资决策影响其全球价值链分工位置竞争地位衡量指标提升的效应显著为负，且这种抑制效应绝对值总体呈现"大规模企业—中规模企业—小规模企业"逐步递减特征。

5.2.4　企业要素依赖程度差异特征

本书采用的行业代码统一调整为 2002 年版本，其中 2000 ~ 2002 年原来沿用的是 1994 年版本，2012 ~ 2013 年原来沿用的是 2011 年版本。根据各行业要素依赖程度不同划分为资源密集型行业、劳动密集型行业、资本密集型行业和资本及技术密集型行业。本书参考谢建国（2003）、邱斌等（2012）以及陈旭等（2019）的划分方法以及 2002 年版国民经济行业分类代码，将煤炭开采和洗选业（行业代码 06）、石油和天然气开采业（行业代码 07）、黑色金属矿采选业（行业代码 08）、有色金属矿采选业（行业代码 09）、非金属矿采选业（行业代码 10）、其他采矿业（行业代码 11）归类为资源密集型行业；将农副食品加工业（行业代码 13），食品制造业（行业代码 14），饮料制造业（行业代码 15），烟草制造业（行业代码 16），纺织业（行业代码 17），纺织服装、鞋、帽制造业（行业代码 18），皮革、毛皮、羽毛（绒）及其制造业（行业代码 19），木材加工及木、竹、藤、棕、草制品业（行业代码 20）归类为劳动密集型行业；将家具制造业（行业代码 21）、造纸及纸制品业（行业代码 22）、印刷业和记录媒介的复制（行业代码 23）、文教体育用品制造业（行业代码 24）、化学原料及化学制品制造业（行业代码 26）、橡胶制品业（行业代码 29）、塑料制品业（行业代码 30）、非金属矿物制品业（行业代码 31）、金属制品业（行业代码 34）归类为资本密集型行业；将石油加工、炼焦及核燃料加工业（行业代码 25），医药制造业（行业代码 27），化学纤维制造业（行业代码 28），黑色金属冶炼及压延加工业（行业代码 32），有色金属冶炼及压延加工业（行业代码 33），通用设备制造业（行业代码 35），专用设备制造业（行业代码 36），交通运输设备制造业（行业代码 37），电气机械及器材制造业（行业代码 39），通信设备、计算机及其他电子设备制造业（行业代码 40），仪器仪表及文化、办公用机械制造业（行业代码 41），工艺品及其他制造业（行业代码 42）归类为资本及技术密集型行业。

已有研究成果发现，企业对资源禀赋容易产生路径依赖，资源密集型企业受到当地资源要素的制约（苗长虹等，2018），对于国外市场的依赖程度不高，对外直接投资意愿薄弱且受国外市场冲击的可能性也不高。而且如图 5-3 所示，资源密集型企业可能是由于资源依赖高、市场本土化严重等原因，无论是对外直接投资企业数量还是投资流量规模，均占据非常小的比例，研究其对外直接投资行为似乎现实意义不大，因此本书接下来研究企业要素密集类型分组异质性时，将重点关注劳动密集型、资本密集型和资本及技术密集型。这三种类型中，劳动密集型企业由于过于依赖大量的劳动力粗放投入，也较容易被锁定在低端环节；相较于资本及技术密集型企业，因资本密集型企业引进先进技术、先进管理经验所带来的全球价值链分工位置的提升效应相对较弱，有学者甚至认为其影响效应不显著（邱斌等，2012）。这往往也意味着，如果企业在某个特定时期初始对外直接投资决策显著抑制其全球价值链分工位置的提升，那么这种抑制效应受资本密集型企业自身特性抵消程度最大，其次分别是劳动密集型企业、资本及技术密集型企业。

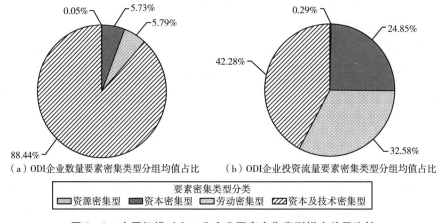

（a）ODI企业数量要素密集类型分组均值占比　　（b）ODI企业投资流量要素密集类型分组均值占比

要素密集类型分类			
资源密集型	资本密集型	劳动密集型	资本及技术密集型

图 5-3　中国规模以上工业企业要素密集类型样本差异比较

资料来源：中华人民共和国商务部《中国境外投资企业（机构）名录》、中国工业企业数据库以及中国海关进出口数据库。

因此，我们提出以下研究假说：

H5-4：企业在某个特定时期对外直接投资决策影响其全球价值链分工位置提升的效应显著为负，且这种抑制效应绝对值呈"资本及技术密集型—劳动密集型—资本密集型"逐步递减特征。

5.3　计量模型设定、变量选取与数据说明

5.3.1　计量模型设定

1. 倾向得分匹配法

本书采用倾向得分配对方法进行随机分组，将在样本期内某一年（虽然发生第一次对外直接投资行为的企业数量在 2005 年开始剧增，但是整个事件周期为 2000 ~ 2013 年，如果选取 2005 年为特定时期，企业在 2005 年发生首次对外投资行为以后，在 2005 ~ 2013 年这个漫长的时期内可能会发生其他外部因素，影响评估结果的说服力，比如 2008 年爆发并持续到 2010 年出现明显转机的国际金融危机事件，为了尽可能减少外部因素冲击造成的不可观测的影响，本书选取 2010 年作为特定时期，所以将实验期初始年份设定为 2010 年（下同），将从 2010 年开始对外直接投资的企业视为实验组，将样本期内从未有对外直接投资行为的企业视为控制组。本书以企业第一次进行对外投资活动的前一年作为 t = 0 来构造时间轴，假设 start = 1 代表企业 i 在 2010 年开始从事对外投资活动。为了准确捕捉企业全球价值链分工地位提升与其对外直接投资决策之间的关系，本书将控制对企业全球价值链分工地位或对外直接投资决策可能产生影响的协变量，采用 k 近邻匹配方法（k = 2），选择与实验组最为相似的控制组样本。

2. 双重差分法

本书将构建双重差分模型基本设定，如式（5 - 1）所示：

$$GVC_{it} = \beta_0 + \beta_1 Invest_i + \beta_2 Time_t + \beta_3 (Invest_i \times Time_t) +$$
$$\theta X_{i,t-1} + \gamma_{ind} + \tau_{pro} + \mu_i + \varepsilon_{it} \qquad (5-1)$$

其中，GVC_{it} 代表被解释变量，$Invest_i$ 代表 i 企业是否属于实验组的虚拟变量（若在 2010 年存在第一次对外直接投资行为，取值为 1，反之为 0），$Time_t$ 代表 i 企业所在年份是否处于实验期的虚拟变量（若所处年份为 2010 年及以后，取值为 1，反之为 0），$Invest_i \times Time_t$ 代表 i 企业是否属于实验组且所在

年份处于实验期的虚拟变量，$X_{i,t-1}$ 代表滞后一期的控制变量，γ_{ind} 代表 i 企业所属行业的虚拟变量，τ_{pro} 代表 i 企业所在省级行政区的虚拟变量，μ_i 代表个体固定效应，ε_{it} 代表随机误差项。

5.3.2 变量选取

1. 被解释变量

本书采用出口国内增加值率对企业在特定产品全球价值链中的分工位置进行测算（Kee & Tang, 2016）。出口国内增加值率反映了出口企业在特定产品全球价值链中前端嵌入的程度，出口国内增加值率取值越大，意味着出口企业在特定产品全球价值链中越是处于一个被依赖、更具有主导优势的位置，此时我们认为企业在特定产品全球价值链中的分工位置得到提升。借鉴基和唐（2016）的观点，出口企业总收入水平等于其利润、工资支出、资金筹集成本、来自本国要素市场的中间投入品支出以及来自国外要素市场的中间投入品支出的加总，即 $PY = \pi + wL + rK + P^D M^D + P^I M^I$。其中，来自本国要素市场的中间投入品支出以及来自国外要素市场的中间投入品支出均既包含本国成分也包括国外成分，分别为 $P^D M^D = q^D + \delta^F$ 以及 $P^I M^I = q^F + \delta^D$。依据增加值的定义，出口企业创造增加值等于其创造本地产品及服务的价值总和，即 $DVA = \pi + wL + rK + q^D + \delta^D$。假设企业出口其所有产品并进口中间投入品以及用于消费和投资的资本品，此时，企业的出口总额就等于其总收入，即 $EXP = PY$；进口总额等于其进口的生产要素及用于消费和投资的资本品的加总，即 $IMP = P^I M^I + \delta^K$。此时有：

$$
\begin{aligned}
EXP_{it} &= \pi_{it} + w_t L_{it} + r_t K_{it} + P_{it}^D M_{it}^D + P_{it}^I M_{it}^I \\
&= \pi_{it} + w_t L_{it} + r_t K_{it} + q_{it}^D + \delta_{it}^F + q_{it}^F + \delta_{it}^D \\
&= DVA_{it} - q_{it}^D - \delta_{it}^D + q_{it}^D + \delta_{it}^F + q_{it}^F + \delta_{it}^D \\
&= DVA_{it} + IMP_{it} - \delta_{it}^K - \delta_{it}^D + \delta_{it}^F \\
&= DVA_{it} + P_{it}^I M_{it}^I - \delta_{it}^D + \delta_{it}^F \\
\Rightarrow DVA_{it} &= (EXP_{it} - P_{it}^I M_{it}^I) + (\delta_{it}^D - \delta_{it}^F) \\
\Rightarrow DVAR_{it} &= \frac{DVA_{it}}{EXP_{it}}
\end{aligned}
$$

$$= \frac{(\mathrm{EXP}_{it} - P_{it}^{I}M_{it}^{I}) + (\delta_{it}^{D} - \delta_{it}^{F})}{\mathrm{EXP}_{it}}$$

$$= 1 - \frac{P_{t}^{D}M_{it}^{D} + P_{t}^{I}M_{it}^{I}}{\mathrm{EXP}_{it}} \frac{P_{t}^{I}M_{it}^{I}}{P_{t}^{D}M_{it}^{D} + P_{t}^{I}M_{it}^{I}} + \frac{\delta_{i}^{D}}{\mathrm{EXP}_{it}} - \frac{\delta_{i}^{F}}{\mathrm{EXP}_{it}} \qquad (5-2)$$

式（5-2）中，EXP 表示企业出口贸易额，P^{D}、M^{D} 分别表示来自本国要素市场的中间投入品的价格和数量，P^{I}、M^{I} 分别表示来自国外要素市场的中间投入品的价格和数量，δ^{D}、δ^{F} 分别表示来自国外要素市场的中间投入品的本国成分、来自本国要素市场的中间投入品的国外成分。其中，关于 δ^{D} 的估算，借鉴库普曼等（Koopman et al., 2014）以及王等（Wang et al., 2014）的做法，运用 WIOD 数据库对行业层面的数据进行测算，以此作为替代变量；关于 δ^{F} 的估算，借鉴库普曼等（Koopman et al., 2012）的做法，运用 WIOD 数据库对行业层面的数据进行测算，以此作为替代变量。

关于 δ^{D} 估算的讨论，本书使用各进口起运国各行业中间投入品中的中国成分占比乘以来自各进口起运国各行业的中间投入品金额，计算得到企业—产品层面来自国外要素市场的中间投入品的本国成分。关于中国成分占比，通过计算中国最终产出中最终被其他国家各行业使用的产出比重得到。

关于 δ^{F} 估算的讨论，本书使用中国各行业中间投入品中的国外成分占比乘以企业—产品层面来自本国要素市场的中间投入品金额，计算得到企业—产品层面来自本国要素市场的中间投入品中的国外成分。关于国外成分占比，通过计算中国各行业中间投入品中来自国外的比重得到。

对上述计算得到的出口国内增加值率在 1% 和 99% 分位上进行缩尾处理。

同时，构建企业出口国内增加值率占行业龙头企业比重来衡量企业在行业内地位提升的程度。如式（5-3）所示：

$$\mathrm{MDVAR}_{it} = \frac{\mathrm{DVAR}_{it}}{\mathrm{DVAR}_{jt}^{max}} \qquad (5-3)$$

其中，DVAR_{jt}^{max} 表示各两位数行业中企业全球价值链分工位置的最大值，$\mathrm{DVAR}_{it}/\mathrm{DVAR}_{jt}^{max}$ 衡量的是企业与行业龙头企业之间的差距。

此外，本书还将计算全球价值链位置指标的绝对增长速度，将其作为被解释变量，在检验企业对外直接投资对其全球价值链分工位置提升的影响作用的同时，还进一步检验企业对外直接投资决策对其全球价值链分工位置提升速度的影响作用。其中，全球价值链位置指标绝对增长速度 $GDVAR_{it}$ 计算公式如式（5-4）所示：

$$GDVAR_{it} = \frac{DVAR_{it}}{DVAR_{i,t-1}} - 1 \qquad (5-4)$$

其中，GDVAR 衡量的是企业全球价值链分工位置的绝对增长速度。

2. 核心解释变量

关于初始投资年份的选择，如图 5-4 和图 5-5 所示，从企业对外直接投资备案数量来看，2005 年和 2010 年均是拐点；进一步地，从对外直接投资企业以及非对外直接投资企业全球价值链分工位置指标变化趋势来看，从 2010 年开始，对外直接投资企业和非对外直接投资企业开始出现明显区别；并且，专家学者们一致认为，国际金融危机在 2008 年爆发，国际金融危机导致全球经济严重下滑，对企业国际投资的影响不容忽视，联合国世界投资报告统计数据显示，自 2008 年国际金融危机爆发以来，全球对外直接投资流量持续下降，2008 年同比下降 14.25%（2007 年为 19790 亿美元，2008 年为 16970 亿美元）、2009 年同比下降 34.35%（2009 年为 11140 亿美元），2010 年开始有所回升，同比增长 11.31%，虽然没有达到国际金融危机发生之前的水平，但也说明全球对外直接投资流量开始复苏。因此，本书选择 2010 年为初始对外直接投资的特定时期。设置实验期虚拟变量，2010 年及

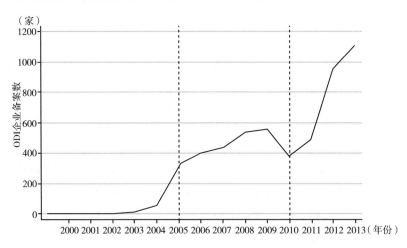

图 5-4　2000~2013 年中国对外直接投资备案企业数

以后取值为 1，反之取值为 0；设置对外直接投资虚拟变量，2010 年首次对外直接投资企业取值为 1，反之取值为 0，两者相乘得到企业在 2010 年首次对外直接投资的处理效应变量。

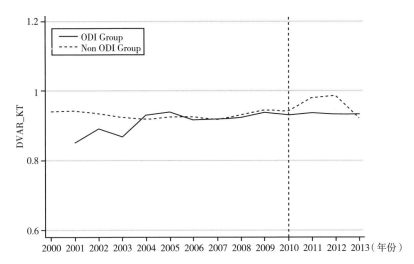

图 5 - 5　2000 ~ 2013 年中国对外直接投资企业以及非对外直接投资企业全球价值链分工位置水平变化趋势

注：衡量变量：DVAR_KT。

3. 控制变量

控制变量包括人均劳动生产率 lnLP，用工业总产值除以年均就业人数计算得到并取对数形式；资本密集度 lnCI，用总资产除以年均就业人数计算得到并取对数形式；贸易密度 EI，用出口贸易额除以工业销售产值计算得到；融资能力，用利息支出除以总资产计算得到；沉没成本，即企业资产专用性，用企业固定资产净值年平均余额占总资产比重来衡量（韦曙林和欧梅，2017）；新产品比率，用每年新产品产值占工业总产值比重来衡量；行业集中度，用赫芬达尔—赫希曼指数来衡量，该指数用工业销售产值计算得到；行业话语权，用 LP 法计算得到的垄断势力指数来衡量（林梨奎，2019）；企业规模，用年均就业人数来衡量；企业年龄，细化到年份。对人均劳动生产率、资本密集度、贸易密度、融资能力、沉没成本、新产品比率、行业集中度、行业话语权、企业规模、企业年龄等变量均在 1% 和 99% 分位上进行缩尾处理。

关于国际金融危机虚拟变量的设置，如上所述，国际金融危机发生在

2008 年，根据联合国贸发会议历年发布的投资报告，当年全球对外直接投资流量同比下降 14.25%、2009 年更是持续下降 34.35%，2010 年虽然同比上涨 11.31%（1.24 万亿美元），但比金融危机之前三年的平均水平（1.35 万亿美元）同比下滑 8.15%，2011 年达到 1.5 万亿美元，同比增长 20.97%，并首次超过金融危机之前三年的平均水平。因此，本书认为从统计数据上来看，国际金融危机事件对全球对外直接投资流量的影响主要集中在 2008 ~ 2010 年，本书将据此设置国际金融危机虚拟变量，将处于 2008 ~ 2010 年的企业样本取值为 1，表示受到国际金融危机影响较大的企业样本，反之为 0，表示受到国际金融危机影响较小的企业样本。并将此虚拟变量纳入回归估计中，对国际金融危机事件对回归结果的影响进行控制。

5.3.3　数据说明

本书所使用数据主要来源于中国工业企业调查数据库、中国海关进出口数据库和中华人民共和国商务部公布的《中国境外投资企业（机构）名录》。时间周期为 2000 ~ 2013 年。其中，由于中国工业企业调查数据与中国境外投资企业（机构）名录之间主要通过企业名称进行匹配，而现有的 2011 年的工业企业数据中仅披露企业组织机构代码，并没有披露企业名称，为了尽可能地保留更多的数据样本，本次研究采用 2011 年数据样本，将企业组织机构代码分别与其他年份数据样本进行匹配，从而获取 2011 年工业企业名称，并剔除无法获取企业名称的数据样本，通过上述处理，2011 年可获取企业名称的数据样本共有 188718 个，占匹配前（586535 个）的 32.18%。行业代码统一调整为 2002 年版本，其中 2000 ~ 2002 年原来沿用的是 1994 年版本，2012 ~ 2013 年原来沿用的是 2011 年版本。本书采取规模以上工业企业样本，并参考安（Ahn et al.，2011）的研究成果，选取企业名称中关于"进出口""经贸""贸易""科贸""外经"等关键词，在匹配后的样本中，对中间贸易商进行识别并剔除。本章重点考察企业某个特定时期对外直接投资决策对其全球价值链分工位置提升的影响效应及机制，因此，本书将在 2010 年首次对外直接投资的企业设置为实验组，将在任何年份都没有对外直接投资行为的企业设置为控制组，并剔除在除了 2010 年以外其他年份有首次对外直接投资决策的企业样本。由于数据缺失的问题，本书剔除海南省（地区代码46）以及西藏自治区（地区代码54）的数据样本。

考虑到规模以上企业的界定标准在2011年及以后出现变化，虽然有学者认为直接剔除2011年以前工业销售收入在2000万以下的企业样本以使2011年以前和2011年及以后规模以上统计口径统一可能会导致数据库信息损害问题（陈林，2018），但本书认为把工业销售收入在500万以上的企业以及把工业销售收入在2000万以上的企业均视为同等级别的企业可能会导致选择性偏误问题，所以本书将工业销售收入在2000万元及以上的企业界定为规模以上企业（以下简称"规上企业"），并剔除2000~2010年工业销售收入小于2000万的企业样本。

由于中国工业企业数据库中仅有2000~2007年以及2010~2011年对工业增加值进行统计，因此，本书需通过其他渠道对2008年、2009年以及2012年、2013年的工业增加值进行插补。参考王贵东（2018）的研究成果，计算得到2000~2007年各企业应交增值税占工业增加值比重平均值，以此估算2008年、2009年以及2012年、2013年各企业工业增加值。由于2008年、2009年、2010年以及2012年、2013年中间投入数据缺失，本书引入2010年中国投入产出表中各细分行业中间投入占行业增加值比重估算2008年、2009年和2010年各企业当年工业中间投入，并引入2012年中国投入产出表中各细分行业中间投入占行业增加值比重估算2012年和2013年各企业当年工业中间投入。

关于平减处理，参考林梨奎和徐印州（2019）以及林梨奎（2019）的做法。其中，人均劳动生产率，用工业总产值除以年均就业人数计算得到，涉及的工业总产值用工业品出厂价格指数（PPI）平减；资本密集度，用总资产除以年均就业人数计算得到，涉及的总资产用固定资产投资价格指数（FPI）平减；贸易密度，用出口贸易额除以工业销售产值计算得到，涉及的出口贸易额用商品零售价格指数（RPI）平减、工业销售产值用工业品出厂价格指数（PPI）平减；融资能力，用利息支出除以总资产计算得到，涉及的利息支出用居民消费价格指数（CPI）平减、总资产用固定资产投资价格指数（FPI）平减；沉没成本，用企业固定资产净值年平均余额占总资产比重来衡量，涉及的企业固定资产净值年平均余额用固定资产投资价格指数（FPI）平减、总资产用固定资产投资价格指数（FPI）平减；新产品比率，用每年新产品产值占工业总产值比重来衡量，涉及的新产品产值用工业品出厂价格指数（PPI）平减、工业总产值用工业品出厂价格指数（PPI）平减；

行业集中度，用赫芬达尔—赫希曼指数来衡量，该指数用工业销售产值计算得到，涉及的工业销售产值用工业品出厂价格指数（PPI）平减；LP法计算涉及工业增加值、中间投入、总资产，其中，工业增加值用工业品出厂价格指数（PPI）平减，中间投入用固定资产投资价格指数（FPI）平减，总资产用固定资产投资价格指数（FPI）平减；ACF法计算涉及工业增加值、中间投入、总资产，其中，工业增加值用工业品出厂价格指数（PPI）平减，中间投入用固定资产投资价格指数（FPI）平减，总资产用固定资产投资价格指数（FPI）平减；LP法计算垄断势力指数涉及工资总额、工业总产值，其中，应付工资总额用居民消费价格指数（CPI）平减，工业总产值用工业品出厂价格指数（PPI）平减；产品出口规模用各省份工业品出厂价格指数进行平减。

关于极端值的处理，本书参考林梨奎和徐印州（2019）的处理方法，删除年平均就业人数少于8人的数据样本，删除总资产小于流动资产、总资产小于固定资产净额、累计折旧小于当期折旧、固定资产投资额为负、中间投入为负、总产值为负、新产品产值为负等明显不符合会计基本准则的数据样本，按照2011年公布的最新标准，删除工业销售产值小于2000万元人民币的数据样本以统一规上企业标准。

主要变量选择及定义如表5-2所示。剔除中间贸易商且进行缩尾处理的数据样本主要变量描述性统计分析如表5-3所示。

表5-2 主要变量选择及定义

变量类型	变量符号	变量名称	变量定义
被解释变量	DVAR_KT	全球价值链分工位置	KT法估算的企业层面的出口国内增加值率
	MDVAR_KT	全球价值链分工位置较行业龙头差距	KT法估算的企业层面的出口国内增加值率占其所处行业龙头企业比重水平
	GDVAR_KT	全球价值链分工位置变化速度	KT法估算的企业层面的出口国内增加值率绝对增长速度
核心解释变量	Invest	ODI企业虚拟变量	2010年开始ODI的企业取值为1，非ODI企业为0
	Time	实验期虚拟变量	若企业处于2012年及以后，赋值1，反之则赋值0
	Treat	政策实施效应变量	ODI企业虚拟变量与实验期虚拟变量的交乘项

变量类型	变量符号	变量名称	变量定义
控制变量	FC	企业融资能力	平减后的利息支出占平减后的总资产比重
	lnLP	人均劳动生产率	平减后的工业总产值除以年均就业人数
	lnCI	资本密集度	平减后的总资产除以年均就业人数
	EI	贸易密度	平减后的出口贸易额除以平减后的工业销售产值
	SC	沉没成本	平减后的企业固定资产净值年平均余额占平减后的总资产比重
	NPR	新产品产值比率	平减后的每年新产品产值占平减后的工业总产值比重
	HHI	行业集中度	赫芬达尔—赫希曼指数，用平减后的工业销售产值计算得到
	MI_LP	行业话语权	用LP法计算得到的垄断势力指数的对数形式
	lnL	企业规模	年均就业人数的对数形式
	lnAGE	企业年龄	企业存续年限的对数形式
	lnRV	产品出口规模	平减后的企业层面出口额的对数形式
	PD	出口产品种类多元化	企业出口产品种类数量

表5-3　　　　主要变量描述性统计分析

变量符号	样本量	均值	标准差	最小值	最大值
DVAR_KT	555490	0.9541	0.0563	0.7250	1.0000
MDVAR_KT	555471	0.9542	0.0562	0.7250	1.0000
GDVAR_KT	342118	0.0252	0.0613	-0.1324	0.2623
FC	553149	0.0008	0.0168	-0.0129	0.0727
lnLP	468349	3.1103	1.6990	-3.3420	6.0783
lnCI	482662	4.9415	0.8632	3.0005	7.3445
EI	533412	0.2292	0.3052	0.0000	1.1393
SC	304251	0.1939	0.1431	0.0222	0.6867
NPR	448783	0.0170	0.0925	0.0000	0.7052
HHI	555532	0.0012	0.0022	0.0000	0.0119
MI_LP	390714	77.3716	93.3700	0.5489	274.7352
lnL	482686	5.7824	0.9072	3.6636	7.9309

变量符号	样本量	均值	标准差	最小值	最大值
lnAGE	554108	1.6340	0.7728	0.6931	3.5553
lnRV	555490	7.4759	3.0208	− 0.4560	12.7874
PD	555532	9.6995	30.8025	1.0000	3703.0000

注：剔除中间贸易商且进行缩尾处理的数据样本。

5.4　实证结果及分析

5.4.1　倾向得分匹配结果

参考其他学者的研究成果（Cozza et al. , 2015；郭晶和刘菲菲，2016；张盼盼和陈建国，2019），选取企业融资能力（FC）、人均劳动生产率（lnLP）、资本密集度（lnCI）、贸易密度（EI）、沉没成本（SC）、新产品产值比率（NPR）、行业集中度（HHI）、行业话语权（MI_LP）、企业规模（lnL）、企业年龄（lnAGE）、产品出口规模（lnRV）、出口产品种类（PD）作为计算倾向得分的协变量，并采用逐步回归法依次剔除不显著变量（显著性水平设定为10%），最终参与回归的协变量包括企业融资能力（FC）、行业话语权（MI_LP）、资本密集度（lnCI）、新产品产值比率（NPR）、企业规模（lnL）、企业年龄（lnAGE）、出口产品种类（PD）。在计算得到各样本倾向得分基础上，采用 k 近邻匹配方法（k = 8）随机分配实验组和控制组。

进一步检验实验组和控制组是否符合双重差分法要求的随机性假设和同质性假设（陈林和伍海军，2015）。企业采取对外直接投资策略是否会影响其全球价值链分工位置提升，实质上就是一个随机现象，即企业对外直接投资并非刻意追求提升其全球价值链分工位置，又或者是企业对外直接投资是否能够提升其全球价值链分工位置提升本身就是客观规律使然，并非企业主观意愿可以决定的。对匹配结果做平衡性检验，结果如表 5 - 4 所示。匹配后各变量标准偏差的绝对值均小于 15% 、t 检验的显著性水平都大于 10% ，匹配结果通过平衡性检验，符合随机性假设要求。

表 5 - 4						平衡性检验结果		

变量		均值		标准偏差	标准偏差减少幅度	t 检验	
		实验组	控制组			t 值	p 值
FC	匹配前	0.0146	0.0123	17.0%		3.79	0.000
	匹配后	0.0146	0.0134	8.7%	48.8%	1.05	0.295
MI_LP	匹配前	4.2434	3.7867	7.3%		1.39	0.165
	匹配后	4.2434	4.6693	- 6.8%	6.8%	- 0.51	0.612
lnCI	匹配前	5.3980	5.5924	- 19.5%		- 3.55	0.000
	匹配后	5.3980	5.2734	12.5%	35.9%	1.64	0.100
NPR	匹配前	0.1147	0.0408	39.7%		9.80	0.000
	匹配后	0.1147	0.1106	2.2%	94.4%	0.25	0.804
lnL	匹配前	6.1023	5.1019	88.3%		16.36	0.000
	匹配后	6.1023	6.1807	- 6.9%	92.2%	- 0.97	0.333
lnAGE	匹配前	2.0317	2.0715	- 5.9%		- 1.26	0.208
	匹配后	2.0317	1.9798	7.7%	94.4%	0.95	0.345
PD	匹配前	44.8800	14.5910	45.3%		17.76	0.000
	匹配后	44.8800	38.9470	8.9%	80.4%	0.84	0.402

同时，匹配结果前后对比如图 5 - 6 和图 5 - 7 所示，匹配后实验组和控制组倾向得分和生产率的概率密度分布极为接近，同质性假设通过检验。

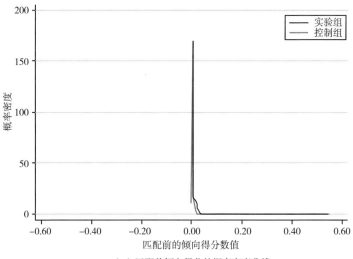

（a）匹配前倾向得分的概率密度曲线

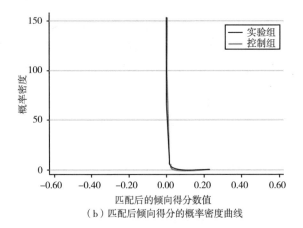

（b）匹配后倾向得分的概率密度曲线

图 5 - 6　匹配前后实验组和控制组倾向得分的概率密度曲线

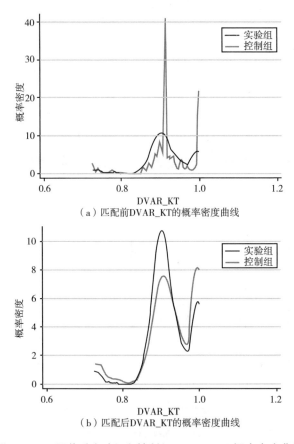

（a）匹配前DVAR_KT的概率密度曲线

（b）匹配后DVAR_KT的概率密度曲线

图 5 - 7　匹配前后实验组和控制组 DVAR_KT 概率密度曲线

　　匹配得到的数据样本时间趋势如图 5 - 8 所示，由图可知，在 2012 年以前实验组和控制组的全球价值链分工位置变化趋势较为重叠，并在 2012 ~ 2013 年实验组提升趋势明显大于控制组，可以直观发现企业在某个特定时期的对外直接投资决策在短期内会加大其对国外要素市场的依赖程度，从而导致其全球价值链分工位置比没有对外直接投资的企业更低，但这种劣势差距会逐渐缩短，本章重点考察在某个时期的对外直接投资行为的影响作用，下一章将考虑企业持续多次采取对外直接投资行为对其全球价值链分工位置的影响效应，或许就可以观察到这种差距缩短效应最终是否会实现反超。

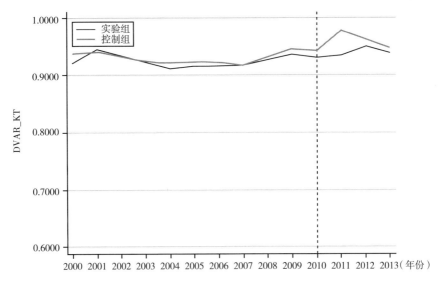

图 5 - 8　匹配后实验组和控制组 DVAR_KT 时间趋势

　　接下来使用匹配后的数据样本，运用双重差分模型进一步捕捉实验组和控制组在全球价值链分工位置上的特征分布。

5.4.2　基准回归结果

　　基准回归结果如表 5 - 5 所示。模型（1）被解释变量为使用 KT 法估算得到的出口国内增加值率 DVAR_KT，使用最小二乘虚拟变量法进行面板回归，控制行业固定效应、省份固定效应，没有控制国际金融危机事件影响；模型（2）被解释变量为使用 KT 法估算得到的出口国内增加值率 DVAR_KT，使用最小二乘虚拟变量法进行面板回归，控制行业固定效应、省份固定效应以及国际金融危机事件影响；模型（3）被解释变量为使用 KT 法估算得到的出口国内增加值率占行业内龙头企业比重 MDVAR_KT，使用最小二乘虚拟变量法进行面板回归，控制行业固定效应、省份固定效应，没有控制国际金融危机事件影响；模型（4）被解释变量为使用 KT 法估算得到的出口国内增加值率占行业内龙头企业比重 MDVAR_KT，使用最小二乘虚拟变量法进行面板回归，控制行业固定效应、省份固定效应和国际金融危机事件影响；模型（5）被解释变量为使用 KT 法估算得到的出口国内增加值率的绝对增速水平 GDVAR_KT，使用最小二乘虚拟变量法进行面板回归，控制行业固定效应、省份固定效应，没有控制国际金融危机事件影响；模型（6）被解释变量为使用 KT 法估算得到的出口国内增加值率的绝对增速水平 GDVAR_KT，使用最小二乘虚拟变量法进行面板回归，控制行业固定效应、省份固定效应和国际金融危机事件影响。

表 5-5 基准回归结果

解释变量	DVAR_KT (1)	DVAR_KT (2)	MDVAR_KT (3)	MDVAR_KT (4)	GDVAR_KT (5)	GDVAR_KT (6)
Invest	-0.0067 ** (0.0032)	-0.0055 * (0.0032)	-0.0067 ** (0.0032)	-0.0055 * (0.0032)	0.0014 (0.0014)	0.0016 (0.0014)
Time	0.0243 *** (0.0002)	0.0238 *** (0.0002)	0.0245 *** (0.0002)	0.0240 *** (0.0002)	0.0071 *** (0.0002)	0.0068 *** (0.0002)
Invest × Time	-0.0061 ** (0.0025)	-0.0066 *** (0.0025)	-0.0061 ** (0.0025)	-0.0067 *** (0.0025)	-0.0111 *** (0.0018)	-0.0115 *** (0.0019)
国际金融危机虚拟变量	否	是	否	是	否	是
行业效应	是	是	是	是	是	是
地区效应	是	是	是	是	是	是
常数项	是	是	是	是	是	是
组内 R^2	0.2937	0.3119	0.2936	0.3119	0.0309	0.0314
样本数	316455	316455	316455	316455	252229	252229

注：括号内为稳健性标准误，*** 、** 、* 分别表示1%、5%和10%的显著性水平。

回归结果可以发现，企业在某个特定时期初始对外直接投资行为将在短期内加大其对国外要素市场的依赖程度，从而导致其对用出口国内增加值率衡量的全球价值链分工位置指标产生抑制效应，同时这种抑制效应会逐渐减弱（增速影响显著为负），采用企业全球价值链分工位置占行业龙头企业比重进行稳健性检验结果也基本一致。接下来，本书将采用不同年份区间、时间累进以及安稳剂检验等方法进行稳健性检验。

5.4.3　稳健性检验

1. 基于年份区间变化

分别使用 2002～2013 年、2004～2013 年、2006～2013 年不同时间区间重新回归进行稳健性检验。得到的结果如表 5－6 所示。模型（1）被解释变量为使用 KT 法估算得到的出口国内增加值率 DVAR_KT，使用最小二乘虚拟变量法进行面板回归，控制行业固定效应、省份固定效应，控制国际金融危机事件影响，年份区间为 2002～2013 年；模型（2）被解释变量为使用 KT 法估算得到的出口国内增加值率 DVAR_KT，使用最小二乘虚拟变量法进行面板回归，控制行业固定效应、省份固定效应以及国际金融危机事件影响，年份区间为 2004～2013 年；模型（3）被解释变量为使用 KT 法估算得到的出口国内增加值率 DVAR_KT，使用最小二乘虚拟变量法进行面板回归，控制行业固定效应、省份固定效应，控制国际金融危机事件影响，年份区间为 2006～2013 年。

表 5－6　　　　　　　　稳健性检验结果（时间区间变化）

解释变量	DVAR_KT（1）	DVAR_KT（2）	DVAR_KT（3）
Invest	-0.0055* (0.0032)	-0.0062* (0.0032)	-0.0046 (0.0032)
Time	0.0242*** (0.0002)	0.0231*** (0.0002)	0.0193*** (0.0002)
Invest × Time	-0.0063** (0.0025)	-0.0054** (0.0025)	-0.0069*** (0.0026)
国际金融危机虚拟变量	是	是	是
行业效应	是	是	是
地区效应	是	是	是
常数项	是	是	是
组内 R^2	0.3207	0.3344	0.3499
样本数	303729	285606	260603

注：括号内为稳健性标准误，***、**、*分别表示1%、5%和10%的显著性水平。

回归结果发现，采用不同年份区间进行稳健性检验，结果与基准回归结果基本一致，企业在某个特定时期初始对外直接投资行为会加大其对国外要素市场的依赖程度，从而对其全球价值链分工位置提升产生抑制效应。

2. 基于时间累进

分别使用 2000～2011 年、2000～2012 年、2000～2013 年不同时间区间重新回归进行稳健性检验，同时观察企业对外直接投资行为影响其全球价值链分工位置变化的时间累进效应。得到的结果如表 5-7 所示。其中模型（1）被解释变量为使用 KT 法估算得到的出口国内增加值率 DVAR_KT，使用最小二乘虚拟变量法进行面板回归，控制行业固定效应、省份固定效应，控制国际金融危机事件影响，年份区间为 2000～2011 年；模型（2）被解释变量为使用 KT 法估算得到的出口国内增加值率 DVAR_KT，使用最小二乘虚拟变量法进行面板回归，控制行业固定效应、省份固定效应以及国际金融危机事件影响，年份区间为 2000～2012 年；模型（3）被解释变量为使用 KT 法估算得到的出口国内增加值率 DVAR_KT，使用最小二乘虚拟变量法进行面板回归，控制行业固定效应、省份固定效应以及国际金融危机事件影响，年份区间为 2000～2013 年。

表 5-7　　　　　　　　　稳健性检验结果（时间累进变化）

解释变量	DVAR_KT (1)	DVAR_KT (2)	DVAR_KT (3)
Invest	-0.0040 (0.0031)	-0.0053* (0.0032)	-0.0055* (0.0032)
Time	0.0208*** (0.0002)	0.0249*** (0.0002)	0.0238*** (0.0002)
Invest × Time	-0.0091*** (0.0026)	-0.0075*** (0.0027)	-0.0066*** (0.0025)
国际金融危机虚拟变量	是	是	是
行业效应	是	是	是
地区效应	是	是	是
常数项	是	是	是
组内 R^2	0.3207	0.3344	0.3499
样本数	303729	285606	260603

注：括号内为稳健性标准误，***、**、*分别表示 1%、5% 和 10% 的显著性水平。

回归结果发现，企业在某个特定时期的初始对外直接投资行为显著抑制其全球价值链分工位置的提升，而且这种抑制作用会随着时间推进逐渐减弱，这说明虽然企业在某个特定时期的初始对外直接投资行为在短期内加大其对国外要素市场的依赖程度，从而抑制其全球价值链分工位置提升，但是随着时间累进，特别是多次反复对外直接投资的开展，企业逐渐适应来自国外市场的冲击后，会逐渐形成自身竞争优势，有可能会转变为对全球价值链分工位置的促进效应，这将在下一章进行讨论和检验。

5.4.4　安慰剂检验

本书将设置一个虚拟场景进行安慰剂检验。假设在现实生活中在 2010 年首次对外直接投资的企业在提前年份就开始对外直接投资，并进行重新回归，此时如果回归结果不显著，则说明基准回归结果通过安慰剂检验。本书假设企业在 2008 年就已开始开展对外直接投资行为。回归结果如表 5 - 8 所示。模型（1）被解释变量为使用 KT 法估算得到的出口国内增加值率 DVAR_KT，使用最小二乘虚拟变量法进行面板回归，控制行业固定效应、省份固定效应；模型（2）被解释变量为使用 KT 法估算得到的出口国内增加值率占行业龙头企业比重 MDVAR_KT，使用最小二乘虚拟变量法进行面板回归，控制行业固定效应、省份固定效应。回归结果不显著，可以认为通过安慰剂检验。由于假设年份在 2008 年，国际金融危机在 2008 年下半年才发生，考虑基准回归结果中，无论是否加入国际金融危机事件虚拟变量，结果均稳健，所以安慰剂检验不将国际金融危机事件虚拟变量纳入考虑范围。

表 5 - 8　　　　　　　　　　安慰剂检验结果

解释变量	DVAR_KT (1)	MDVAR_KT (2)
Invest	-0.0079^{**} (0.0033)	-0.0079 (0.0033)
Time（year = 2008）	0.0181^{***} (0.0002)	0.0182^{***} (0.0002)
Invest × Time（year = 2008）	-0.0020 (0.0021)	-0.0021 (0.0021)

解释变量	DVAR_KT （1）	MDVAR_KT （2）
国际金融危机虚拟变量	否	否
行业效应	是	是
地区效应	是	是
常数项	是	是
组内 R^2	0.2829	0.2826
样本数	316455	316455

注：括号内为稳健性标准误，***、**、*分别表示1％、5％和10％的显著性水平。

5.4.5 异质性检验

1. 按所有制分类分组检验

本书将所有样本按所有制分类，可分为中央企业、地方国有企业、私营企业以及外资企业。得到的结果如表5－9所示。模型（1）使用中央企业样本，被解释变量为使用 KT 法估算得到的出口国内增加值率 DVAR_KT，使用最小二乘虚拟变量法进行面板回归，控制行业固定效应、省份固定效应，没有控制国际金融危机事件影响；模型（2）使用中央企业样本，被解释变量为使用 KT 法估算得到的出口国内增加值率 DVAR_KT，使用最小二乘虚拟变量法进行面板回归，控制行业固定效应、省份固定效应以及国际金融危机事件影响；模型（3）使用地方国有企业样本，被解释变量为使用 KT 法估算得到的出口国内增加值率 DVAR_KT，使用最小二乘虚拟变量法进行面板回归，控制行业固定效应、省份固定效应，没有控制国际金融危机事件影响；模型（4）使用地方国有企业样本，被解释变量为使用 KT 法估算得到的出口国内增加值率 DVAR_KT，使用最小二乘虚拟变量法进行面板回归，控制行业固定效应、省份固定效应以及国际金融危机事件影响；模型（5）使用私营企业样本，被解释变量为使用 KT 法估算得到的出口国内增加值率 DVAR_KT，使用最小二乘虚拟变量法进行面板回归，控制行业固定效应、省份固定效应，没有控制国际金融危机事件影响；模型（6）使用私营企业样本，被解释变量为使用 KT 法估算得到的出口国内增加值率 DVAR_KT，使用最小二乘虚拟变量法进行面板回归，控制行业固定效应、省份固定效应以及国际金融危机事件影响；模型（7）使用外资企业样本，被解释变量为使用KT法估算得到的出口国内增加值率DVAR_KT，使用最小二乘虚拟变量法进行面板回归，控制行业固定效应、省份固定效应，没有控制国际金融危机事件影响；模型（8）使用外资企业样本，被解释变量为使用KT法估算得到的出口国内增加值率DVAR_KT，使用最小二乘虚拟变量法进行面板回归，控制行业固定效应、省份固定效应以及国际金融危机事件影响。

表5-9　　　　　　　分组异质性检验结果（按企业所有制类型分类）

解释变量	中央企业		地方国有企业		私营企业		外资企业	
	DVAR_KT (1)	DVAR_KT (2)	DVAR_KT (3)	DVAR_KT (4)	DVAR_KT (5)	DVAR_KT (6)	DVAR_KT (7)	DVAR_KT (8)
Invest	0.03556 (0.0269)	0.0360 (0.0274)	−0.0065 (0.0048)	−0.0068 (0.0047)	−0.0088 ** (0.0042)	−0.0073 * (0.0042)	0.0032 (0.0054)	0.0025 (0.0053)
Time	0.0228 *** (0.0030)	0.0229 *** (0.0030)	0.0162 *** (0.0009)	0.0159 *** (0.0009)	0.0221 *** (0.0003)	0.0171 *** (0.0003)	0.0152 *** (0.0004)	0.0160 *** (0.0004)
Invest × Time	−0.0091 (0.0059)	−0.0094 (0.0060)	−0.0036 (0.0067)	−0.0034 (0.0066)	−0.0035 (0.0035)	−0.0038 (0.0036)	−0.0034 (0.0043)	−0.0032 (0.0044)
国际金融危机虚拟变量	否	是	否	是	否	是	否	是
行业效应	是	是	是	是	是	是	是	是
地区效应	是	是	是	是	是	是	是	是
常数项	是	是	是	是	是	是	是	是
组内 R^2	0.0669	0.0752	0.0235	0.0257	0.0845	0.1836	0.0274	0.0314
样本数	1653	1653	56061	56061	150524	150524	56658	56658

注：括号内为稳健性标准误，*** 、** 、* 分别表示1%、5%和10%的显著性水平。

表5-9中的回归结果均不显著，这可能是因为企业初始对外直接投资行为对其全球价值链分工位置的影响效应在统计意义上与所有制因素的相关关系不显著。

2. 按企业规模大小分组检验

本书将所有样本按各企业平均就业人数由少到多排列并按分位数分成小规模、中规模和大规模三组样本，分别进行回归检验。回归结果如表5-10所示。其中模型（1）使用大规模企业样本，被解释变量为使用KT法估算得到的出口国内增加值率 DVAR_KT，使用最小二乘虚拟变量法进行面板回归，控制行业固定效应、省份固定效应，没有控制国际金融危机事件影响；模型（2）使用大规模企业样本，被解释变量为使用 KT 法估算得到的出口国内增加值率 DVAR_KT，使用最小二乘虚拟变量法进行面板回归，控制行业固定效应、省份固定效应以及国际金融危机事件影响；模型（3）使用中规模企业样本，被解释变量为使用 KT 法估算得到的出口国内增加值率 DVAR_KT，使用最小二乘虚拟变量法进行面板回归，控制行业固定效应、省份固定效应，没有控制国际金融危机事件影响；模型（4）使用中规模企业样本，被解释变量为使用 KT 法估算得到的出口国内增加值率 DVAR_KT，使用最小二乘虚拟变量法进行面板回归，控制行业固定效应、省份固定效应以及国际金融危机事件影响；模型（5）使用小规模企业样本，被解释变量为使用 KT 法估算得到的出口国内增加值率 DVAR_KT，使用最小二乘虚拟变量法进行面板回归，控制行业固定效应、省份固定效应，没有控制国际金融危机事件影响；模型（6）使用小规模企业样本，被解释变量为使用 KT 法估算得到的出口国内增加值率 DVAR_KT，使用最小二乘虚拟变量法进行面板回归，控制行业固定效应、省份固定效应以及国际金融危机事件影响。

表 5 - 10　　　　　　　分组异质性检验结果（按企业规模大小分类）

解释变量	大规模企业		中规模企业		小规模企业	
	DVAR_KT（1）	DVAR_KT（2）	DVAR_KT（3）	DVAR_KT（4）	DVAR_KT（5）	DVAR_KT（6）
Invest	- 0. 0024 (0. 0046)	- 0. 0031 (0. 0047)	- 0. 0073 (0. 0053)	- 0. 0071 (0. 0054)	- 0. 0050 (0. 0044)	- 0. 0056 (0. 0043)
Time	0. 0156 *** (0. 0005)	0. 0156 *** (0. 0005)	0. 0213 *** (0. 0004)	0. 0223 *** (0. 0004)	0. 0117 *** (0. 0005)	0. 0101 *** (0. 0005)
Invest × Time	- 0. 0021 (0. 0041)	- 0. 0018 (0. 0041)	- 0. 0077 * (0. 0042)	- 0. 0076 * (0. 0042)	- 0. 0029 (0. 0065)	- 0. 0024 (0. 0066)
国际金融危机虚拟变量	否	是	否	是	否	是
行业效应	是	是	是	是	是	是
地区效应	是	是	是	是	是	是
常数项	是	是	是	是	是	是
组内 R^2	0. 0170	0. 0200	0. 0737	0. 1773	0. 0150	0. 0359
样本数	50835	50835	148976	148976	99992	9992

注：括号内为稳健性标准误，***、**、*分别表示1%、5%和10%的显著性水平。

回归结果显示，企业在某个特定时期初始对外直接投资行为对其全球价值链分工位置的影响效应虽然在各规模类型企业均为负，但仅有中规模企业在统计意义上显著。

3. 按行业要素密集类型分组检验

本书将所有样本按照劳动密集型行业、资本密集型行业、资本及技术密集型行业进行分类，分别进行分组回归。回归结果如表 5 - 11 所示。模型（1）使用劳动密集型企业样本，被解释变量为使用 KT 法估算得到的出口国内增加值率 DVAR_KT，使用最小二乘虚拟变量法进行面板回归，控制行业固定效应、省份固定效应，没有控制国际金融危机事件影响；模型（2）使用劳动密集型企业样本，被解释变量为使用 KT 法估算得到的出口国内增加值率 DVAR_KT，使用最小二乘虚拟变量法进行面板回归，控制行业固定效应、省份固定效应以及国际金融危机事件影响；模型（3）使用资本密集型企业样本，被解释变量为使用 KT 法估算得到的出口国内增加值率 DVAR_KT，使用最小二乘虚拟变量法进行面板回归，控制行业固定效应、省份固定效应，没有控制国际金融危机事件影响；模型（4）使用资本密集型企业样本，被解释变量为使用 KT 法估算得到的出口国内增加值率 DVAR_KT，使用最小二乘虚拟变量法进行面板回归，控制行业固定效应、省份固定效应以及国际金融危机事件影响；模型（5）使用资本及技术密集型企业样本，被解释变量为使用 KT 法估算得到的出口国内增加值率 DVAR_KT，使用最小二乘虚拟变量法进行面板回归，控制行业固定效应、省份固定效应，没有控制国际金融危机事件影响；模型（6）使用资本及技术密集型企业样本，被解释变量为使用 KT 法估算得到的出口国内增加值率 DVAR_KT，使用最小二乘虚拟变量法进行面板回归，控制行业固定效应、省份固定效应以及国际金融危机事件影响。

表 5 - 11　　　　　分组异质性检验结果（按要素密集类型分类）

解释变量	劳动密集型		资本密集型		资本及技术密集型	
	DVAR_KT （1）	DVAR_KT （2）	DVAR_KT （3）	DVAR_KT （4）	DVAR_KT （5）	DVAR_KT （6）
Invest	- 0.0127 ** （0.0060）	- 0.0131 ** （0.0060）	0.0028 （0.0056）	0.0025 （0.0056）	- 0.0024 （0.0045）	- 0.0004 （0.0046）

续表

解释变量	劳动密集型		资本密集型		资本及技术密集型	
	DVAR_KT（1）	DVAR_KT（2）	DVAR_KT（3）	DVAR_KT（4）	DVAR_KT（5）	DVAR_KT（6）
Time	0.0066 *** (0.0059)	0.0068 *** (0.0002)	0.0127 *** (0.0004)	0.0131 *** (0.0004)	0.0407 *** (0.0005)	0.0397 *** (0.0005)
Invest × Time	0.0059 * (0.0031)	0.0059 * (0.0031)	− 0.0005 (0.0036)	− 0.0006 (0.0035)	− 0.0157 *** (0.0042)	− 0.0173 *** (0.0042)
国际金融危机虚拟变量	否	是	否	是	否	是
行业效应	是	是	是	是	是	是
地区效应	是	是	是	是	是	是
常数项	是	是	是	是	是	是
组内 R^2	0.0282	0.0459	0.0368	0.0521	0.3302	0.3762
样本数	56029	56029	52826	52826	207360	207360

注：括号内为稳健性标准误，*** 、** 、* 分别表示1%、5%和10%的显著性水平。

回归结果发现，虽然资本密集型企业以及资本及技术密集型企业的影响效应均为负，但仅有资本及技术密集型企业的影响效应在统计意义上显著。此外，劳动密集型企业的影响效应显著为正，这可能是因为与资本及技术密集型企业不同，劳动密集型企业在国内就已经拥有大量的廉价优质劳动力资源，其对外直接投资更多是为了追求市场，更多的海外订单促使企业扩大生产规模，加大来自本国劳动力市场的中间品投入，从而导致其全球价值链分工位置提升。

5.5 进一步分析

5.5.1 生产工艺提升的调节效应

引入企业人均劳动生产率变量 lnLP 与处理效应变量 Treat 的交乘项，捕捉企业生产工艺提升对其单期对外直接投资决策影响全球价值链分工位置作用效应的调节效应。并基于企业规模、行业要素密集类型等进行分组异质性检验。

1. 基准回归

回归结果如表 5 - 12 所示。其中，模型（1）被解释变量为使用 KT 法估算得到的出口国内增加值率 DVAR_KT，使用最小二乘虚拟变量法进行面板回归，控制行业固定效应、省份固定效应，没有控制国际金融危机事件影响；模型（2）被解释变量为使用 KT 法估算得到的出口国内增加值率 DVAR_KT，使用最小二乘虚拟变量法进行面板回归，控制行业固定效应、省份固定效应以及国际金融危机事件影响。

表 5 - 12　　　　　　　生产工艺提升调节效应的基准回归结果

解释变量	DVAR_KT 模型（1）	DAVR_KT 模型（2）
Invest	- 0. 0056 * （0. 0032）	- 0. 0049 （0. 0032）
Time	0. 0187 *** （0. 0002）	0. 0194 *** （0. 0002）
lnLP × Invest × Time	- 0. 0003 （0. 0011）	0. 0044 *** （0. 0011）
国际金融危机虚拟变量	否	是
行业效应	是	是
地区效应	是	是
常数项	是	是
组内 R^2	0. 3052	0. 3533
样本数	287866	287866

注：括号内为稳健性标准误，*** 、** 、* 分别表示 1% 、5% 和 10% 的显著性水平。

回归结果发现，生产工艺提升的调节效应显著为正，随着生产工艺提升，企业在某个特定时期初始对外直接投资行为对其全球价值链分工位置变化的抑制效应将逐步缩小。

2. 按企业规模大小分组检验

本书将所有样本按各企业平均就业人数由少到多排列，并按分位数分成小规模、中规模和大规模三组样本分别进行回归检验。回归结果如表 5 - 13 所示。其中模型（1）使用大规模企业样本，被解释变量为使用 KT 法估算得到的出口国内增加值率 DVAR_KT，使用最小二乘虚拟变量法进行面板回归，控制行业固定效应、省份固定效应，没有控制国际金融危机事件影响；模型（2）使用大规模企业样本，被解释变量为使用 KT 法估算得到的出口国内增加值率 DVAR_KT，使用最小二乘虚拟变量法进行面板回归，控制行业固定效应、省份固定效应以及国际金融危机事件影响；模型（3）使用中规模企业样本，被解释变量为使用 KT 法估算得到的出口国内增加值率 DVAR_KT，使用最小二乘虚拟变量法进行面板回归，控制行业固定效应、省份固定效应，没有控制国际金融危机事件影响；模型（4）使用中规模企业样本，被解释变量为使用 KT 法估算得到的出口国内增加值率 DVAR_KT，使用最小二乘虚拟变量法进行面板回归，控制行业固定效应、省份固定效应以及国际金融危机事件影响；模型（5）使用小规模企业样本，被解释变量为使用 KT 法估算得到的出口国内增加值率 DVAR_KT，使用最小二乘虚拟变量法进行面板回归，控制行业固定效应、省份固定效应，没有控制国际金融危机事件影响；模型（6）使用小规模企业样本，被解释变量为使用 KT 法估算得到的出口国内增加值率 DVAR_KT，使用最小二乘虚拟变量法进行面板回归，控制行业固定效应、省份固定效应以及国际金融危机事件影响。

表 5-13 分组异质性检验结果（按企业规模大小分类）

解释变量	大规模企业		中规模企业		小规模企业	
	DVAR_KT (1)	DVAR_KT (2)	DVAR_KT (3)	DVAR_KT (4)	DVAR_KT (5)	DVAR_KT (6)
Invest	−0.0015 (0.0046)	−0.0013 (0.0046)	−0.0076 (0.0055)	−0.0077 (0.0055)	−0.0063 (0.0043)	−0.0063 (0.0043)
Time	0.0133 *** (0.0005)	0.0133 *** (0.0005)	0.0205 *** (0.0004)	0.0212 *** (0.0004)	0.0123 *** (0.0005)	0.0122 *** (0.0005)
Invest × Time	−0.0047 (0.0059)	−0.0051 (0.0059)	−0.0061 (0.0049)	−0.0188 *** (0.0047)	0.0390 (0.0258)	0.0394 (0.0258)
lnLP	−0.0022 *** (0.0001)	−0.0024 *** (0.0001)	−0.0021 *** (0.0001)	−0.0059 *** (0.0001)	−0.0024 *** (0.0001)	−0.0023 *** (0.0001)
lnLP × Invest × Time	0.0008 (0.0017)	0.0010 (0.0017)	−0.0009 (0.0010)	0.0058 *** (0.0011)	−0.0099 (0.0066)	−0.0100 (0.0065)
国际金融危机虚拟变量	否	是	否	是	否	是
行业效应	是	是	是	是	是	是

续表

解释变量	大规模企业		中规模企业		小规模企业	
	DVAR_KT (1)	DVAR_KT (2)	DVAR_KT (3)	DVAR_KT (4)	DVAR_KT (5)	DVAR_KT (6)
地区效应	是	是	是	是	是	是
常数项	是	是	是	是	是	是
组内 R^2	0.0293	0.0293	0.0791	0.2340	0.0453	0.0455
样本数	47418	47418	144577	144577	95871	95871

注：括号内为稳健性标准误，***、**、*分别表示1%、5%和10%的显著性水平。

如表 5 – 12 所示，生产工艺提升的调节效应显著为正，随着生产工艺提升，企业在某个特定时期初始对外直接投资行为对其全球价值链分工位置变化的抑制效应将逐步缩小，并且如表 5 – 13 所示，将样本按照企业规模进行分组可以发现，生产工艺提升的调节效应主要体现在中规模企业。

3. 按行业要素密集类型分组检验

根据各行业要素依赖程度不同将样本划分为劳动密集型行业、资本密集型行业和资本及技术密集型行业进行分组异质性检验。回归结果如表 5 – 14 所示。模型（1）使用劳动密集型企业样本，被解释变量为使用 KT 法估算得到的出口国内增加值率 DVAR_KT，使用最小二乘虚拟变量法进行面板回归，控制行业固定效应、省份固定效应，没有控制国际金融危机事件影响；模型（2）使用劳动密集型企业样本，被解释变量为使用 KT 法估算得到的出口国内增加值率 DVAR_KT，使用最小二乘虚拟变量法进行面板回归，控制行业固定效应、省份固定效应以及国际金融危机事件影响；模型（3）使用资本密集型企业样本，被解释变量为使用 KT 法估算得到的出口国内增加值率 DVAR_KT，使用最小二乘虚拟变量法进行面板回归，控制行业固定效应、省份固定效应，没有控制国际金融危机事件影响；模型（4）使用资本密集型企业样本，被解释变量为使用 KT 法估算得到的出口国内增加值率 DVAR_KT，使用最小二乘虚拟变量法进行面板回归，控制行业固定效应、省份固定效应以及国际金融危机事件影响；模型（5）使用资本及技术密集型企业样本，被解释变量为使用 KT 法估算得到的出口国内增加值率 DVAR_KT，使用最小二乘虚拟变量法进行面板回归，控制行业固定效应、省份固定效应，没有控制国际金融危机事件影响；模型（6）使用资本及技术密集型企业样本，被解释变量为使用 KT 法估算得到的出口国内增加值率 DVAR_KT，使用最小二乘虚拟变量法进行面板回归，控制行业固定效应、省份固定效应以及国际金融危机事件影响。

表 5 – 14　　　　　　分组异质性检验结果（按要素密集类型分类）

解释变量	劳动密集型		资本密集型		资本及技术密集型	
	DVAR_KT（1）	DVAR_KT（2）	DVAR_KT（3）	DVAR_KT（4）	DVAR_KT（5）	DVAR_KT（6）
Invest	− 0. 0133 ** (0. 0060)	− 0. 0133 ** (0. 0060)	0. 0020 (0. 0056)	0. 0020 (0. 0056)	− 0. 0018 (0. 0045)	− 0. 0006 (0. 0046)
Time	0. 0058 *** (0. 0002)	0. 0057 *** (0. 0002)	0. 0106 *** (0. 0004)	0. 0105 *** (0. 0004)	0. 0318 *** (0. 0004)	0. 0321 *** (0. 0005)
Invest × Time	0. 0083 * (0. 0045)	0. 0087 * (0. 0045)	− 0. 0011 (0. 0046)	− 0. 0008 (0. 0046)	− 0. 0189 *** (0. 0063)	− 0. 0340 *** (0. 0063)
lnLP	− 0. 0013 *** (0. 0000)	− 0. 0012 *** (0. 0000)	− 0. 0024 *** (0. 0001)	− 0. 0023 *** (0. 0001)	− 0. 0022 *** (0. 0001)	− 0. 0058 *** (0. 0001)
lnLP × Invest × Time	− 0. 0009 (0. 0013)	− 0. 0011 (0. 0013)	0. 0001 (0. 0008)	− 0. 0000 (0. 0008)	0. 0000 (0. 0019)	0. 0064 *** (0. 0019)
国际金融危机虚拟变量	否	是	否	是	否	是
行业效应	是	是	是	是	是	是
地区效应	是	是	是	是	是	是
常数项	是	是	是	是	是	是
组内 R^2	0. 0539	0. 0548	0. 0666	0. 0668	0. 3411	0. 4180
样本数	49082	49082	47024	47024	191534	191534

注：括号内为稳健性标准误，*** 、** 、* 分别表示 1% 、5% 和 10% 的显著性水平。

如表 5 – 12 所示，生产工艺提升的调节效应显著为正，随着生产工艺提升，企业在某个特定时期初始对外直接投资行为对其全球价值链分工位置变化的抑制效应将逐步缩小，并且如表 5 – 14 所示，将样本按照企业所属行业要素密集类型进行分组可以发现，生产工艺提升的调节效应主要体现在资本及技术密集型企业。

5.5.2　产品功能提升的调节效应

引入企业新产品产值比率 NPR 与处理效应变量 Treat 的交乘项，捕捉企业产品功能提升对其单期对外直接投资决策影响全球价值链分工位置作用效应的调节效应。并基于企业规模、行业要素密集类型等进行分组异质性检验。

1. 基准回归

回归结果如表 5 – 15 所示。其中，模型（1）被解释变量为使用 KT 法估算得到的出口国内增加值率 DVAR_KT，使用最小二乘虚拟变量法进行面板回归，控制行业固定效应、省份固定效应，没有控制国际金融危机事件影响；模型（2）被解释变量为使用 KT 法估算得到的出口国内增加值率 DVAR_KT，使用最小二乘虚拟变量法进行面板回归，控制行业固定效应、省份固定效应以及国际金融危机事件影响。

表 5 – 15　　　　　产品功能提升调节效应的基准回归结果

解释变量	DVAR_KT（1）	DVAR_KT（2）
Invest	− 0. 0046（0. 0031）	− 0. 0032（0. 0031）
Time	0. 0182 ***（0. 0002）	0. 0199 ***（0. 0002）
Invest × Time	− 0. 0086 ***（0. 0027）	− 0. 0087 ***（0. 0027）
NPR	− 0. 0033 ***（0. 0010）	− 0. 0068 ***（0. 0010）
NPR × Invest × Time	− 0. 0271 **（0. 0135）	− 0. 0263 **（0. 0132）
国际金融危机虚拟变量	否	是
行业效应	是	是
地区效应	是	是
常数项	是	是
组内 R^2	0. 2966	0. 3164
样本数	280612	280612

注：括号内为稳健性标准误，*** 、** 、* 分别表示1%、5%和10%的显著性水平。

回归结果发现，产品功能提升的调节效应显著为负，随着企业产品功能提升，企业在某个特定时期初始对外直接投资行为对其全球价值链分工位置变化的抑制效应将逐步扩大。

2. 按企业规模大小分组检验

本书将所有样本按各企业平均就业人数由少到多排列，并按分位数分成小规模、中规模和大规模三组样本分别进行回归检验。回归结果如表 5－16 所示。其中模型（1）使用大规模企业样本，被解释变量为使用 KT 法估算得到的出口国内增加值率 DVAR_KT，使用最小二乘虚拟变量法进行面板回归，控制行业固定效应、省份固定效应，没有控制国际金融危机事件影响；模型（2）使用大规模企业样本，被解释变量为使用 KT 法估算得到的出口国内增加值率 DVAR_KT，使用最小二乘虚拟变量法进行面板回归，控制行业固定效应、省份固定效应以及国际金融危机事件影响；模型（3）使用中规模企业样本，被解释变量为使用 KT 法估算得到的出口国内增加值率 DVAR_KT，使用最小二乘虚拟变量法进行面板回归，控制行业固定效应、省份固定效应，没有控制国际金融危机事件影响；模型（4）使用中规模企业样本，被解释变量为使用 KT 法估算得到的出口国内增加值率 DVAR_KT，使用最小二乘虚拟变量法进行面板回归，控制行业固定效应、省份固定效应以及国际金融危机事件影响；模型（5）使用小规模企业样本，被解释变量为使用 KT 法估算得到的出口国内增加值率 DVAR_KT，使用最小二乘虚拟变量法进行面板回归，控制行业固定效应、省份固定效应，没有控制国际金融危机事件影响；模型（6）使用小规模企业样本，被解释变量为使用 KT 法估算得到的出口国内增加值率 DVAR_KT，使用最小二乘虚拟变量法进行面板回归，控制行业固定效应、省份固定效应以及国际金融危机事件影响。

表 5－16　　　　分组异质性检验结果（按企业规模大小分类）

解释变量	大规模企业		中规模企业		小规模企业	
	DVAR_KT （1）	DVAR_KT （2）	DVAR_KT （3）	DVAR_KT （4）	DVAR_KT （5）	DVAR_KT （6）
Invest	0.0018 （0.0047）	－0.0031 （0.0047）	－0.0062 （0.0053）	－0.0056 （0.0054）	－0.0044 （0.0042）	－0.0050 （0.0041）

解释变量	大规模企业		中规模企业		小规模企业	
	DVAR_KT (1)	DVAR_KT (2)	DVAR_KT (3)	DVAR_KT (4)	DVAR_KT (5)	DVAR_KT (6)
Time	0. 0109 *** (0. 0005)	0. 0101 *** (0. 0005)	0. 0206 *** (0. 0005)	0. 0239 *** (0. 0005)	0. 0097 *** (0. 0005)	0. 0077 *** (0. 0005)
Invest × Time	− 0. 0001 (0. 0045)	0. 0004 (0. 0046)	− 0. 0118 *** (0. 0044)	− 0. 0106 ** (0. 0043)	− 0. 0054 (0. 0069)	− 0. 0048 (0. 0070)
NPR	− 0. 0041 ** (0. 0017)	− 0. 0018 (0. 0017)	− 0. 0027 (0. 0018)	− 0. 0084 *** (0. 0018)	− 0. 0056 *** (0. 0020)	− 0. 0038 * (0. 0020)
NPR × Invest × Time	− 0. 0119 (0. 0166)	− 0. 0131 (0. 0168)	− 0. 0386 *** (0. 0139)	− 0. 0341 *** (0. 0122)	− 0. 0005 (0. 0591)	− 0. 0050 (0. 0555)
国际金融危机虚拟变量	否	是	否	是	否	是
行业效应	是	是	是	是	是	是
地区效应	是	是	是	是	是	是
常数项	是	是	是	是	是	是
组内 R^2	0. 0064	0. 0108	0. 0731	0. 1833	0. 0139	0. 0361
样本数	42569	42569	141277	141277	96766	96766

注：括号内为稳健性标准误，***、**、*分别表示1%、5%和10%的显著性水平。

如表 5 − 15 所示，产品功能提升的调节效应显著为负，随着企业产品功能提升，企业在某个特定时期初始对外直接投资行为对其全球价值链分工位置变化的抑制效应将逐步扩大，并且如表 5 − 16 所示，将样本按照企业规模进行分组可以发现，产品功能提升的调节效应主要体现在中规模企业。

3. 按行业要素密集类型分组检验

根据各行业要素依赖程度不同将样本划分为劳动密集型行业、资本密集型行业和资本及技术密集型行业进行分组异质性检验。回归结果如表 5 − 17 所示。模型（1）使用劳动密集型企业样本，被解释变量为使用 KT 法估算得到的出口国内增加值率 DVAR_KT，使用最小二乘虚拟变量法进行面板回归，控制行业固定效应、省份固定效应，没有控制国际金融危机事件影响；模型（2）使用劳动密集型企业样本，被解释变量为使用 KT 法估算得到的出口国内增加值率 DVAR_KT，使用最小二乘虚拟变量法进行面板回归，控制行业固定效应、省份固定效应以及国际金融危机事件影响；模型（3）使用资本密集型企业样本，被解释变量为使用 KT 法估算得到的出口国内增加值率 DVAR_KT，使用最小二乘虚拟变量法进行面板回归，控制行业固定效应、省份固定效应，没有控制国际金融危机事件影响；模型（4）使用资本密集型企业样本，被解释变量为使用 KT 法估算得到的出口国内增加值率 DVAR_KT，使用最小二乘虚拟变量法进行面板回归，控制行业固定效应、省份固定效应以及国际金融危机事件影响；模型（5）使用资本及技术密集型企业样本，被解释变量为使用 KT 法估算得到的出口国内增加值率 DVAR_KT，使用最小二乘虚拟变量法进行面板回归，控制行业固定效应、省份固定效应，没有控制国际金融危机事件影响；模型（6）使用资本及技术密集型企业样本，被解释变量为使用 KT 法估算得到的出口国内增加值率 DVAR_KT，使用最小二乘虚拟变量法进行面板回归，控制行业固定效应、省份固定效应以及国际金融危机事件影响。

表 5 - 17　　　　　　分组异质性检验结果（按要素密集类型分类）

解释变量	劳动密集型		资本密集型		资本及技术密集型	
	DVAR_KT (1)	DVAR_KT (2)	DVAR_KT (3)	DVAR_KT (4)	DVAR_KT (5)	DVAR_KT (6)
Invest	-0.0116** (0.0058)	-0.0122** (0.0058)	0.0037 (0.0057)	0.0032 (0.0056)	-0.0021 (0.0045)	0.0006 (0.0046)
Time	0.0046*** (0.0002)	0.0039*** (0.0002)	0.0078*** (0.0004)	0.0068*** (0.0003)	0.0325*** (0.0005)	0.0352*** (0.0005)
Invest × Time	0.0063** (0.0028)	0.0062** (0.0028)	-0.0045 (0.0043)	-0.0048 (0.0043)	-0.0211*** (0.0052)	-0.0211*** (0.0052)
NPR	0.0011 (0.0010)	0.0027*** (0.0009)	-0.0019 (0.0014)	0.0014 (0.0014)	-0.0009 (0.0017)	-0.0068*** (0.0017)
NPR × Invest × Time	-0.0600*** (0.0059)	-0.0606*** (0.0061)	0.0745 (0.0782)	0.0847 (0.0753)	0.0022 (0.0230)	0.0016 (0.0218)
国际金融危机虚拟变量	否	是	否	是	否	是
行业效应	是	是	是	是	是	是
地区效应	是	是	是	是	是	是
常数项	是	是	是	是	是	是
组内 R^2	0.0078	0.0338	0.0079	0.0345	0.3328	0.3835
样本数	47165	47165	44494	44494	188743	188743

注：括号内为稳健性标准误，*** 、** 、* 分别表示 1%、5% 和 10% 的显著性水平。

如表 5 - 15 所示，产品功能提升的调节效应显著为负，随着企业产品功能提升，企业在某个特定时期初始对外直接投资行为对其全球价值链分工位置变化的抑制效应将逐步扩大，并且如表 5 - 17 所示，将样本按照企业所属行业要素密集类型进行分组可以发现，产品功能提升的调节效应主要体现在劳动密集型企业。

5.5.3　市场地位提升的调节效应

引入企业行业话语权 MI_LP 与处理效应变量 Treat 的交乘项，捕捉企业市场地位提升对其单期对外直接投资决策影响全球价值链分工位置作用效应的调节效应。并基于企业规模、行业要素密集类型等进行分组异质性检验。

1. 基准回归

回归结果如表 5 - 18 所示。其中，模型（1）被解释变量为使用 KT 法估算得到的出口国内增加值率 DVAR_KT，使用最小二乘虚拟变量法进行面板回归，控制行业固定效应、省份固定效应，没有控制国际金融危机事件影响；模型（2）被解释变量为使用 KT 法估算得到的出口国内增加值率 DVAR_KT，使用最小二乘虚拟变量法进行面板回归，控制行业固定效应、省份固定效应以及国际金融危机事件影响。

表 5 - 18　　　　　　　市场地位提升调节效应的基准回归结果

解释变量	DVAR_KT （1）	DVAR_KT （2）
Invest	- 0. 0089 ** （0. 0037）	- 0. 0089 ** （0. 0037）
Time	0. 0314 *** （0. 0003）	0. 0314 *** （0. 0003）
Invest × Time	0. 0001 （0. 0032）	0. 0001 （0. 0032）
MI_LP	0. 0000 *** （0. 0000）	0. 0000 *** （0. 0000）
MI_LP × Invest × Time	- 0. 0001 *** （0. 0000）	- 0. 0001 *** （0. 0000）
国际金融危机虚拟变量	否	是

解释变量	DVAR_KT (1)	DVAR_KT (2)
行业效应	是	是
地区效应	是	是
常数项	是	是
组内 R^2	0.5268	0.5268
样本数	229456	229456

注：括号内为稳健性标准误，***、**、*分别表示1%、5%和10%的显著性水平。

回归结果发现，市场地位提升的调节效应显著为负，随着企业市场地位提升，企业在某个特定时期初始对外直接投资行为对其全球价值链分工位置变化的抑制效应将逐步扩大。

2. 按企业规模大小分组检验

本书将所有样本按各企业平均就业人数由少到多排列，并按分位数分成小规模、中规模和大规模三组样本分别进行回归检验。回归结果如表5-19所示。其中模型（1）使用大规模企业样本，被解释变量为使用 KT 法估算得到的出口国内增加值率 DVAR_KT，使用最小二乘虚拟变量法进行面板回归，控制行业固定效应、省份固定效应，没有控制国际金融危机事件影响；模型（2）使用大规模企业样本，被解释变量为使用 KT 法估算得到的出口国内增加值率 DVAR_KT，使用最小二乘虚拟变量法进行面板回归，控制行业固定效应、省份固定效应以及国际金融危机事件影响；模型（3）使用中规模企业样本，被解释变量为使用 KT 法估算得到的出口国内增加值率 DVAR_KT，使用最小二乘虚拟变量法进行面板回归，控制行业固定效应、省份固定效应，没有控制国际金融危机事件影响；模型（4）使用中规模企业样本，被解释变量为使用 KT 法估算得到的出口国内增加值率 DVAR_KT，使用最小二乘虚拟变量法进行面板回归，控制行业固定效应、省份固定效应以及国际金融危机事件影响；模型（5）使用小规模企业样本，被解释变量为使用 KT 法估算得到的出口国内增加值率 DVAR_KT，使用最小二乘虚拟变量法进行面板回归，控制行业固定效应、省份固定效应，没有控制国际金融危机事件影响；模型（6）使用小规模企业样本，被解释变量为使用 KT 法估算得到的出口国内增加值率 DVAR_KT，使用最小二乘虚拟变量法进行面板回归，控制行业固定效应、省份固定效应以及国际金融危机事件影响。

表 5 – 19　　　　　分组异质性检验结果（按企业规模大小分类）

解释变量	大规模企业		中规模企业		小规模企业	
	DVAR_KT (1)	DVAR_KT (2)	DVAR_KT (3)	DVAR_KT (4)	DVAR_KT (5)	DVAR_KT (6)
Invest	−0.0037 (0.0050)	−0.0037 (0.0050)	−0.0097 (0.0062)	−0.0097 (0.0062)	−0.0075 (0.0049)	−0.0075 (0.0049)
Time	0.0241*** (0.0006)	0.0241*** (0.0006)	0.0219*** (0.0005)	0.0219*** (0.0005)	0.0232*** (0.0011)	0.0232*** (0.0011)
Invest × Time	−0.0030 (0.0056)	−0.0030 (0.0056)	0.0033 (0.0057)	0.0033 (0.0057)	0.0243* (0.0135)	0.0243* (0.0135)
MI_LP	−0.0000*** (0.0000)	−0.0000*** (0.0000)	0.0001*** (0.0000)	0.0001*** (0.0000)	−0.0000*** (0.0000)	−0.0000*** (0.0000)
MI_LP × Invest × Time	0.0000 (0.0000)	0.0000 (0.0000)	−0.0001*** (0.0000)	−0.0001*** (0.0000)	−0.0001* (0.0001)	−0.0001* (0.0001)
国际金融危机虚拟变量	否	是	否	是	否	是
行业效应	是	是	是	是	是	是
地区效应	是	是	是	是	是	是
常数项	是	是	是	是	是	是
组内 R^2	0.0356	0.0356	0.2868	0.2868	0.0406	0.0406
样本数	37727	37727	93293	93293	81789	81789

注：括号内为稳健性标准误，*** 、** 、* 分别表示1%、5%和10%的显著性水平。

如表 5 – 18 所示，市场地位提升的调节效应显著为负，随着企业市场地位提升，企业在某个特定时期初始对外直接投资行为对其全球价值链分工位置变化的抑制效应将逐步扩大，并且如表 5 – 19 所示，将样本按照企业规模进行分组可以发现，市场地位提升的调节效应主要体现在中规模企业和小规模企业。

3. 按行业要素密集类型分组检验

根据各行业要素依赖程度不同将样本划分为劳动密集型行业、资本密集型行业和资本及技术密集型行业进行分组异质性检验。回归结果如表 5 – 20 所示。模型（1）使用劳动密集型企业样本，被解释变量为使用 KT 法估算得到的出口国内增加值率 DVAR_KT，使用最小二乘虚拟变量法进行面板回归，控制行业固定效应、省份固定效应，没有控制国际金融危机事件影响；模型（2）使用劳动密集型企业样本，被解释变量为使用 KT 法估算得到的出口国内增加值率 DVAR_KT，使用最小二乘虚拟变量法进行面板回归，控制行业固定效应、省份固定效应以及国际金融危机事件影响；模型（3）使用资本密集型企业样本，被解释变量为使用 KT 法估算得到的出口国内增加值率 DVAR_KT，使用最小二乘虚拟变量法进行面板回归，控制行业固定效应、省份固定效应，没有控制国际金融危机事件影响；模型（4）使用资本密集型企业样本，被解释变量为使用 KT 法估算得到的出口国内增加值率 DVAR_KT，使用最小二乘虚拟变量法进行面板回归，控制行业固定效应、省份固定效应以及国际金融危机事件影响；模型（5）使用资本及技术密集型企业样本，被解释变量为使用 KT 法估算得到的出口国内增加值率 DVAR_KT，使用最小二乘虚拟变量法进行面板回归，控制行业固定效应、省份固定效应，没有控制国际金融危机事件影响；模型（6）使用资本及技术密集型企业样本，被解释变量为使用 KT 法估算得到的出口国内增加值率 DVAR_KT，使用最小二乘虚拟变量法进行面板回归，控制行业固定效应、省份固定效应以及国际金融危机事件影响。

表 5 – 20　　　　　　　分组异质性检验结果（按要素密集类型分类）

解释变量	劳动密集型		资本密集型		资本及技术密集型	
	DVAR_KT (1)	DVAR_KT (2)	DVAR_KT (3)	DVAR_KT (4)	DVAR_KT (5)	DVAR_KT (6)
Invest	– 0.0154 ** (0.0068)	– 0.0154 ** (0.0068)	– 0.0000 (0.0063)	– 0.0000 (0.0063)	– 0.0035 (0.0051)	– 0.0035 (0.0051)
Time	0.0109 *** (0.0003)	0.0109 *** (0.0003)	0.0221 *** (0.0005)	0.0221 *** (0.0005)	0.0443 *** (0.0006)	0.0443 *** (0.0006)
Invest × Time	0.0084 * (0.0049)	0.0084 * (0.0049)	0.0028 (0.0055)	0.0028 (0.0055)	– 0.0037 (0.0046)	– 0.0037 (0.0046)
MI_LP	– 0.0000 *** (0.0000)	– 0.0000 *** (0.0000)	– 0.0000 *** (0.0000)	– 0.0000 *** (0.0000)	0.0001 *** (0.0000)	0.0001 *** (0.0000)

续表

解释变量	劳动密集型		资本密集型		资本及技术密集型	
	DVAR_KT (1)	DVAR_KT (2)	DVAR_KT (3)	DVAR_KT (4)	DVAR_KT (5)	DVAR_KT (6)
MI_LP × Invest × Time	0.0000 (0.0000)	0.0000 (0.0000)	−0.0000 (0.0000)	−0.0000 (0.0000)	−0.0002 *** (0.0000)	−0.0002 *** (0.0000)
国际金融危机虚拟变量	否	是	否	是	否	是
行业效应	是	是	是	是	是	是
地区效应	是	是	是	是	是	是
常数项	是	是	是	是	是	是
组内 R^2	41223	41223	38105	38105	149937	149937
样本数	0.0661	0.0661	0.0971	0.0971	0.5996	0.5996

注：括号内为稳健性标准误，*** 、** 、* 分别表示 1%、5% 和 10% 的显著性水平。

如表 5 – 18 所示，市场地位提升的调节效应显著为负，随着企业市场地位提升，企业在某个特定时期初始对外直接投资行为对其全球价值链分工位置变化的抑制效应将逐步扩大，并且如表 5 – 20 所示，将样本按照企业所属行业要素密集类型进行分组可以发现，市场地位提升的调节效应主要体现在资本及技术密集型企业。

5.5.4　国外市场扩张的调节效应

引入企业出口规模 lnRV 与处理效应变量 Treat 的交乘项，捕捉企业国外市场扩张对其单期对外直接投资决策影响全球价值链分工位置作用效应的调节效应。并基于企业规模、行业要素密集类型等进行分组异质性检验。

1. 基准回归

回归结果如表 5 – 21 所示。其中，模型（1）被解释变量为使用 KT 法估算得到的出口国内增加值率 DVAR_KT，使用最小二乘虚拟变量法进行面板回归，控制行业固定效应、省份固定效应，没有控制国际金融危机事件影响；模型（2）被解释变量为使用 KT 法估算得到的出口国内增加值率 DVAR_KT，使用最小二乘虚拟变量法进行面板回归，控制行业固定效应、省份固定效应以及国际金融危机事件影响。

表 5 - 21　　　　　市场地位提升调节效应的基准回归结果

解释变量	DVAR_KT (1)	DVAR_KT (2)
Invest	- 0. 0108 *** (0. 0033)	- 0. 0097 *** (0. 0033)
Time	0. 0241 *** (0. 0002)	0. 0238 *** (0. 0002)
Invest × Time	0. 0196 ** (0. 0094)	0. 0179 * (0. 0092)
lnRV	0. 0038 *** (0. 0000)	0. 0033 *** (0. 0000)
lnRV × Invest × Time	- 0. 0026 *** (0. 0009)	- 0. 0025 *** (0. 0009)
国际金融危机虚拟变量	否	是
行业效应	是	是
地区效应	是	是
常数项	是	是
组内 R^2	0. 3404	0. 3439
样本数	316455	316455

注：括号内为稳健性标准误，*** 、** 、* 分别表示 1% 、5% 和 10% 的显著性水平。

回归结果发现，国外市场扩张的调节效应显著为负，随着企业国外市场扩张，企业在某个特定时期初始对外直接投资行为对其全球价值链分工位置变化的抑制效应将逐步扩大。

2. 按企业规模大小分组检验

本书将所有样本按各企业平均就业人数由少到多排列，并按分位数分成小规模、中规模和大规模三组样本分别进行回归检验。回归结果如表 5 - 22 所示。其中模型（1）使用大规模企业样本，被解释变量为使用 KT 法估算得到的出口国内增加值率 DVAR_KT，使用最小二乘虚拟变量法进行面板回归，控制行业固定效应、省份固定效应，没有控制国际金融危机事件影响；模型（2）使用大规模企业样本，被解释变量为使用 KT 法估算得到的出口国内增加值率 DVAR_KT，使用最小二乘虚拟变量法进行面板回归，控制行业固定效应、省份固定效应以及国际金融危机事件影响；模型（3）使用中规模企业样本，被解释变量为使用 KT 法估算得到的出口国内增加值率 DVAR_KT，使用最小二乘虚拟变量法进行面板回归，控制行业固定效应、省份固定效应，没有控制国际金融危机事件影响；模型（4）使用中规模企业样本，被解释变量为使用 KT 法估算得到的出口国内增加值率 DVAR_KT，使用最小二乘虚拟变量法进行面板回归，控制行业固定效应、省份固定效应以及国际金融危机事件影响；模型（5）使用小规模企业样本，被解释变量为使用 KT 法估算得到的出口国内增加值率 DVAR_KT，使用最小二乘虚拟变量法进行面板回归，控制行业固定效应、省份固定效应，没有控制国际金融危机事件影响；模型（6）使用小规模企业样本，被解释变量为使用 KT 法估算得到的出口国内增加值率 DVAR_KT，使用最小二乘虚拟变量法进行面板回归，控制行业固定效应、省份固定效应以及国际金融危机事件影响。

表 5 - 22　　　　　　分组异质性检验结果（按企业规模大小分类）

解释变量	大规模企业		中规模企业		小规模企业	
	DVAR_KT (1)	DVAR_KT (2)	DVAR_KT (3)	DVAR_KT (4)	DVAR_KT (5)	DVAR_KT (6)
Invest	- 0.0028 (0.0047)	- 0.0036 (0.0047)	- 0.0115 ** (0.0055)	- 0.0106 * (0.0055)	- 0.0055 (0.0044)	- 0.0061 (0.0043)
Time	0.0156 *** (0.0005)	0.0155 *** (0.0005)	0.0216 *** (0.004)	0.0221 *** (0.0004)	0.0115 *** (0.0005)	0.0098 *** (0.0005)
Invest × Time	0.0043 (0.0198)	0.0050 (0.0201)	0.0403 ** (0.0165)	0.0378 ** (0.0162)	- 0.0371 * (0.0196)	- 0.0395 * (0.0204)
lnRV	0.0004 *** (0.0001)	0.0005 *** (0.0001)	0.0059 *** (0.0000)	0.0049 *** (0.0001)	0.0010 *** (0.0001)	0.0011 *** (0.0001)
lnRV × Invest × Time	- 0.0006 (0.0017)	- 0.0006 (0.0017)	- 0.0051 *** (0.0017)	- 0.0048 *** (0.0017)	0.0041 * (0.0024)	0.0045 * (0.0025)
国际金融危机虚拟变量	否	是	否	是	否	是
行业效应	是	是	是	是	是	是
地区效应	是	是	是	是	是	是
常数项	是	是	是	是	是	是
组内 R^2	0.0169	0.0199	0.2314	0.2474	0.0137	0.0341
样本数	50835	50835	148976	148976	99992	99992

注：括号内为稳健性标准误，*** 、** 、* 分别表示 1%、5% 和 10% 的显著性水平。

如表 5 - 21 所示，国外市场扩张的调节效应显著为负，随着企业国外市场扩张，企业在某个特定时期初始对外直接投资行为对其全球价值链分工位置变化的抑制效应将逐步扩大，并且如表 5 - 22 所示，将样本按照企业规模进行分组可以发现，国外市场扩张的调节效应主要体现在中规模企业。

3. 按行业要素密集类型分组检验

根据各行业要素依赖程度不同，将样本划分为劳动密集型行业、资本密集型行业和资本及技术密集型行业进行分组异质性检验。回归结果如表 5 - 23 所示。模型（1）使用劳动密集型企业样本，被解释变量为使用 KT 法估算得到的出口国内增加值率 DVAR_KT，使用最小二乘虚拟变量法进行面板回归，控制行业固定效应、省份固定效应，没有控制国际金融危机事件影响；模型（2）使用劳动密集型企业样本，被解释变量为使用 KT 法估算得到的出口国内增加值率 DVAR_KT，使用最小二乘虚拟变量法进行面板回归，控制行业固定效应、省份固定效应以及国际金融危机事件影响；模型（3）使用资本密集型企业样本，被解释变量为使用 KT 法估算得到的出口国内增加值率 DVAR_KT，使用最小二乘虚拟变量法进行面板回归，控制行业固定效应、省份固定效应，没有控制国际金融危机事件影响；模型（4）使用资本密集型企业样本，被解释变量为使用 KT 法估算得到的出口国内增加值率 DVAR_KT，使用最小二乘虚拟变量法进行面板回归，控制行业固定效应、省份固定效应以及国际金融危机事件影响；模型（5）使用资本及技术密集型企业样本，被解释变量为使用 KT 法估算得到的出口国内增加值率 DVAR_KT，使用最小二乘虚拟变量法进行面板回归，控制行业固定效应、省份固定效应，没有控制国际金融危机事件影响；模型（6）使用资本及技术密集型企业样本，被解释变量为使用 KT 法估算得到的出口国内增加值率 DVAR_KT，使用最小二乘虚拟变量法进行面板回归，控制行业固定效应、省份固定效应以及国际金融危机事件影响。

如表 5 - 21 所示，国外市场扩张的调节效应显著为负，随着企业国外市场扩张，企业在某个特定时期初始对外直接投资行为对其全球价值链分工位置变化的抑制效应将逐步扩大，并且如表 5 - 23 所示，将样本按照企业所属行业要素密集类型进行分组可以发现，国外市场扩张的调节效应主要体现在资本及技术密集型企业。

表 5 - 23　　　　　　分组异质性检验结果（按要素密集类型分类）

解释变量	劳动密集型		资本密集型		资本及技术密集型	
	DVAR_KT（1）	DVAR_KT（2）	DVAR_KT（3）	DVAR_KT（4）	DVAR_KT（5）	DVAR_KT（6）
Invest	- 0.0132 ** (0.0060)	- 0.0139 ** (0.0060)	0.0026 (0.0056)	0.0022 (0.0056)	- 0.0068 (0.0050)	- 0.0045 (0.0049)
Time	0.0065 *** (0.0002)	0.0068 *** (0.0002)	0.0126 *** (0.0004)	0.0130 *** (0.0004)	0.0407 *** (0.0005)	0.0401 *** (0.0005)
Invest × Time	0.0171 * (0.0099)	0.0162 (0.0101)	0.0018 (0.0126)	- 0.0014 (0.0127)	0.0151 (0.0142)	0.0090 (0.0138)
lnRV	0.0004 *** (0.0001)	0.0006 *** (0.0001)	0.0002 ** (0.0001)	0.0004 *** (0.0001)	0.0045 *** (0.0001)	0.0034 *** (0.0001)
lnRV × Invest × Time	- 0.0011 (0.0010)	- 0.0010 (0.0010)	- 0.0002 (0.0012)	0.0001 (0.0012)	- 0.0032 ** (0.0013)	- 0.0027 ** (0.0013)
国际金融危机虚拟变量	否	是	否	是	否	是
行业效应	是	是	是	是	是	是
地区效应	是	是	是	是	是	是
常数项	是	是	是	是	是	是
组内 R^2	0.0274	0.0457	0.0365	0.0518	0.3989	0.4087
样本数	56029	56029	52826	52826	207360	207360

注：括号内为稳健性标准误，*** 、** 、* 分别表示1%、5%和10%的显著性水平。

5.6　结论与启示

5.6.1　研究结论

本章使用中国工业企业调查数据库、中国海关进出口数据库和中华人民共和国商务部公布的《中国境外投资企业（机构）名录》合并数据样本，年份周期为2000~2013年，选取在2010年开始对外直接投资的企业为实验组，使用倾向得分匹配法匹配得到相应的对照组，在对国际金融危机事件影响进行控制的基础上，使用双重差分法进行实证分析得到以下研究结论。

1. 企业特定时期初始投资显著抑制其全球价值链分工位置提升

企业在某个特定时期初始对外直接投资行为在短期内对其全球价值链分工位置变化存在显著的抑制效应，这种抑制效应随着年份累进出现下降趋势。这可能是因为，企业在其对外直接投资初期，为适应东道国营商环境或与东道国合作方达成某种约定，更多的是采购来自国外要素市场的中间投入品，企业对国外要素市场的依赖程度扩大，从而导致用出口国内增加值率衡量的全球价值链分工位置指标出现下降趋势。

2. 企业特定时期初始投资对其全球价值链分工位置影响作用依据企业规模特征以及行业要素密集类型特征出现不同变化

企业规模分类异质性检验结果显示，企业特定时期初始对外直接投资对其全球价值链分工位置的抑制效应显著存在，且这种抑制效应主要体现在中规模企业。企业要素密集类型分类异质性检验结果显示，企业特定时期初始对外直接投资对其全球价值链分工位置影响作用主要体现在劳动密集型企业和资本及技术密集型企业，且劳动密集型企业样本实证结果显示该影响作用显著为正，资本及技术密集型企业样本实证结果显示该影响作用显著为负。

3. 企业生产工艺提升有利于扭转企业特定时期初始投资对其全球价值链分工位置变化的抑制效应

回归结果发现，加入企业生产工艺作为调节变量后，企业在特定时期初始对外直接投资对其全球价值链分工位置变化的影响作用可以表示为 $0.0044\ln LP - 0.0087$，即假设政府制定引导政策以提高企业全球价值链分工位置为出发点，此时，制定政策加快提升企业生产工艺水平将有利于实现政策目标。对其调节效应进行进一步分组检验可以发现，从企业规模分类来看，其调节效应主要体现在中规模企业；从行业要素密集类型分类来看，其调节效应主要体现在资本及技术密集型企业。

4. 企业产品功能提升进一步扩大企业特定时期初始投资对其全球价值链分工位置变化的抑制效应

回归结果发现，加入企业产品功能作为调节变量后，企业在特定时期初始对外直接投资对其全球价值链分工位置变化的影响作用可以表示为 $-0.0263NPR-0.0087$，这可能是因为本书将企业新产品产值占比作为衡量企业产品功能的指标，企业新产品产值扩大，往往意味着企业产能扩大，在投资初期主要依赖国外要素市场中间品投入的情况下，对外直接投资企业要扩大产能，势必会导致企业对中间投入品需求量大幅上升，企业在投资初期对国外要素市场的依赖程度将随之提升。对其调节效应作进一步分组检验可以发现，从企业规模分类来看，其调节效应主要体现在中规模企业；从行业要素密集类型分类来看，其调节效应主要体现在资本及技术密集型企业。

5. 企业垄断势力提升进一步扩大企业特定时期初始投资对其全球价值链分工位置变化的抑制效应

回归结果发现，加入企业市场地位作为调节变量后，企业在特定时期初始对外直接投资对其全球价值链分工位置变化的影响作用可以表示为 $-0.0001MI$，此时加大企业竞争成本就显得尤为重要。对其调节效应作进一步分组检验可以发现，从企业规模分类来看，其调节效应主要体现在中规模企业和小规模企业；从行业要素密集类型分类来看，其调节效应主要体现在资本及技术密集型企业。

6. 企业国外市场扩张进一步扩大企业特定时期初始投资对其全球价值链分工位置变化的抑制效应

回归结果发现，加入企业国外市场扩张作为调节变量后，企业在特定时期初始对外直接投资对其全球价值链分工位置变化的影响作用可以表示为 $-0.0025\ln RV+0.0179$，当企业国外市场扩张到一定程度，对全球价值链分工位置变化的影响作用将转变为抑制效应，此时，引导对外直接投资企业为其海外市场的扩张行为制定一个合理区间似乎尤为重要。对其调节效应作进一步分组检验可以发现，从企业规模分类来看，其调节效应主要体现在中规模企业；从行业要素密集类型分类来看，其调节效应主要体现在资本及技术密集型企业上。

5.6.2　政策启示

基于上述研究结论，本书提出以下政策启示。

1. 正确认识企业特定时期初始投资短期内的国外市场依赖效应

鼓励和支持中国企业"走出去"开展对外直接投资活动依然是政策调控的重要方向。虽然回归结果显示企业在某个特定时期初始对外直接投资行为可能会扩大其对国外要素市场的依赖程度，从而不利于企业全球价值链分工位置的提升，但是我们也应看到，这种抑制效应随着时间累进是逐渐变小的，可以认为这种抑制效应只是对外直接投资企业在投资初期的适应表现，因此，应正确认识企业在投资初期的国外市场依赖效应。在现实经济生活中，企业往往会在多个不同时期，根据企业发展战略需要，发起多项对外直接投资行为，其多期效应如何，还有待进一步评价。

2. 科学防范企业全球价值链分工位置"低端锁定"而可能存在的市场风险

在确定鼓励和支持企业加大对外直接投资积极性的同时，我们也应清楚地认识到，企业在短期内对国外要素市场的依赖程度在某种意义上不利于其抗风险能力的提升以及国际市场自主权的掌握。以 2018 年中美贸易争端为例，在争端出现早期，中国本地大批出口企业的出口销售额突发性锐减。此时，采取多种预警及预防措施，科学防范可能存在的市场风险，就显得尤为重要。

3. 加大对中小微企业的关注程度

相对于中小微企业，大企业因为经济贡献大、社会效益显著等原因，往往容易获得政府的关注和政策的扶持，但是从企业规模分组异质性结果中可以发现，企业在某个特定时期初始对外直接投资对其全球价值链分工位置的影响作用以及企业特征变量的调节作用大多体现在中规模企业，垄断势力提升的调节效应则同时体现在中规模企业和小规模企业，大规模企业的影响作用统计意义不显著。这说明至少在对企业对外直接投资进行政策调控这个领域，应加大对中小微企业的关注程度。

4. 加大力度扶持资本及技术密集型企业成长

随着中国步入高收入经济体和后工业化阶段，资本及技术密集型企业将成为主导力量，其成长和发展对于实现经济高质量发展的战略意义显而易见。并且从企业要素密集类型分组异质性分析结果中可以发现，企业在某个特定时期初始对外直接投资对其全球价值链分工位置的影响作用以及企业特征变量的调节作用主要体现在资本及技术密集型企业，因此，加大力度扶持资本及技术密集型企业成长和发展，将有利于中国进一步扩大对外开放的经济效应，提升对外开放水平。

第6章

企业持续投资影响其全球价值链
分工位置变化的机制研究

6.1　引言

在前一章研究的基础上，我们可以发现企业在某个特定时期对外直接投资行为将在统计意义上显著提高其对国际要素市场的依赖程度，不利于提升企业在全球价值链分工过程中抗风险能力，这似乎可以解释中国企业在2018年前后因为某些国家对国内某个产业环节进行封锁导致个别行业在短期内出现增速大幅下滑的现象。虽然企业可以依托国内强大的内需市场、国家政策扶持以及企业自身调整逐步度过阵痛期，但加快提升中国企业在全球价值链分工位置依然是非常迫切的事情。然而，这也不是说中国对外直接投资对其在国际市场上的竞争优势提升没有正相关促进作用，前一章主要考察当企业处于初始投资"适应期"阶段时，其对外直接投资行为决策的影响作用，但是随着企业逐步站稳脚跟，往往会尝试进一步扩大投资规模和增加投资频次，此时企业将逐步迈进持续投资"发展期"阶段，对这一阶段的特征表现进行考察，并比较企业在两个阶段的不同表现，这对于提高政策干预的科学性和有效性，显得尤为重要。

本章将在上一章研究基础上，进一步引入多期双重差分法，探讨当企业处于持续投资"发展期"阶段时，企业多时期的持续对外直接投资行为对其全球价值链分工位置提升的影响作用。此外，本章还将基于局部均衡模型推导结论，引入全要素生产率作为中介变量，检验当企业处于持续投资"发展期"阶段时，企业多时期持续对外直接投资行为，通过其全要素生产率变化，影响其全球价值链分工位置提升的内在传导机制。

本章主要的理论贡献可能在于：第一，借助多期 DID 模型，尝试考察当企业处于对外直接投资的持续投资"发展期"阶段时，企业持续对外直接投资行为对其全球价值链分工位置提升的影响作用，并进一步探讨全要素生产率水平对其影响机制的中介效应。第二，结合上一章关于企业初始投资阶段对其全球价值链分工位置提升的影响作用的研究结论，与本章研究结论进行比较分析，探讨当企业分别处于初始投资"适应期"阶段和处于持续投资"发展期"阶段时，企业对外直接投资行为对其全球价值链分工位置提升的影响作用的不同表现，以及出现这种阶段性变化特征的内在缘由。

本书接下来的结构安排如下：第二部分是理论分析与研究假说提出，第三部分是计量模型设定、变量选取与数据说明，第四部分是实证结果及分析，第五部分是中介效应分析，第六部分是结论与启示。

6.2　理论分析与研究假说提出

6.2.1　对外直接投资与全球价值链分工

1. 总体均值效应

从上一章实证分析结果可以发现，当企业处于初始投资"适应期"阶段时，企业在某个特定年份初始对外直接投资行为显著加大其对国外要素市场的依赖程度，从而抑制其全球价值链分工位置的提升，但是这种抑制效应随着时间累进会逐渐变小。基于这种变化趋势，本书认为可能存在这样一种情况，即企业追求投资并逐步进入持续投资"发展期"阶段的变化过程中，企业多时期持续投资决策会把这种时间累进效应加大，最终转变为对全球价值链分工位置提升的促进效应，这或许是因为在对外直接投资的初期，企业为了适应国外市场，会首选采购来自国外的中间投入品，但随着企业逐步在国外市场站稳脚跟、掌握主动权后，企业将更倾向于采购来自本国的中间投入品（袁小慧等，2018；姚战琪，2019）。

因此，我们提出以下研究假说：

H6－1：当企业处于持续投资"发展期"阶段时，企业多期对外直接投资决策显著提升其全球价值链分工位置竞争地位。

2. 企业所有制差异特征

企业开展对外直接投资行为往往具有其动机和目的，相较于私营企业以及外资企业，中央企业以及地方国有企业往往更注重完成政府部门交办的政治任务，而且这类企业在投资上也有政府财政资金支持，对于在国际市场中寻求更高竞争地位的动机并不强烈，其中中央企业表现得更为明显。从国家统计局公布的统计数据来看，2018年中央企业和单位对外非金融类直接投资流量同比下降56.7%，2017年则是同比增长73.4%，可见中央企业更偏好投资国家重大工程项目，响应国家战略实施。同时，企业开展对外直接投资往往需要大量外部资金支持，因此融资约束因素对其影响尤为重要（Buch et al.，2014），在信贷市场中，相较于私营企业，外资企业往往能够获得更多、更充足的信贷额度（曾亚敏和张俊生，2016），而且相较于私营企业，外资企业自身国际化水平更高，更容易依托外部资金在国际市场中占据更为有利的竞争地位。

因此，我们提出以下研究假说：

H6－2：企业多期对外直接投资决策对其全球价值链分工位置竞争地位提升的影响效应显著为正，且呈现"外资企业—私营企业—地方国有企业—中央企业"逐步递减特征。

3. 企业规模差异特征

不同经济规模企业的对外直接投资活动决策过程呈现出不同的特征，企业规模大小往往影响着企业的国际竞争力和抗压能力，企业规模越大，开展对外直接投资活动所面临的经济风险越低，在全球经济竞争中取得优势地位的机会也越多。可见企业规模大小与其全球价值链分工位置提升密切相关。但是也并非说企业规模越大，其全球价值链分工位置就提升得越快。相较于规模较大企业，往往规模较小企业在本土市场竞争中处于劣势地位，通过国际市场扩张寻求更多战略资源、抢占更为有利竞争地位的欲望更为强烈。

因此，我们提出以下研究假说：

H6－3：企业多期对外直接投资决策对其全球价值链分工位置竞争地位

提升的影响效应显著为正，且呈现"小规模企业—中规模企业—大规模企业"逐步递减特征。

4. 企业要素依赖程度差异特征

企业成本加成率的提升将有利于提高其出口国内增加值率，最终带动企业全球价值链分工位置提升（赵玲等，2018）。同时，黄先海等（2018）研究发现，资本密集型企业参与国际分工行为显著提升其成本加成率，同时也发现劳动密集型企业这一影响作用并不显著。胡大立和刘丹平（2014）也认为以代工制造为主要业务的劳动密集型企业容易存在"低端锁定"问题。幸炜和李长英（2016）则发现资本及技术密集型制造业创造出口增加值的比例最高。

因此，我们提出以下研究假说：

H6-4：企业多期对外直接投资决策对其全球价值链分工位置竞争地位提升的影响效应显著为正，且呈现"资本及技术密集型—资本密集型—劳动密集型"逐步递减特征。

5. 企业地区分布差异特征

中国地域辽阔，各地经济发展条件和比较优势各有差异，分布于不同地区的企业在进行对外直接投资活动决策过程中，可能存在不同的特征（刘志彪和张少军，2008）。企业对外直接投资的活跃度对其参与国际分工并实现全球价值链分工位置的提升可能存在正向的促进作用。根据中华人民共和国商务部公布的历年中国对外直接投资统计公报口径，我国东部地区包括北京、天津、河北、上海、江苏、浙江、福建、山东、广东和海南，中部地区包括山西、安徽、江西、河南、湖北、湖南，西部地区包括内蒙古自治区、广西壮族自治区、四川、重庆、贵州、云南、陕西、甘肃、青海、宁夏回族自治区、新疆维吾尔自治区、西藏自治区，东北三省包括黑龙江、吉林、辽宁。从投资流量规模来看，2018年中国东部地区对外直接投资额流量最高（758.2亿美元），其次分别是中部地区（101.3亿美元）、西部地区（100.6亿美元）以及东北三省（22.4亿美元），且2018年对外直接投资流量靠前的10个省（区、市）中，东部地区占90%、中部地区占10%，西部地区各省（区、市）以及东北三省均没有进入前10名单；从投资流量增速来看，2018年中国西部地区对外直接投资额流量增速最快（33.2%），其次分别是东部地区、东北三省以及中部地区。可见，除了东北三省以外，其他地区对外直接投资活动频繁。如图 6-1 所示，对外直接投资企业全球价值链分工位置均值水平占没有对外直接投资企业比重按地区分布呈"中部地区—西部地区—东部地区—东北三省"逐步递减特征。

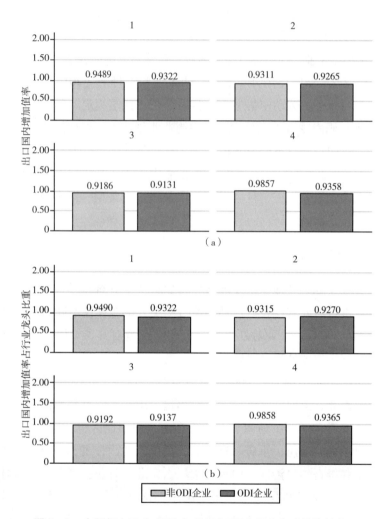

图 6-1 中国规上工业 ODI 企业与非 ODI 企业全球价值链分工位置及其较龙头企业差距地区分布均值差异

注：1 为东部，2 为中部，3 为西部，4 为东北三省。

资料来源：中华人民共和国商务部《中国境外投资企业（机构）名录》、中国工业企业数据库以及中国海关进出口数据库。

因此，我们提出以下研究假说：

H6-5：企业多期对外直接投资决策影响其全球价值链分工位置竞争地位提升的影响效应呈现"中部地区—西部地区—东部地区—东北三省"逐步递减特征。

6. 企业投资倾向差异特征

随着世界经济一体化程度的提升，企业天生国际化逐步成为研究热点（Vanninen et al.，2017）。根据已有研究成果，天生国际化指的是在成立3年内开展国际投资活动的企业（Gerschewski et al.，2015），相较于其他企业，天生国际化企业更依赖国际市场，通过对外直接投资提升全球竞争地位的诉求也更为迫切（余官胜等，2017）。如图6-2所示，从企业数量占比来看，采取对外直接投资行为的规上工业企业中有99.74%为非天生国际化企业；从企业投资流量占比来看，非天生国际化企业对外直接投资流量最大，为99.62%。这说明国内企业在成长初期仍主要扎根国内市场，一方面是由于中国本身原材料、劳动力、市场以及资金等产业要素资源丰富，即使不开展国际投资活动，企业也可以依靠国内资源实现成长；另一方面是由于中国企业对外直接投资相对比较谨慎，企业往往是成长到一定成熟阶段后才考虑向境外市场扩张、布局，这同时也有利于企业对外直接投资行为的持续性、长期性和有效性。虽然非天生国际化企业在中国对外直接投资企业中占绝大多数（超过99%），但是，其全球价值链分工位置竞争地位衡量指标仅比天生国际化企业略高，初步可以认为，天生国际化企业对外直接投资行为影响其全球价值链分工位置的影响作用更为强烈。

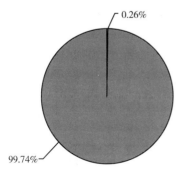

（a）ODI企业数量投资倾向分组均值占比

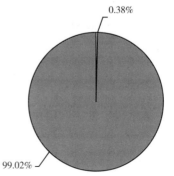

（b）ODI企业投资流量投资倾向分组均值占比

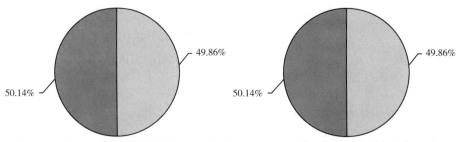

（c）ODI企业DVAR投资倾向分组均值占比　　（d）ODI企业DVAR占行业龙头比重投资倾向分组均值占比

投资倾向分类
□ 天生国际化　■ 非天生国际化

图 6 - 2　天生国际化企业与非天生国际化企业特征比较

资料来源：中华人民共和国商务部《中国境外投资企业（机构）名录》、中国工业企业数据库以及中国海关进出口数据库。

因此，我们提出以下研究假说：

H6 - 6：天生国际化企业多期对外直接投资决策对其全球价值链分工位置竞争地位提升的影响作用显著为正，且比非天生国际化企业更为强烈。

6.2.2　对外直接投资、全要素生产率与全球价值链分工

1. 消费者决策行为

假设消费市场上存在 N 种商品。相较于柯布 - 道格拉斯（Cobb-Douglas）函数形式以及长替代弹性函数形式，超越对数函数形式对于消费商品之间的替代性和互补性具有更好的考虑（Feenstra，2003；Rodríguezlópez，2011），因此本书采用超越对数函数形式来设定代表性家庭用户的消费支出函数。目标函数形式为：

$$E_t = U_t e^{\frac{1}{2\lambda N}} \prod_i p_{it}^{\frac{1}{N}} \prod_i p_{it}^{\frac{\sum_{i \neq j} \lambda_{ij}(\ln p_{jt} - \ln p_{it})}{2}} \quad (6-1)$$

其中，E_t 表示代表性家庭用户在 t 期为获得 U_t 效用水平所需要付出的最小支出水平，λ 表示商品之间的替代关系且大于 0。本书假设式（6 - 1）满足一次齐次性质，此时对于所有 i 不等于 j，均存在 $\lambda_{ii} = -\lambda(N-1)/N$ 以及 $\lambda_{ij} = \lambda_{ji} = \lambda/N$。式（6 - 1）的对数形式如式（6 - 2）所示：

$$\ln E_t = \ln U_t + \frac{1}{2\lambda N} + \frac{1}{N}\sum_i \ln p_{it} + \frac{\lambda}{2N}\sum_i \sum_j \ln p_{it}(\ln p_{jt} - \ln p_{it})$$

$$(6-2)$$

考虑更为一般性的条件，可表示为积分形式：

$$\ln E_t = \ln U_t + \frac{1}{2\lambda N} + \frac{1}{N}\int \ln p_{it} d_i + \frac{\lambda}{2N}\iint \ln p_{it}(\ln p_{jt} - \ln p_{it}) d_j d_i \quad (6-3)$$

在给定的支出水平上最大化消费者效用的问题等于在给定的效用水平上最小化支出。根据谢泼德引理，代表性家庭支付 i 商品的支出占同期总支出的比例为：

$$S_{it} = \frac{1}{N} + \frac{\lambda}{N}\int \ln p_{jt} d_j - \lambda \ln p_{it} \quad (6-4)$$

因此，代表性家庭用户对商品的需求水平为：

$$Q_{it}^D = \frac{I_t S_{it}}{p_{it}} = \frac{I_t\left(\frac{1}{N} + \frac{\lambda}{N}\int \ln p_{jt} d_j - \lambda \ln p_{it}\right)}{p_{it}} \quad (6-5)$$

2. 生产者决策行为

考虑 Cobb-Douglas 生产函数形式（Cobb & Douglas, 1928），本书进一步考虑中间投入产品，异质性企业在 t 时期的生产函数形式为：

$$Y_{it} = A_{it} K_{it}^{\alpha} L_{it}^{\beta} M_{it}^{\gamma} \quad (6-6)$$

其中，Y_{it} 表示企业总产出，A_{it} 表示企业全要素生产率水平，K_{it} 表示企业的资本投入，L_{it} 表示企业的劳动力投入，M_{it} 表示企业中间品投入。本书假设企业满足规模报酬不变假设，此时有 $\alpha + \beta + \gamma = 1$。中间投入品 M_{it} 由本国中间投入品 M_{it}^D 以及进口中间投入品 M_{it}^I 组成（Kee & Tang, 2016）：

$$M_{it} = \left[(M_{it}^D)^{(\lambda-1)/\lambda} + (M_{it}^I)^{(\lambda-1)/\lambda}\right]^{\lambda/(\lambda-1)} \quad (6-7)$$

其中，$\lambda > 1$。为了简化计算，本书假设 $\lambda = 2$，此时生产者生产函数形式为：

$$Y_{it} = A_{it} K_{it}^{\alpha} L_{it}^{\beta}\left[(M_{it}^D)^{0.5} + (M_{it}^I)^{0.5}\right]^{2\gamma} \quad (6-8)$$

生产者最优选择决策为：

$$\min_{K_{it}, L_{it}, M_{it}} C_{it} = r_t K_{it} + w_t L_{it} + p_t^d M_{it}^D + p_t^i M_{it}^I \quad (6-9)$$

$$\text{s. t.} \quad A_{it}K_{it}^{\alpha}L_{it}^{\beta}\big[\,(M_{it}^{D})^{0.5}+(M_{it}^{I})^{0.5}\,\big]^{2\gamma}\geqslant Y_{it} \tag{6-10}$$

其中，r_t 表示资本利息率，w_t 表示劳动力工资水平，p_t^d 表示本国中间投入品以本国货币计价的价格水平，p_t^i 表示进口中间投入品以本国货币计价的价格水平。均衡解为：

$$K_{it}^{*}=\frac{Y_{it}}{A_{it}}\Big[\frac{\beta w_t}{\gamma(p_t^d+p_t^i)}\Big]^{\gamma} \tag{6-11}$$

$$L_{it}^{*}=\frac{Y_{it}}{A_{it}}\frac{\beta w_t}{\alpha r_t}\Big[\frac{\beta w_t}{\gamma(p_t^d+p_t^i)}\Big]^{\gamma} \tag{6-12}$$

$$M_{it}^{D*}=\frac{Y_{it}}{A_{it}}\frac{\gamma\,(p_t^d)^2}{\alpha r_t(p_t^d+p_t^i)}\Big[\frac{\beta w_t}{\gamma(p_t^d+p_t^i)}\Big]^{\gamma} \tag{6-13}$$

$$M_{it}^{I*}=\frac{Y_{it}}{A_{it}}\frac{\gamma\,(p_t^i)^2}{\alpha r_t(p_t^d+p_t^i)}\Big[\frac{\beta w_t}{\gamma(p_t^d+p_t^i)}\Big]^{\gamma} \tag{6-14}$$

此时生产者成本函数和边际成本函数分别为：

$$C_{it}=\frac{Y_{it}}{A_{it}}\big[\alpha r_t^2+\beta w_t^2+\gamma\,(p_t^d)^2-\gamma p_t^d p_t^i+\gamma\,(p_t^i)^2\big]\Big[\frac{\beta w_t}{\alpha r\gamma(p_t^d+p_t^i)}\Big]^{\gamma} \tag{6-15}$$

$$MC_{it}=\frac{1}{A_{it}}\big[\alpha r_t^2+\beta w_t^2+\gamma\,(p_t^d)^2-\gamma p_t^d p_t^i+\gamma\,(p_t^i)^2\big]\Big[\frac{\beta w_t}{\alpha r\gamma(p_t^d+p_t^i)}\Big]^{\gamma} \tag{6-16}$$

令 Z_t 等于 $\big[\alpha r_t^2+\beta w_t^2+\gamma\,(p_t^d)^2-\gamma p_t^d p_t^i+\gamma\,(p_t^i)^2\big]\Big[\frac{\beta w_t}{\alpha r\gamma\,(p_t^d+p_t^i)}\Big]^{\gamma}$，本书假设生产者在要素市场上处于价格接受者地位，此时，Z_t 就等同于一个常数。那么，生产者边际成本仅与它的生产率水平负相关，也就是说，随着生产者全要素生产率的提升，其边际成本逐步下降。

3. 市场均衡条件

给定需求函数和商品的边际成本函数，生产者将选择使其利润最大化的决策水平：

$$\operatorname*{argmax}_{p_{it}}\ p_{it}Y_{it}-MC_{it}Y_{it} \tag{6-17}$$

式（6-17）可以进一步表示为：

$$\mathop{\arg\max}\limits_{p_{it}} p_{it} \frac{I_t\left(\dfrac{1}{N} + \dfrac{\lambda}{N}\int \ln p_{jt}d_j - \lambda \ln p_{it}\right)}{p_{it}} - \frac{Z_{it}}{A_{it}}\frac{I_t\left(\dfrac{1}{N} + \dfrac{\lambda}{N}\int \ln p_{jt}d_j - \lambda \ln p_{it}\right)}{p_{it}}$$

$$(6-18)$$

其中，Z_t 等于 $\left[\alpha r_t^2 + \beta w_t^2 + \gamma (p_t^d)^2 - \gamma p_t^d p_t^i + \gamma (p_t^i)^2\right]\left[\dfrac{\beta w_t}{\alpha r \gamma (p_t^d + p_t^i)}\right]^\gamma$。均

衡解为：

$$p_{it} = \left[1 + \left(\frac{1}{\lambda N} + \frac{1}{N}\int \ln p_{jt}d_j - \ln p_{it}\right)\right]MC_{it} \qquad (6-19)$$

其中，$MC_{it} = Z_t / A_{it}$。本书使用朗伯 W 函数：

$$p_{it} = W\left(\frac{e^{1 + \frac{1}{\lambda N} + \frac{1}{N}\int \ln p_{jt}dj}}{MC_{it}}\right)MC_{it} \qquad (6-20)$$

其中，$W(\cdot)$ 为朗伯 W 函数并满足以下性质：$\dfrac{\partial W(x)}{\partial x} > 0$，$\dfrac{\partial^2 W(x)}{\partial x^2} < 0$，$W(0) = 0$ 以及 $W(e) = 1$。令 μ_{it} 表示生产者在 t 时期的边际成本加成率，此时，式（6-20）可以转化为式（6-21）：

$$P_{it} = (1 + \mu_{it})MC_{it} \qquad (6-21)$$

这意味着，$\mu_{it} = W\left(\dfrac{e^{1 + \frac{1}{\lambda N} + \frac{1}{N}\int \ln p_{jt}dj}}{MC_{it}}\right) - 1 = W\left(\dfrac{e^{1 + \frac{1}{\lambda N} + \frac{1}{N}\int \ln p_{jt}dj}}{Z_t}A_{it}\right) - 1$。此时我们可以发现，在其他条件保持不变的前提下，随着企业全要素生产率水平提升，其可获取的边际成本加成率也会随之增加。

4. 企业全球价值链分工位置的衡量

企业出口国内增加值率被认为是衡量其在全球价值链中分工位置的重要指标。从指标定义上来看，出口国内增加值等于企业总产出减去其进口中间投入品金额，因此出口国内增加值率等于出口国内增加值占企业总产出的比重，据此我们可以得到企业出口国内增加值率的简单计算公式：

$$DVAR_{it} = \frac{p_{it}Y_{it} - p_t^i M_{it}^I}{p_{it}Y_{it}} = 1 - \frac{p_t^d M_{it}^D + p_t^i M_{it}^I}{p_{it}Y_{it}}\frac{p_t^i M_{it}^I}{p_t^d M_{it}^D + p_t^i M_{it}^I} \qquad (6-22)$$

依据前文假设，这里设定 $M_{it} = [(M_{it}^D)^{0.5} + (M_{it}^I)^{0.5}]^2$。给定中间投入品最优数量的情况下，生产者选择最优要素数量配置比例，使得本地中间投入品以及进口中间投入品的投入成本最小化：

$$\min_{M_{it}^D, M_{it}^I} C_{it}^M = p_t^d M_{it}^D + p_t^i M_{it}^I \tag{6-23}$$

$$s.t. \quad [(M_{it}^D)^{0.5} + (M_{it}^I)^{0.5}]^2 \geqslant M_{it} \tag{6-24}$$

均衡解为：

$$M_{it}^D = M_{it} \frac{1}{\left(1 + \dfrac{p_{it}^d}{p_{it}^i}\right)^2} \tag{6-25}$$

$$M_{it}^I = M_{it} \frac{1}{\left(1 + \dfrac{p_{it}^i}{p_{it}^d}\right)^2} \tag{6-26}$$

令 Z_t 等于 $\left[\alpha r_t^2 + \beta w_t^2 + \gamma (p_t^d)^2 - \gamma p_t^d p_t^i + \gamma (p_t^i)^2\right] \left[\dfrac{\beta w_t}{\alpha r \gamma (p_t^d + p_t^i)}\right]^\gamma$，此时企业出口国内增加值率为：

$$DVAR_{it} = 1 - \frac{1}{(1 + \mu_{it}) Z_t K_{it}^\alpha L_{it}^\beta M_{it}^{\gamma-1}} \frac{p_{it}^i}{\left(1 + \dfrac{p_{it}^i}{p_{it}^d}\right)^2} \tag{6-27}$$

结合式（6-21）和式（6-27），我们可以发现，在其他条件保持不变的前提下，出口企业全要素生产率水平的提升，将提高其边际成本加成率，从而进一步提升其用出口国内增加值率衡量的全球价值链分工位置水平。已有很多研究成果检验发现，中国企业对外直接投资决策显著提升其全要素生产率水平（Chen & Tang, 2014；Huang & Zhang, 2017；Li et al., 2017；周超，2018）。因此，本书将选取企业全要素生产率作为中介变量，以检验企业对外直接投资决策影响其全球价值链分工位置提升的内在传导机制，并提出以下研究假说：

H6-7：企业对外直接投资决策除了对其全球价值链分工位置产生直接效应外，还将通过影响其全要素生产率间接影响其全球价值链分工位置提升，其全要素生产率的中介效应显著为正。

6.3 计量模型设定、变量选取与数据说明

6.3.1 计量模型设定

1. 多期双重差分模型

参考贝克等（Beck et al.，2010）以及林梨奎和徐印州（2019）研究成果，构建多期双重差分计量模式：

$$GVC_{it} = \alpha + \beta(Invest_i \times Time_t) + \theta X_{i,t-1} + \gamma_{ind} + \tau_{pro} + \mu_i + \varepsilon_{it}$$

$$(6-28)$$

其中，GVC_{it} 代表被解释变量；$Invest_i$ 代表 i 企业是否属于实验组的虚拟变量（若在某年存在对外直接投资行为，取值为 1，反之为 0），$Time_t$ 代表 i 企业所在年份是否处于实验期的虚拟变量（若所处年份为首次对外直接投资及以后，取值为 1，反之为 0），$Invest_i \times Time_t$ 代表 i 企业是否属于实验组且所在年份处于实验期的虚拟变量；$X_{i,t-1}$ 代表控制变量，γ_{ind} 代表 i 企业所属行业的虚拟变量，τ_{pro} 代表 i 企业所在省级行政区的虚拟变量，μ_i 代表个体固定效应，ε_{it} 代表随机误差项。

2. 中介模型

本书选取全要素生产率为中介变量，对企业对外直接投资行为影响其全球价值链嵌入位置提升的机制进行检验。本书采用三步法构建中介模型（李平和王文珍，2018）。具体如式（6-29）、式（6-30）和式（6-31）所示。式（6-29）为基准回归模型，式（6-30）检验企业特定时期对外直接投资行为对中介变量的影响作用，式（6-31）则识别企业对外直接投资行为通过中介变量对其全球价值链分工位置提升的中介效应。式（6-29）、式（6-30）和式（6-31）中的 X 等变量数据若为绝对值，则取对数形式处理。如式（6-31）所示，全要素生产率的中介效应为 $b_1 \times c_2$，表示企业全球价值链分工地位提升通过全要素生产率水平变化对其出口持续的影响作用。此外，为了避免可能存在的互为因果关系而导致的内生性问题，本书同

时采用中介变量的滞后一期项进行中介效应检验，如式（6－32）所示，此时，全要素生产率的中介效应为 $b_1 \times d_2$。

$$\text{GVC}_{it} = a_0 + a_1 (\text{Invest}_i \times \text{Time}_t) + \theta X_{i,t-1} + \gamma_{ind} + \tau_{pro} + \mu_i + \varepsilon_{it} \quad (6-29)$$

$$\text{TFP}_{it} = b_0 + b_1 (\text{Invest}_i \times \text{Time}_t) + \theta X_{i,t-1} + \gamma_{ind} + \tau_{pro} + \mu_i + \varepsilon_{it} \quad (6-30)$$

$$\text{GVC}_{it} = c_0 + c_1 (\text{Invest}_i \times \text{Time}_t) + c_2 \text{TFP}_{it} + \theta X_{i,t-1} + \gamma_{ind} + \tau_{pro} + \mu_i + \varepsilon_{it}$$
$$(6-31)$$

$$\text{GVC}_{it} = d_0 + d_1 (\text{Invest}_i \times \text{Time}_t) + d_2 \text{TFP}_{i,t-1} + \theta X_{i,t-1} + \gamma_{ind} + \tau_{pro} + \mu_i + \varepsilon_{it}$$
$$(6-32)$$

6.3.2 变量选取

1. 被解释变量

采用出口国内增加值率对企业在特定产品全球价值链中的分工位置进行测算（Kee & Tang，2016）。出口国内增加值率反映了出口企业在特定产品全球价值链中前端嵌入的程度，出口国内增加值率取值越大，意味着出口企业在特定产品全球价值链中越是处于被依赖、更具有主导优势的位置，此时我们认为企业在特定产品全球价值链中的分工位置得到提升。借鉴基和唐（2016）的观点，出口企业总收入水平等于其利润、工资支出、资金筹集成本、来自本国要素市场的中间投入品支出以及来自国外要素市场的中间投入品支出的加总，即 $PY = \pi + wL + rK + P^D M^D + P^I M^I$。其中，来自本国要素市场的中间投入品支出以及来自国外要素市场的中间投入品支出均既包含本国成分也包括国外成分，分别为 $P^D M^D = q^D + \delta^F$ 以及 $P^I M^I = q^F + \delta^D$。依据增加值的定义，出口企业创造增加值等于其创造本地产品及服务的价值总和，即 $DVA = \pi + wL + rK + q^D + \delta^D$。假设企业出口其所有产品并进口中间投入品以及用于消费和投资的资本品，此时，企业的出口总额就等于其总收入，即 $EXP = PY$；进口总额等于其进口的生产要素及用于消费和投资的资本品，即 $IMP = P^I M^I + \delta^K$。此时有：

$$\begin{aligned} EXP_{it} &= \pi_{it} + w_t L_{it} + r_t K_{it} + P^D_{it} M^D_{it} + P^I_{it} M^I_{it} \\ &= \pi_{it} + w_t L_{it} + r_t K_{it} + q^D_{it} + \delta^F_{it} + q^F_{it} + \delta^D_{it} \end{aligned}$$

$$= DVA_{it} - q_{it}^D - \delta_{it}^D + q_{it}^D + \delta_{it}^F + q_{it}^F + \delta_{it}^D$$

$$= DVA_{it} + IMP_{it} - \delta_{it}^K - \delta_{it}^D + \delta_{it}^F$$

$$= DVA_{it} + P_{it}^I M_{it}^I - \delta_{it}^D + \delta_{it}^F$$

$$\Rightarrow DVA_{it} = (EXP_{it} - P_{it}^I M_{it}^I) + (\delta_{it}^D - \delta_{it}^F)$$

$$\Rightarrow DVAR_{it} = \frac{DVA_{it}}{EXP_{it}}$$

$$= \frac{(EXP_{it} - P_{it}^I M_{it}^I) + (\delta_{it}^D - \delta_{it}^F)}{EXP_{it}}$$

$$= 1 - \frac{P_t^D M_{it}^D + P_t^I M_{it}^I}{EXP_{it}} \cdot \frac{P_t^I M_{it}^I}{P_t^D M_{it}^D + P_t^I M_{it}^I} + \frac{\delta_i^D}{EXP_{it}} - \frac{\delta_i^F}{EXP_{it}} \qquad (6-33)$$

式（6－33）中，EXP 表示企业出口贸易额，P^D、M^D 分别表示来自本国要素市场的中间投入品的价格和数量，P^I、M^I 分别表示来自国外要素市场的中间投入品的价格和数量，δ^D、δ^F 分别表示来自国外要素市场的中间投入品的本国成分、来自本国要素市场的中间投入品的国外成分。其中，关于 δ^D 的估算，借鉴库普曼等（2014）以及王等（2014）的做法，运用 WIOD 数据库对行业层面的数据进行测算，以此作为替代变量；关于 δ^F 的估算，借鉴库普曼等（2012）的做法，用 WIOD 数据库对行业层面的数据进行测算，以此作为替代变量。

关于 δ^D 估算的讨论，本书使用各进口起运国各行业中间投入品中的中国成分占比乘以来自各进口起运国各行业的中间投入品金额，计算得到企业—产品层面来自国外要素市场的中间投入品的本国成分。关于中国成分占比，通过计算中国最终产出中最终被其他国家各行业使用的产出比重得到。

关于 δ^F 估算的讨论，本书使用中国各行业中间投入品中的国外成分占比乘以企业—产品层面来自本国要素市场的中间投入品金额，计算得到企业—产品层面来自本国要素市场的中间投入品中的国外成分。关于国外成分占比，通过计算中国各行业中间投入品中来自国外的比重得到。

对上述计算得到的出口国内增加值率在 1% 和 99% 分位上进行缩尾处理。

同时，构建企业出口国内增加值率占行业龙头企业比重来衡量企业在行业内地位提升的程度：

$$MDVAR_{it} = \frac{DVAR_{it}}{DVAR_{jt}^{max}} \qquad (6-34)$$

其中，$DVAR_{jt}^{max}$ 表示各两位数行业中企业全球价值链分工位置的最大值，$DVAR_{it}/DVAR_{jt}^{max}$ 衡量的是企业与行业龙头企业之间的差距。

此外，本书还将计算全球价值链位置指标的绝对增长速度，并将其作为被解释变量，在检验企业对外直接投资对其全球价值链分工位置提升的影响作用的同时，还要进一步检验企业对外直接投资决策对其全球价值链分工位置提升速度的影响作用。其中，全球价值链位置指标绝对增长速度 $GDVAR_{it}$ 计算公式为：

$$GDVAR_{it} = \frac{DVAR_{it}}{DVAR_{i,t-1}} - 1 \qquad (6-35)$$

其中，GDVAR 衡量的是企业全球价值链分工位置的绝对增长速度。

2. 核心解释变量

如式（6-29）所示，本书核心解释变量为企业是否对外直接投资虚拟变量与企业是否处于对外直接投资时期虚拟变量的交乘项，该交乘项代表企业是否属于实验组且所在年份处于实验期的虚拟变量。

3. 控制变量

控制变量包括人均劳动生产率 lnLP，用工业总产值除以年均就业人数计算得到并取对数形式；资本密集度 lnCI，用总资产除以年均就业人数计算得到并取对数形式；贸易密度 EI，用出口贸易额除以工业销售产值计算得到；融资能力，用利息支出除以总资产计算得到；沉没成本，即企业资产专用性，用企业固定资产净值年平均余额占总资产比重来衡量（韦曙林和欧梅，2017）；新产品比率，用每年新产品产值占工业总产值比重来衡量；行业集中度，用赫芬达尔—赫希曼指数来衡量，该指数用工业销售产值计算得到；行业话语权，用 LP 法计算得到的垄断势力指数衡量（林梨奎，2019）；企业规模，用年均就业人数来衡量；企业年龄，细化到年份。对人均劳动生产率、资本密集度、贸易密度、融资能力、沉没成本、新产品比率、行业集中度、行业话语权、企业规模、企业年龄等变量均在 1% 和 99% 分位上进行缩尾处理。为避免因控制变量与核心解释变量、被解释变量可能存在的互为因果关系而产生的内生性问题，所有控制变量均采用滞后一期处理。

关于国际金融危机虚拟变量的设置，如上所述，国际金融危机发生在 2008 年，当年全球对外直接投资流量同比下降 14.25%，2009 年更是持续下降 34.35%，2010 年虽然同比上涨 11.31%（1.24 万亿美元），但比金融危机之前三年平均水平（1.35 万亿美元）同比下滑 8.15%，2011 年达到 1.5 万亿美元，同比增长 20.97% 并首次超过金融危机之前三年平均水平。因此，本书认为从统计数据上来看，国际金融危机事件对全球对外直接投资流量的影响主要集中在 2008~2010 年，本书将据此设置国际金融危机虚拟变量，将处于 2008~2010 年的企业样本取值为 1，表示受到国际金融危机影响较大的企业样本，反之为 0，表示受到国际金融危机影响较小的企业样本。并将此虚拟变量纳入回归估计中，对国际金融危机事件对回归结果的影响进行控制。

4. 中介变量

关于全要素生产率的测算，考虑到规上企业的界定标准在 2011 年及以后出现变化，虽然有学者认为直接剔除 2011 年以前工业销售收入在 2000 万以下企业样本以使 2011 年以前和 2011 年及以后规模以上统计口径统一可能会导致数据库信息损害问题（陈林，2018），但本书认为，把工业销售收入在 500 万元以上的企业以及把工业销售收入在 2000 万元以上的企业均视为同等级别的企业可能会导致选择性偏误问题，所以本书将工业销售收入在 2000 万元及以上的企业界定为规上企业，并剔除 2000~2010 年工业销售收入小于 2000 万元的企业样本。由于中国工业企业数据库中仅在 2000~2007 年以及 2010~2011 年对工业增加值进行统计，因此，本书需通过其他渠道对 2008 年、2009 年以及 2012 年、2013 年的工业增加值进行插补。参考王贵东（2018）的研究成果，计算得到 2000~2007 年各企业应交增值税占工业增加值比重平均值，以此估算 2008 年、2009 年以及 2012 年、2013 年各企业工业增加值。由于 2008 年、2009 年、2010 年以及 2012 年、2013 年中间投入数据缺失，本书引入 2010 年中国投入产出表中各细分行业中间投入占行业增加值比重，估算 2008 年、2009 年和 2010 年各企业当年工业中间投入，并引入 2012 年中国投入产出表中各细分行业中间投入占行业增加值比重，估算 2012 年和 2013 年各企业当年工业中间投入。将采用 ACF 法（Ackerberg et al.，2015）测算得到的全要素生产率对数形式作为中介变量。

6.3.3　数据说明

本书所使用数据主要来源于中国工业企业调查数据库、中国海关进出口数据库和中华人民共和国商务部公布的《中国境外投资企业（机构）名录》。时间周期为 2000 ~ 2013 年。其中，由于中国工业企业调查数据与中国境外投资企业（机构）名录之间主要通过企业名称进行匹配，而 2011 年的现有工业企业数据中仅披露企业组织机构代码，并没有披露企业名称，为了尽可能地保留更多的数据样本，本次研究采用 2011 年数据样本，通过企业组织机构代码，分别与其他年份数据样本进行匹配，从而获取 2011 年工业企业名称，并剔除无法获取企业名称的数据样本，通过上述处理，2011 年可获取企业名称的数据样本共有 188718 个，占匹配前（586535 个）的 32.18%。行业代码统一调整为 2002 年版本，其中 2000 ~ 2002 年原来沿用的是 1994 年版本，2012 ~ 2013 年原来沿用的是 2011 年版本。本书采取规模以上工业企业样本，并参考安（Ahn et al.，2011）研究成果，选取企业名称中关于"进出口""经贸""贸易""科贸""外经"等关键词，在匹配后的样本中，对中间贸易商进行识别并剔除。本章重点考察企业某个特定时期对外直接投资决策对其全球价值链分工位置提升的影响效应及机制，因此，本书将在某年存在对外直接投资行为且所在年份及以后为其首次对外直接投资的企业设置为实验组，其他设置为对照组。由于数据缺失的问题，本书剔除海南省（地区代码 46）以及西藏自治区（地区代码 54）的数据样本。

关于平减处理，参考林梨奎和徐印州（2019）以及林梨奎（2019）的做法。其中，人均劳动生产率，用工业总产值除以年均就业人数计算得到，涉及的工业总产值用工业品出厂价格指数（PPI）平减；资本密集度，用总资产除以年均就业人数计算得到，涉及的总资产用固定资产投资价格指数（FPI）平减；贸易密度，用出口贸易额除以工业销售产值计算得到，涉及的出口贸易额用商品零售价格指数（RPI）平减、工业销售产值用工业品出厂价格指数（PPI）平减；融资能力，用利息支出除以总资产计算得到，涉及的利息支出用居民消费价格指数（CPI）平减、总资产用固定资产投资价格指数（FPI）平减；沉没成本，用企业固定资产净值年平均余额占总资产比重来衡量，涉及的企业固定资产净值年平均余额用固定资产投资价格指数（FPI）平减、总资产用固定资产投资价格指数（FPI）平减；新产品比率，用每年新产品产值占工业总产值比重来衡量，涉及的新产品产值用工业品出厂价格指数（PPI）平减、工业总产值用工业品出厂价格指数（PPI）平减；行业集中度，用赫芬达尔—赫希曼指数来衡量，该指数用工业销售产值计算得到，涉及的工业销售产值用工业品出厂价格指数（PPI）平减；LP 法计算涉及工业增加值、中间投入、总资产，其中，工业增加值用工业品出厂价格指数（PPI）平减，中间投入用固定资产投资价格指数（FPI）平减，总资产用固定资产投资价格指数（FPI）平减；ACF 法计算涉及工业增加值、中间投入、总资产，其中，工业增加值用工业品出厂价格指数（PPI）平减，中间投入用固定资产投资价格指数（FPI）平减，总资产用固定资产投资价格指数（FPI）平减；LP 法计算垄断势力指数涉及工资总额、工业总产值，其中，应付工资总额用居民消费价格指数（CPI）平减，工业总产值用工业品出厂价格指数（PPI）平减；产品出口规模用各省份工业品出厂价格指数进行平减。

关于极端值的处理，本书参考林梨奎和徐印州（2019）的处理方法，删除年平均就业人数少于 8 人的数据样本，删除总资产小于流动资产、总资产小于固定资产净额、累计折旧小于当期折旧、固定资产投资额为负、中间投入为负、总产值为负、新产品产值为负等明显不符合会计基本准则的数据样本，删除工业销售产值小于 2000 万元人民币的数据样本。

主要变量选择及定义如表 6 - 1 所示。剔除中间贸易商且进行缩尾处理的数据样本主要变量描述性统计分析如表 6 - 2 所示。

表 6 - 1　　　　　　　　　　　　主要变量选择及定义

变量类型	变量符号	变量名称	变量定义
被解释变量	DVAR_KT	全球价值链分工位置	KT 法估算的企业层面的出口国内增加值率
	MDVAR_KT	全球价值链分工位置较行业龙头差距	KT 法估算的企业层面的出口国内增加值率占行业龙头企业的比重
	GDVAR_KT	全球价值链分工位置绝对增长水平	KT 法估算的企业层面的出口国内增加值率绝对增长速度

续表

变量类型	变量符号	变量名称	变量定义
核心解释变量	Invest × Time	ODI 企业且处于实验期虚拟变量	存在 ODI 且处于实验期的企业取值为 1，其他为 0
中介变量	lnTFP	全要素生产率	用 ACF 法计算得到的全要素生产率的对数形式
控制变量	FC	企业融资能力	平减后的利息支出占平减后的总资产比重
	lnLP	人均劳动生产率	平减后的工业总产值除以年均就业人数
	lnCI	资本密集度	平减后的总资产除以年均就业人数
	EI	贸易密度	平减后的出口贸易额除以平减后的工业销售产值
	SC	沉没成本	平减后的企业固定资产净值年平均余额占平减后的总资产比重
	NPR	新产品产值比率	平减后的每年新产品产值占平减后的工业总产值比重
	HHI	行业集中度	赫芬达尔—赫希曼指数，用平减后的工业销售产值计算得到
	MI_LP	行业话语权	用 LP 法计算得到的垄断势力指数的对数形式
	lnL	企业规模	年均就业人数的对数形式
	lnAGE	企业年龄	企业存续年限的对数形式
	lnRV	产品出口规模	平减后的企业层面出口额的对数形式
	PD	出口产品种类多元化	企业出口产品种类数量

表 6－2　　　　　　　　　**主要变量描述性统计分析**

变量符号	样本量	均值	标准差	最小值	最大值
DVAR_KT	1064529	0.9433	0.0459	0.7380	1.0000
MDVAR_KT	1064529	0.9434	0.0459	0.7380	1.0000
GDAVAR_KT	642279	0.0089	0.0525	−0.1139	0.2623
Invest × Time	1064571	0.4132	0.4924	0.0000	1.0000
lnTFP	958659	−0.8671	2.3088	−6.8140	3.7805
FC	1062065	0.0059	0.0149	−0.0129	0.0586

变量符号	样本量	均值	标准差	最小值	最大值
lnLP	958691	2.8492	1.8499	−2.9823	6.0586
lnCI	990668	5.3030	1.0279	3.1620	7.1213
EI	1028959	0.1629	0.2706	0.0000	1.0953
SC	575982	0.3219	0.1909	0.0222	0.6715
NPR	725575	0.0352	0.0834	0.0000	0.6363
HHI	1064571	0.0008	0.0018	0.0000	0.0104
MI_LP	881254	169.3203	225.0051	0.6296	541.1385
lnL	990700	7.7018	2.3004	3.8067	10.1935
lnAGE	1062180	2.0493	0.7649	0.6931	3.3322
lnRV	1064529	6.3137	3.5560	0.4248	12.4933
PD	1064571	6.9976	26.4661	1.0000	3703.0000

注：剔除中间贸易商且进行缩尾处理的数据样本。

6.4　实证结果及分析

6.4.1　平行趋势检验

本书参照贝克等（2010）的研究成果，在控制个体固定效应、时间固定效应的基础上进行平行趋势检验。本书选取企业出口国内增加值率作为衡量全球价值链分工位置的变量。如图6-3所示，企业全球价值链分工位置在企业采取对外直接投资行为之前逐步趋于数值0，并在其采取对外直接投资之后，逐步远离数值0，这说明企业多期对外直接投资决策对其全球价值链分工位置提升的影响作用通过平行趋势检验。企业全球价值链分工位置占其所处行业龙头企业比重也通过平行趋势检验，两者的增速变量未通过平行趋势检验（见图5-1），这说明企业多期对外直接投资行为仅影响其全球价值链分工位置的存量增减变化，本书将构建如式（6-32）所示的多期双重差分模型对此进行进一步检验。

此外，如图6-4所示，对各特征变量密度函数分布进行比较可以发现，存在对外直接投资行为企业与没有对外直接投资行为的企业之间的差异还比

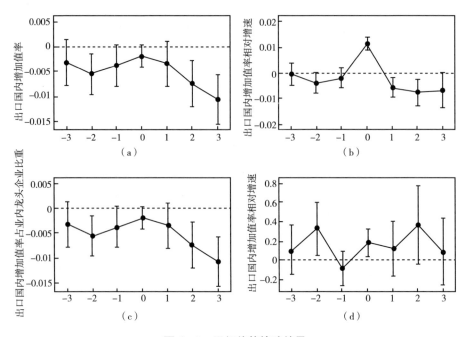

图 6 - 3　平行趋势检验结果

注：首次对外投资年份（0 表示首次对外投资当年）。

较明显，在接下来的回归分析中将把这些变量作为控制变量，参与回归估计。考虑到互为因果关系的可能存在的内生性问题，对这些控制变量均进行滞后一期处理。

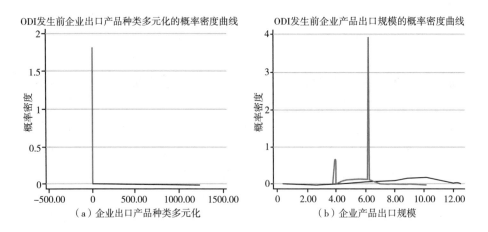

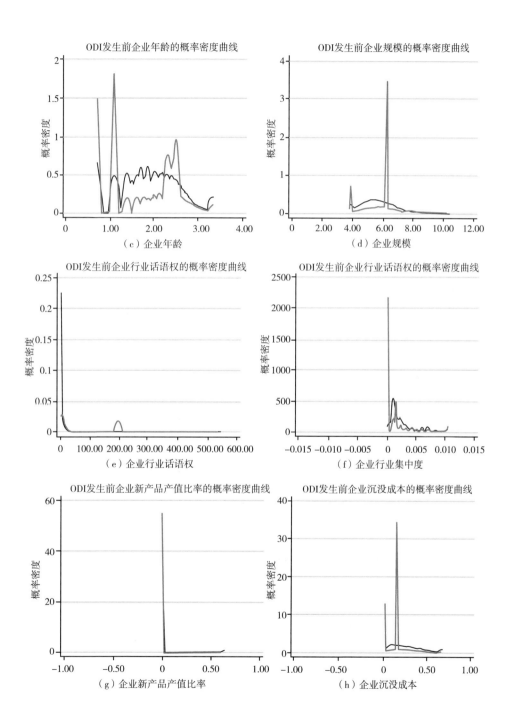

（c）企业年龄

（d）企业规模

（e）企业行业话语权

（f）企业行业集中度

（g）企业新产品产值比率

（h）企业沉没成本

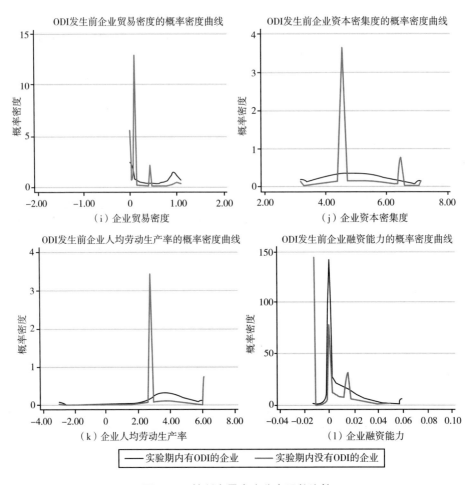

图 6 - 4 控制变量密度分布函数比较

6.4.2 基准回归及稳健性检验

基准回归结果如表 6 - 3 所示。模型（1）被解释变量为使用 KT 法估算得到的出口国内增加值率 DVAR_KT，使用最小二乘虚拟变量法进行面板回归，控制行业固定效应、省份固定效应，没有控制国际金融危机事件影响，控制变量均滞后一期，年份区间为 2000 ~ 2013 年；模型（2）被解释变量为使用 KT 法估算得到的出口国内增加值率 DVAR_KT，使用最小二乘虚拟变量法进行面板回归，控制行业固定效应、省份固定效应以及国际金融危机事件影响，控制变量均滞后一期，年份区间为 2008～2013 年；模型（3）被解释变量为使用 KT 法估算得到的出口国内增加值率 DVAR_KT，使用最小二乘虚拟变量法进行面板回归，控制行业固定效应、省份固定效应以及国际金融危机事件影响，控制变量均滞后一期，年份区间为 2000～2013 年；模型（4）被解释变量为使用 KT 法估算得到的出口国内增加值率占行业内龙头企业比重 MDVAR_KT，使用最小二乘虚拟变量法进行面板回归，控制行业固定效应、省份固定效应，没有控制国际金融危机事件影响，控制变量均滞后一期，年份区间为 2000～2013 年；模型（5）被解释变量为使用 KT 法估算得到的出口国内增加值率占行业内龙头企业比重 MDVAR_KT，使用最小二乘虚拟变量法进行面板回归，控制行业固定效应、省份固定效应和国际金融危机事件影响，控制变量均滞后一期，年份区间为 2000～2013 年；模型（6）被解释变量为使用 KT 法估算得到的出口国内增加值率的绝对增速水平 GDVAR_KT，使用最小二乘虚拟变量法进行面板回归，控制行业固定效应、省份固定效应，没有控制国际金融危机事件影响，控制变量均滞后一期，年份区间为 2000～2013 年；模型（7）被解释变量为使用 KT 法估算得到的出口国内增加值率的绝对增速水平 GDVAR_KT，使用最小二乘虚拟变量法进行面板回归，控制行业固定效应、省份固定效应和国际金融危机事件影响，控制变量均滞后一期，年份区间为 2000～2013 年。

表 6 - 3　　　　　　　　　　　　基准回归及稳健性检验结果

解释变量	DVAR_KT (1)	DVAR_KT (2)	DVAR_KT (3)	MDVAR_KT (4)	MDVAR_KT (5)	GDVAR_KT (6)	GDVAR_KT (7)
Invest × Time	0.0053 *** (0.0013)	0.0043 * (0.0026)	0.0049 *** (0.0013)	0.0054 *** (0.0013)	0.0050 *** (0.0013)	0.0024 (0.0015)	0.0018 (0.0015)
FC (t−1)	0.0953 *** (0.0109)	− 0.1138 *** (0.0310)	0.0860 *** (0.0109)	0.0956 *** (0.0109)	0.0864 *** (0.0109)	0.0313 ** (0.0129)	0.0179 (0.0129)
lnLP (t−1)	− 0.0011 *** (0.0002)	0.0034 (0.0023)	− 0.0016 *** (0.0002)	− 0.0011 *** (0.0002)	− 0.0016 *** (0.0002)	0.0011 *** (0.0003)	0.0003 (0.0003)
lnCI (t−1)	− 0.0024 *** (0.0004)	− 0.0089 *** (0.0018)	− 0.0033 *** (0.0004)	− 0.0024 *** (0.0004)	− 0.0034 *** (0.0004)	0.0018 *** (0.0005)	0.0004 (0.0005)
EI (t−1)	− 0.0032 *** (0.0005)	0.0033 *** (0.0010)	− 0.0037 *** (0.0005)	− 0.0031 *** (0.0005)	− 0.0036 *** (0.0005)	− 0.0026 *** (0.0006)	− 0.0033 *** (0.0006)

解释变量	DVAR_KT (1)	DVAR_KT (2)	DVAR_KT (3)	MDVAR_KT (4)	MDVAR_KT (5)	GDVAR_KT (6)	GDVAR_KT (7)
SC (t−1)	−0.0054 *** (0.0014)	−0.0291 (0.0344)	−0.0048 *** (0.0014)	−0.0054 *** (0.0014)	−0.0049 *** (0.0014)	−0.0046 *** (0.0017)	−0.0039 ** (0.0017)
NPR (t−1)	−0.0015 (0.0013)	−0.0065 ** (0.0027)	−0.0019 (0.0013)	−0.0014 (0.0013)	−0.0018 (0.0013)	0.0021 (0.0017)	0.0014 (0.0017)
HHI (t−1)	−0.6645 *** (0.1077)	−0.8062 *** (0.1877)	−0.4446 *** (0.1069)	−0.6435 *** (0.1077)	−0.4234 *** (0.1068)	−1.5494 *** (0.1360)	−1.2286 *** (0.1311)
MI_LP (t−1)	0.0000 *** (0.0000)	0.0000 * (0.0000)	0.0001 *** (0.0000)	0.0001 *** (0.0000)	0.0001 *** (0.0000)	0.0000 *** (0.0000)	0.0000 *** (0.0000)
lnL (t−1)	−0.0019 *** (0.0005)	−0.0060 * (0.0034)	−0.0031 *** (0.0005)	−0.0020 *** (0.0005)	−0.0031 *** (0.0005)	0.0026 *** (0.0006)	0.0010 * (0.0006)
lnAGE (t−1)	0.0028 *** (0.0004)	0.0333 (0.0266)	0.0009 ** (0.0004)	0.0028 *** (0.0004)	0.0009 ** (0.0004)	0.0052 *** (0.0005)	0.0023 *** (0.0005)
lnRV (t−1)	0.0002 ** (0.0001)	−0.0002 (0.0002)	0.0004 *** (0.0001)	0.0002 ** (0.0001)	0.0004 *** (0.0001)	0.0004 *** (0.0001)	0.0007 *** (0.0001)
PD (t−1)	0.0000 * (0.0000)	0.0000 (0.0000)	0.0000 (0.0000)	0.0000 * (0.0000)	0.0000 (0.0000)	0.0000 * (0.0000)	0.0000 (0.0000)
国际金融危机虚拟变量	否	是	是	否	是	否	是
行业效应	是	是	是	是	是	是	是
地区效应	是	是	是	是	是	是	是
常数项	是	是	是	是	是	是	是
组内 R^2	0.0442	0.0058	0.0490	0.0458	0.0505	0.0082	0.0129
样本数	112979	73400	112979	112979	112979	112979	112979

注：括号内为稳健性标准误，*** 、** 、* 分别表示1%、5%和10%的显著性水平。

回归结果发现，企业多期对外直接投资决策显著促进其全球价值链分工位置提升，不考虑国际金融危机事件虚拟变量以及假设年份区间为2008～2013年的稳健性检验回归结果基本一致，采用企业全球价值链分工位置占行业龙头企业比重作为替代变量作进一步的稳健性检验，结果依然稳健，但这种影响作用对其增速水平在统计意义上并不存在，这与平行趋势检验结果基本一致。接下来，本章延续上一章提出的传导机制，尝试检验生产工艺提升、产品功能提升、市场地位提升以及国外市场扩张等方面对企业多期对外直接投资影响其全球价值链分工位置提升的调节效应。

6.4.3 异质性检验

1. 按所有制分类分组检验

按所有制将所有样本分为中央企业、地方国有企业、私营企业和外资企业进行分组检验。得到的结果如表 6 - 4 所示。模型（1）使用中央企业样本，被解释变量为使用 KT 法估算得到的出口国内增加值率 DVAR_KT，使用最小二乘虚拟变量法进行面板回归，控制行业固定效应、省份固定效应，没有控制国际金融危机事件影响，控制变量滞后一期；模型（2）使用中央企业样本，被解释变量为使用 KT 法估算得到的出口国内增加值率 DVAR_KT，使用最小二乘虚拟变量法进行面板回归，控制行业固定效应、省份固定效应以及国际金融危机事件影响，控制变量滞后一期；模型（3）使用地方国有企业样本，被解释变量为使用 KT 法估算得到的出口国内增加值率 DVAR_KT，使用最小二乘虚拟变量法进行面板回归，控制行业固定效应、省份固定效应，没有控制国际金融危机事件影响，控制变量滞后一期；模型（4）使用地方国有企业样本，被解释变量为使用 KT 法估算得到的出口国内增加值率 DVAR_KT，使用最小二乘虚拟变量法进行面板回归，控制行业固定效应、省份固定效应以及国际金融危机事件影响，控制变量滞后一期；模型（5）使用私营企业样本，被解释变量为使用 KT 法估算得到的出口国内增加值率 DVAR_KT，使用最小二乘虚拟变量法进行面板回归，控制行业固定效应、省份固定效应，没有控制国际金融危机事件影响，控制变量滞后一期；模型（6）使用私营企业样本，被解释变量为使用 KT 法估算得到的出口国内增加值率 DVAR_KT，使用最小二乘虚拟变量法进行面板回归，控制行业固定效应、省份固定效应以及国际金融危机事件影响，控制变量滞后一期；模型（7）使用外资企业样本，被解释变量为使用 KT 法估算得到的出口国内增加值率 DVAR_KT，使用最小二乘虚拟变量法进行面板回归，控制行业固定效应、省份固定效应，没有控制国际金融危机事件影响，控制变量滞后一期；模型（8）使用外资企业样本，被解释变量为使用 KT 法估算得到的出口国内增加值率 DVAR_KT，使用最小二乘虚拟变量法进行面板回归，控制行业固定效应、省份固定效应以及国际金融危机事件影响，控制变量滞后一期。

表6-4　　　　　　　分组异质性检验结果（按企业所有制类型分类）

解释变量	中央企业		地方国有企业		私营企业		外资企业	
	DVAR_KT (1)	DVAR_KT (2)	DVAR_KT (3)	DVAR_KT (4)	DVAR_KT (5)	DVAR_KT (6)	DVAR_KT (7)	DVAR_KT (8)
Invest × Time	0.0259 * (0.0150)	0.0268 * (0.0144)	-0.0027 (0.0034)	-0.0030 (0.0034)	0.0061 *** (0.0013)	0.0058 *** (0.0013)	0.0032 (0.0024)	0.0031 (0.0024)
控制变量	是	是	是	是	是	是	是	是
国际金融危机虚拟变量	否	是	否	是	否	是	否	是
行业效应	是	是	是	是	是	是	是	是
地区效应	是	是	是	是	是	是	是	是
常数项	是	是	是	是	是	是	是	是
组内 R^2	0.0370	0.0449	0.0154	0.0162	0.0484	0.0585	0.0251	0.0257
样本数	1170	1170	8986	8986	36282	36282	36108	36108

注：括号内为稳健性标准误，*** 、** 、* 分别表示1%、5%和10%的显著性水平。

回归结果发现，企业多期对外直接投资行为对其全球价值链分工位置提升的影响效应主要体现在私营企业以及中央企业，其中中央企业较私营企业更为强烈。

2. 按企业规模大小分组检验

本书将所有样本按各企业平均就业人数由少到多排列，并按分位数分成小规模、中规模和大规模三组样本分别进行回归检验。回归结果如表6-5所示。其中模型（1）和模型（2）对控制变量取滞后一期项后样本量严重减少，这可能是因为数据样本是一个非平衡面板数据。模型（1）使用大规模企业样本，被解释变量为使用 KT 法估算得到的出口国内增加值率 DVAR_KT，使用最小二乘虚拟变量法进行面板回归，控制行业固定效应、省份固定效应，没有控制国际金融危机事件影响，控制变量滞后一期；模型（2）使用大规模企业样本，被解释变量为使用 KT 法估算得到的出口国内增加值率 DVAR_KT，使用最小二乘虚拟变量法进行面板回归，控制行业固定效应、省份固定效应以及国际金融危机事件影响，控制变量滞后一期；模型（3）使用中规模企业样本，被解释变量为使用 KT 法估算得到的出口国内增加值率 DVAR_KT，使用最小二乘虚拟变量法进行面板回归，控制行业固定效应、省份固定效应，没有控制国际金融危机事件影响，控制变量滞后一期；模型（4）使用中规模企业样本，被解释变量为使用 KT 法估算得到的出口国内增加值率 DVAR_KT，使用最小二乘虚拟变量法进行面板回归，控制行业固定效应、省份固定效应以及国际金融危机事件影响，控制变量滞后一期；模型（5）使用小规模企业样本，被解释变量为使用 KT 法估算得到的出口国内增加值率 DVAR_KT，使用最小二乘虚拟变量法进行面板回归，控制行业固定效应、省份固定效应，没有控制国际金融危机事件影响，控制变量滞后一期；模型（6）使用小规模企业样本，被解释变量为使用 KT 法估算得到的出口国内增加值率 DVAR_KT，使用最小二乘虚拟变量法进行面板回归，控制行业固定效应、省份固定效应以及国际金融危机事件影响，控制变量滞后一期。回归结果发现，企业多期对外直接投资对其全球价值链分工位置的影响作用均不显著，这可能是因为其影响作用在统计意义上不受企业规模因素的影响。

表 6-5　　　　　分组异质性检验结果（按企业规模大小分类）

解释变量	大规模企业		中规模企业		小规模企业	
	DVAR_KT (1)	DVAR_KT (2)	DVAR_KT (3)	DVAR_KT (4)	DVAR_KT (5)	DVAR_KT (6)
Invest × Time	0.0547 (0.0607)	0.0562 (0.0619)	0.0013 (0.0023)	0.0003 (0.0023)	0.0029* (0.0018)	0.0016 (0.0018)
控制变量	是	是	是	是	是	是
国际金融危机虚拟变量	否	是	否	是	否	是
行业效应	是	是	是	是	是	是
地区效应	是	是	是	是	是	是
常数项	是	是	是	是	是	是
组内 R^2	0.2916	0.2927	0.0001	0.0005	0.0003	0.0025
样本数	68	68	29663	29663	69117	69117

注：括号内为稳健性标准误，*** 、** 、* 分别表示1%、5% 和10% 的显著性水平。

3. 按行业要素密集类型分组检验

根据各行业要素依赖程度不同，将所有样本划分为劳动密集型行业、资本密集型行业和资本及技术密集型行业。回归结果如表 6-6 所示。模型（1）使用劳动密集型企业样本，被解释变量为使用 KT 法估算得到的出口国内增加值率 DVAR_KT，使用最小二乘虚拟变量法进行面板回归，控制行业固定效应、省份固定效应，没有控制国际金融危机事件影响，控制变量滞后一期；模型（2）使用劳动密集型企业样本，被解释变量为使用 KT 法估算得到的出口国内增加值率 DVAR_KT，使用最小二乘虚拟变量法进行面板回归，控制行业固定效应、省份固定效应以及国际金融危机事件影响，控制变量滞后一期；模型（3）使用资本密集型企业样本，被解释变量为使用 KT 法估算得到的出口国内增加值率 DVAR_KT，使用最小二乘虚拟变量法进行面板回归，控制行业固定效应、省份固定效应，没有控制国际金融危机事件影响，控制变量滞后一期；模型（4）使用资本密集型企业样本，被解释变量为使用 KT 法估算得到的出口国内增加值率 DVAR_KT，使用最小二乘虚拟变量法进行面板回归，控制行业固定效应、省份固定效应以及国际金融危机事件影响，控制变量滞后一期；模型（5）使用资本及技术密集型企业样本，被解释变量为使用 KT 法估算得到的出口国内增加值率 DVAR_KT，使用最小二乘虚拟变量法进行面板回归，控制行业固定效应、省份固定效应，没有控制国际金融危机事件影响，控制变量滞后一期；模型（6）使用资本及技术密集型企业样本，被解释变量为使用 KT 法估算得到的出口国内增加值率 DVAR_KT，使用最小二乘虚拟变量法进行面板回归，控制行业固定效应、省份固定效应以及国际金融危机事件影响，控制变量滞后一期。

表 6-6　　　　　　　分组异质性检验结果（按要素密集类型分类）

解释变量	劳动密集型		资本密集型		资本及技术密集型	
	DVAR_KT（1）	DVAR_KT（2）	DVAR_KT（3）	DVAR_KT（4）	DVAR_KT（5）	DVAR_KT（6）
Invest × Time	0.0040 *** (0.0011)	0.0033 *** (0.0011)	0.0033 (0.0025)	0.0025 (0.0025)	0.0049 *** (0.0017)	0.0048 *** (0.0017)
控制变量	是	是	是	是	是	是
国际金融危机事件	否	是	否	是	否	是

解释变量	劳动密集型		资本密集型		资本及技术密集型	
	DVAR_KT (1)	DVAR_KT (2)	DVAR_KT (3)	DVAR_KT (4)	DVAR_KT (5)	DVAR_KT (6)
行业效应	是	是	是	是	是	是
地区效应	是	是	是	是	是	是
常数项	是	是	是	是	是	是
组内 R^2	0.0289	0.0379	0.0353	0.0442	0.0221	0.0231
样本数	33817	33817	31805	31805	47177	47177

注：括号内为稳健性标准误，***、**、*分别表示 1%、5% 和 10% 的显著性水平。

回归结果发现，企业多期对外直接投资行为对其全球价值链分工位置提升的促进作用主要体现在劳动密集型企业和资本及技术密集型企业，其中资本及技术密集型企业表现得更为强烈。

4. 按地区分布分组检验

根据商务部、国家统计局以及国家外汇管理局联合公布的《2018 年度中国对外直接投资统计公报》中的区域划分标准，将所有样本分为东部地区、中部地区、西部地区和东北三省，并分别进行回归分析。回归结果如表 6-7 所示。模型（1）使用东部地区企业样本，被解释变量为使用 KT 法估算得到的出口国内增加值率 DVAR_KT，使用最小二乘虚拟变量法进行面板回归，控制行业固定效应、省份固定效应，没有控制国际金融危机事件影响，控制变量滞后一期；模型（2）使用东部地区企业样本，被解释变量为使用 KT 法估算得到的出口国内增加值率 DVAR_KT，使用最小二乘虚拟变量法进行面板回归，控制行业固定效应、省份固定效应以及国际金融危机事件影响，控制变量滞后一期；模型（3）使用中部地区企业样本，被解释变量为使用 KT 法估算得到的出口国内增加值率 DVAR_KT，使用最小二乘虚拟变量法进行面板回归，控制行业固定效应、省份固定效应，没有控制国际金融危机事件影响，控制变量滞后·期；模型（4）使用中部地区企业样本，被解释变量为使用 KT 法估算得到的出口国内增加值率 DVAR_KT，使用最小二乘虚拟变量法进行面板回归，控制行业固定效应、省份固定效应以及国际金融危机事件影响，控制变量滞后一期；模型（5）使用西部地区企业样本，被解释变量为使用 KT 法估算得到的出口国内增加值率 DVAR_KT，使用最小二乘虚拟变量法进行面板回归，控制行业固定效应、省份固定效应，没有控制国际金融危机事件影响，控制变量滞后一期；模型（6）使用西部地区企业样本，被解释变量为使用 KT 法估算得到的出口国内增加值率 DVAR_KT，使用最小二乘虚拟变量法进行面板回归，控制行业固定效应、省份固定效应以及国际金融危机事件影响，控制变量滞后一期；模型（7）使用东北三省企业样本，被解释变量为使用 KT 法估算得到的出口国内增加值率 DVAR_KT，使用最小二乘虚拟变量法进行面板回归，控制行业固定效应、省份固定效应，没有控制国际金融危机事件影响，控制变量滞后一期；模型（8）使用东北三省企业样本，被解释变量为使用 KT 法估算得到的出口国内增加值率 DVAR_KT，使用最小二乘虚拟变量法进行面板回归，控制行业固定效应、省份固定效应以及国际金融危机事件影响，控制变量滞后一期。

表 6 – 7　　　　　　　　分组异质性检验结果（按要素密集类型分类）

解释变量	东部地区		中部地区		西部地区		东北三省	
	DVAR_KT (1)	DVAR_KT (2)	DVAR_KT (3)	DVAR_KT (4)	DVAR_KT (5)	DVAR_KT (6)	DVAR_KT (7)	DVAR_KT (8)
Invest × Time	0.0057 *** (0.0011)	0.0053 *** (0.0011)	0.0052 (0.0035)	0.0052 (0.0035)	0.0012 (0.0060)	– 0.0006 (0.0059)	– 0.0008 (0.0044)	– 0.0011 (0.0044)
控制变量	是	是	是	是	是	是	是	是
国际金融危机虚拟变量	否	是	否	是	否	是	否	是
行业效应	是	是	是	是	是	是	是	是
地区效应	是	是	是	是	是	是	是	是
常数项	是	是	是	是	是	是	是	是
组内 R^2	0.0169	0.0193	0.0204	0.0207	0.0013	0.0070	0.0380	0.0399
样本数	99173	99173	5055	5055	3639	3639	5112	5112

注：括号内为稳健性标准误，*** 、** 、* 分别表示1%、5%和10%的显著性水平。

回归结果发现，企业多期对外直接投资对其全球价值链分工位置提升的影响作用主要体现在东部地区的企业。

5. 按天生国际化性质分组检验

天生国际化指的是在成立 3 年内开展国际投资活动的企业（Cannone &

Ughetto，2014；Nummela et al.，2014；Gerschewski et al.，2015）。本书据此设置天生国际化企业分组。回归结果如表 6-8 所示。模型（1）使用天生国际化企业样本，被解释变量为使用 KT 法估算得到的出口国内增加值率 DVAR_KT，使用最小二乘虚拟变量法进行面板回归，控制行业固定效应、省份固定效应，没有控制国际金融危机事件影响，控制变量滞后一期；模型（2）使用天生国际化企业样本，被解释变量为使用 KT 法估算得到的出口国内增加值率 DVAR_KT，使用最小二乘虚拟变量法进行面板回归，控制行业固定效应、省份固定效应以及国际金融危机事件影响，控制变量滞后一期；模型（3）使用非天生国际化企业样本，被解释变量为使用 KT 法估算得到的出口国内增加值率 DVAR_KT，使用最小二乘虚拟变量法进行面板回归，控制行业固定效应、省份固定效应，没有控制国际金融危机事件影响，控制变量滞后一期；模型（4）使用非天生国际化企业样本，被解释变量为使用 KT 法估算得到的出口国内增加值率 DVAR_KT，使用最小二乘虚拟变量法进行面板回归，控制行业固定效应、省份固定效应以及国际金融危机事件影响，控制变量滞后一期。

表 6-8　　　　　　　　分组异质性检验结果（按天生国际化类型分类）

解释变量	天生国际化		非天生国际化	
	DVAR_KT（1）	DVAR_KT（2）	DVAR_KT（3）	DVAR_KT（4）
Invest × Time	0.0077（0.0082）	0.0064（0.0083）	0.0054***（0.0011）	0.0051***（0.0011）
控制变量	是	是	是	是
国际金融危机虚拟变量	否	是	否	是
行业效应	是	是	是	是
地区效应	是	是	是	是
常数项	是	是	是	是
组内 R^2	0.3328	0.3500	0.0162	0.0186
样本数	224	224	112755	112755

注：括号内为稳健性标准误，***、**、*分别表示1%、5%和10%的显著性水平。

回归结果发现，企业多期对外直接投资对其全球价值链分工位置提升的影响作用主要体现在非天生国际化企业。

6.4.4　调节效应检验

1. 生产工艺提升的调节效应

引入企业人均劳动生产率变量 lnLP 滞后一期与处理效应变量 Invest × Time 的交乘项，捕捉企业生产工艺提升对企业多期对外直接投资决策影响全球价值链分工位置作用效应的调节效应。回归结果如表 6 – 9 所示。其中，模型（1）被解释变量为使用 KT 法估算得到的出口国内增加值率 DVAR_KT，使用最小二乘虚拟变量法进行面板回归，控制行业固定效应、省份固定效应，没有控制国际金融危机事件影响，企业人均劳动生产率变量 lnLP 以及其他控制变量均滞后一期；模型（2）被解释变量为使用 KT 法估算得到的出口国内增加值率 DVAR_KT，使用最小二乘虚拟变量法进行面板回归，控制行业固定效应、省份固定效应以及国际金融危机事件影响，企业人均劳动生产率变量 lnLP 以及其他控制变量均滞后一期。回归结果发现，生产工艺提升的调节效应在统计意义上不显著。

表 6 – 9　　　　　　　生产工艺提升调节效应的基准回归结果

解释变量	DVAR_KT （1）	DVAR_KT （2）
Invest × Time	0.0041 (0.0032)	0.0044 (0.0032)
lnLP	− 0.0018 *** (0.0002)	− 0.0022 *** (0.0002)
lnLP × Invest × Time	0.0003 (0.0008)	0.0001 (0.0008)
控制变量	是	是
国际金融危机虚拟变量	否	是
行业效应	是	是
地区效应	是	是
常数项	是	是
组内 R^2	0.0163	0.0186
样本数	112979	112979

注：括号内为稳健性标准误，*** 、** 、*分别表示1%、5%和10%的显著性水平。

2. 产品功能提升的调节效应

引入企业新产品产值比率 NPR 滞后一期与处理效应变量 Invest × Time 的交乘项，捕捉企业产品功能提升对企业多期对外直接投资决策影响全球价值链分工位置作用效应的调节效应。回归结果如表 6 - 10 所示。其中，模型（1）被解释变量为使用 KT 法估算得到的出口国内增加值率 DVAR_KT，使用最小二乘虚拟变量法进行面板回归，控制行业固定效应、省份固定效应，没有控制国际金融危机事件影响，企业新产品产值比率 NPR 以及其他控制变量均滞后一期；模型（2）被解释变量为使用 KT 法估算得到的出口国内增加值率 DVAR_KT，使用最小二乘虚拟变量法进行面板回归，控制行业固定效应、省份固定效应以及国际金融危机事件影响，企业新产品产值比率 NPR 以及其他控制变量均滞后一期。回归结果发现，产品功能提升的调节效应在统计意义上不显著。

表 6 - 10　　　　　产品功能提升调节效应的基准回归结果

解释变量	DVAR_KT (1)	DVAR_KT (2)
Invest × Time	0.0058 *** (0.0010)	0.0055 *** (0.0010)
NPR	− 0.0014 (0.0011)	− 0.0017 (0.0011)
NPR × Invest × Time	− 0.0055 (0.0058)	− 0.0064 (0.0058)
控制变量	是	是
国际金融危机虚拟变量	否	是
行业效应	是	是
地区效应	是	是
常数项	是	是
组内 R^2	0.0163	0.0187
样本数	112979	112979

注：括号内为稳健性标准误，*** 、** 、*分别表示1%、5%和10%的显著性水平。

3. 市场地位提升的调节效应

引入企业行业话语权 MI_LP 滞后一期与处理效应变量 Invest × Time 的交乘项，捕捉企业市场地位提升对企业多期对外直接投资决策影响全球价值链分工位置作用效应的调节效应。回归结果如表 6 – 11 所示。其中，模型（1）被解释变量为使用 KT 法估算得到的出口国内增加值率 DVAR_KT，使用最小二乘虚拟变量法进行面板回归，控制行业固定效应、省份固定效应，没有控制国际金融危机事件影响，企业行业话语权 MI_LP 以及其他控制变量滞后一期；模型（2）被解释变量为使用 KT 法估算得到的出口国内增加值率 DVAR_KT，使用最小二乘虚拟变量法进行面板回归，控制行业固定效应、省份固定效应以及国际金融危机事件影响，企业行业话语权 MI_LP 以及其他控制变量滞后一期。回归结果发现，市场地位提升的调节效应在统计意义上不显著。

表 6 – 11　　　　　　市场地位提升调节效应的基准回归结果

解释变量	DVAR_KT （1）	DVAR_KT （2）
Invest × Time	0. 0060 *** （0. 0012）	0. 0054 *** （0. 0012）
MI_LP	0. 0001 *** （0. 0000）	0. 0001 *** （0. 0000）
MI_LP × Invest × Time	− 0. 0000 （0. 0000）	− 0. 0000 （0. 0000）
控制变量	是	是
国际金融危机虚拟变量	否	是
行业效应	是	是
地区效应	是	是
常数项	是	是
组内 R^2	0. 0163	0. 0187
样本数	112979	112979

注：括号内为稳健性标准误，*** 、** 、* 分别表示 1%、5% 和 10% 的显著性水平。

4. 国外市场扩张的调节效应

引入企业出口规模 lnRV 滞后一期与处理效应变量 Invest × Time 的交乘

项，捕捉企业国外市场扩张对企业多期对外直接投资决策影响全球价值链分工位置作用效应的调节效应。回归结果如表 6 - 12 所示。其中，模型（1）被解释变量为使用 KT 法估算得到的出口国内增加值率 DVAR_KT，使用最小二乘虚拟变量法进行面板回归，控制行业固定效应、省份固定效应，没有控制国际金融危机事件影响，企业出口规模 lnRV 及其他控制变量均滞后一期；模型（2）被解释变量为使用 KT 法估算得到的出口国内增加值率 DVAR_KT，使用最小二乘虚拟变量法进行面板回归，控制行业固定效应、省份固定效应以及国际金融危机事件影响，企业出口规模 lnRV 及其他控制变量均滞后一期。回归结果发现，国外市场扩张的调节效应在统计意义上不显著。

表 6 - 12   **国外市场扩张调节效应的基准回归结果**

解释变量	DVAR_KT （1）	DVAR_KT （2）
Invest × Time	0.0049 （0.0050）	0.0050 （0.0050）
lnRV	0.0007 *** （0.0001）	0.0009 *** （0.0001）
lnRV × Invest × Time	0.0000 （0.0005）	− 0.0000 （0.0005）
控制变量	是	是
国际金融危机时间虚拟变量	否	是
行业效应	是	是
地区效应	是	是
常数项	是	是
组内 R^2	0.0163	0.0186
样本数	112979	112979

注：括号内为稳健性标准误，*** 、** 、* 分别表示 1%、5% 和 10% 的显著性水平。

    上述调节效应均不显著，因此本书下一步将引入中介效应，从另外角度检验企业多期对外直接投资影响其全球价值链分工位置提升的内在传导机制。根据上述讨论，企业对外直接投资行为显著影响其全要素生产率变化，且企业全要素生产率是企业全球价值链分工位置衡量指标的重要组成部分，所以本书选取企业全要素生产率作为中介变量。

6.5 中介效应分析

6.5.1 基准回归结果

本书依据中介模型采用三步法对全要素生产率的中介效应进行回归检验。基准回归结果如表6-13所示。其中，模型（1）对应式（6-29），被解释变量为KT法估算得到的出口国内增加值率DVAR_KT，使用最小二乘虚拟变量法进行面板回归，核心解释变量为处理变量Invest×Time，控制行业固定效应、省份固定效应以及国际金融危机事件影响，控制变量均滞后一期；模型（2）对应式（6-30），被解释变量为ACF法估算得到的全要素生产率对数形式lnTFP，使用最小二乘虚拟变量法进行面板回归，核心解释变量为处理变量Invest×Time，控制行业固定效应、省份固定效应以及国际金融危机事件影响，控制变量均滞后一期；模型（3）对应式（6-31），被解释变量为KT法估算得到的出口国内增加值率DVAR_KT，使用最小二乘虚拟变量法进行面板回归，核心解释变量为处理变量Invest×Time以及ACF法估算得到的全要素生产率对数形式lnTFP，控制行业固定效应、省份固定效应以及国际金融危机事件影响，控制变量均滞后一期；模型（4）对应式（6-32），被解释变量为KT法估算得到的出口国内增加值率DVAR_KT，使用最小二乘虚拟变量法进行面板回归，核心解释变量为处理变量Invest×Time以及ACF法估算得到的全要素生产率对数形式lnTFP的滞后一期项，控制行业固定效应、省份固定效应以及国际金融危机事件影响，控制变量均滞后一期。因为人均劳动生产率水平lnLP和全要素生产率均为衡量企业生产效率的重要指标，且行业话语权变量MI_LP是在要素报酬的基础上测算得到，因此，考虑到控制变量与中介变量之间可能存在的多重共线性而可能导致的内生性问题，本次中介效应检验均不将人均劳动生产率水平lnLP以及行业话语权MI_LP纳入控制变量中。

回归结果发现，企业全要素生产率中介效应主要体现在下一期，且显著为负，也就是说，企业在上一期对外直接投资行为将显著提升其全要素生产率，且上一期全要素生产率将扩大当期对国外要素市场的依赖程度，最终对全球价值链分工位置提升产生抑制效应，其中介效应强度绝对值为0.0003。

表 6 – 13　　　　　　　　　　中介效应的基准回归结果

解释变量	DVAR_KT (1)	lnTFP (2)	DVAR_KT (3)	DVAR_KT (4)
Invest × Time	0.0078 *** (0.0013)	0.1112 ** (0.0557)	0.0003 (0.0018)	0.0075 *** (0.0013)
lnTFP			− 0.0002 (0.0001)	
lnTFP (t − 1)				− 0.0027 *** (0.0002)
FC (t − 1)	0.1676 *** (0.0107)	0.2355 (0.5170)	0.0515 *** (0.0129)	0.1558 *** (0.0108)
lnCI (t − 1)	− 0.0065 *** (0.0004)	0.1399 *** (0.0148)	− 0.0009 ** (0.0004)	− 0.0051 *** (0.0004)
EI (t − 1)	− 0.0076 *** (0.0005)	− 0.0931 *** (0.0222)	− 0.0002 (0.0007)	− 0.0066 *** (0.0014)
SC (t − 1)	− 0.0097 *** (0.0014)	− 0.0179 (0.0455)	− 0.0012 (0.0014)	− 0.0088 *** (0.0014)
NPR (t − 1)	− 0.0045 *** (0.0013)	0.1774 *** (0.0397)	0.0023 (0.0015)	− 0.0041 *** (0.0013)
HHI (t − 1)	− 0.0597 (0.1048)	− 7.2145 ** (3.5650)	− 0.0286 (0.1457)	− 0.1581 (0.1060)
lnL (t − 1)	− 0.0023 *** (0.0005)	− 0.1362 *** (0.0170)	− 0.0006 (0.0005)	− 0.0043 *** (0.0005)
lnAGE (t − 1)	0.0024 *** (0.0004)	0.0371 *** (0.0128)	− 0.0025 *** (0.0004)	0.0025 *** (0.0004)
lnRV (t − 1)	0.0005 *** (0.0001)	0.0441 *** (0.0037)	0.0003 ** (0.0001)	0.0005 *** (0.0001)
PD (t − 1)	0.0000 ** (0.0000)	− 0.0007 *** (0.0002)	− 0.0000 (0.0000)	0.0000 ** (0.0000)
国际金融危机 虚拟变量	是	是	是	是
行业效应	是	是	是	是
地区效应	是	是	是	是
常数项	是	是	是	是
组内 R^2	0.0345	0.8498	0.0120	0.0370
样本数	114095	93219	93219	113016

注：括号内为稳健性标准误，***、**、*分别表示 1%、5% 和 10% 的显著性水平。

6.5.2 稳健性检验

本书分别使用不同时间区间和替换被解释变量等方式对上述基准回归结果进行稳健性检验。回归结果如表6-14所示。其中，模型（1）~模型（4）时间区间为2002~2013年，模型（5）~模型（8）时间区间为2000~2013年。模型（1）对应式（6-29），被解释变量为 KT 法估算得到的出口国内增加值率 DVAR_KT，使用最小二乘虚拟变量法进行面板回归，核心解释变量为处理变量 Invest×Time，控制行业固定效应、省份固定效应以及国际金融危机事件影响，控制变量均滞后一期；模型（2）对应式（6-30），被解释变量为 ACF 法估算得到的全要素生产率对数形式 lnTFP，使用最小二乘虚拟变量法进行面板回归，核心解释变量为处理变量 Invest×Time，控制行业固定效应、省份固定效应以及国际金融危机事件影响，控制变量均滞后一期；模型（3）对应式（6-31），被解释变量为 KT 法估算得到的出口国内增加值率 DVAR_KT，使用最小二乘虚拟变量法进行面板回归，核心解释变量为处理变量 Invest×Time 以及 ACF 法估算得到的全要素生产率对数形式 lnTFP，控制行业固定效应、省份固定效应以及国际金融危机事件影响，控制变量均滞后一期；模型（4）对应式（6-32），被解释变量为 KT 法估算得到的出口国内增加值率 DVAR_KT，使用最小二乘虚拟变量法进行面板回归，核心解释变量为处理变量 Invest×Time 以及 ACF 法估算得到的全要素生产率对数形式 lnTFP 的滞后一期项，控制行业固定效应、省份固定效应以及国际金融危机事件影响，控制变量均滞后一期；模型（5）对应式（6-29），被解释变量为 KT 法估算得到的出口国内增加值率占行业龙头企业比重 MDVAR_KT，使用最小二乘虚拟变量法进行面板回归，核心解释变量为处理变量 Invest×Time，控制行业固定效应、省份固定效应以及国际金融危机事件影响，控制变量均滞后一期；模型（6）对应式（6-30），被解释变量为 ACF 法估算得到的全要素生产率对数形式 lnTFP，使用最小二乘虚拟变量法进行面板回归，核心解释变量为处理变量 Invest×Time，控制行业固定效应、省份固定效应以及国际金融危机事件影响，控制变量均滞后一期；模型（7）对应式（6-31），被解释变量为 KT 法估算得到的出口国内增加值率 DVAR_KT，使用最小二乘虚拟变量法进行面板回归，核心解释变量为处理变量 Invest×Time 以及 ACF 法估算得到的全要素生产率对数形式 lnTFP，控制行业固定效应、省份固定效应以及国际金融危机事件影响，控制变量均滞后一期；模型（8）对应式（6-32），被解释变量为 KT 法估算得到的出口国内增加值率 DVAR_KT，使用最小二乘虚拟变量法进行面板回归，核心解释变量为处理变量 Invest × Time 以及 ACF 法估算得到的全要素生产率对数形式 lnTFP 的滞后一期项，控制行业固定效应、省份固定效应以及国际金融危机事件影响，控制变量均滞后一期。

表6-14 中介效应的稳健性检验结果

解释变量	2002~2013 年				2000~2013 年			
	DVAR_KT (1)	lnTFP (2)	DVAR_KT (3)	DVAR_KT (4)	MDVAR_KT (5)	lnTFP (6)	DVAR_KT (7)	DVAR_KT (8)
Invest × Time	0.0077 *** (0.0013)	0.1192 ** (0.0559)	0.0001 (0.0019)	0.0074 *** (0.0013)	0.0080 *** (0.0013)	0.1112 ** (0.0557)	0.0003 (0.0018)	0.0076 *** (0.0013)
TFP_ACF			0.0000 (0.0001)				-0.0002 (0.0001)	
TFP_ACF (t-1)				-0.0024 *** (0.0002)				-0.0027 *** (0.0002)
控制变量	是	是	是	是	是	是	是	是
金融危机事件	是	是	是	是	是	是	是	是
行业效应	是	是	是	是	异	是	是	是
地区效应	是	是	是	是	是	是	是	是
常数项	是	是	是	是	是	是	是	是
组内 R^2	0.0410	0.8559	0.0132	0.0431	0.0353	0.8498	0.0124	0.0379
样本数	108226	87428	87428	107218	114095	93219	93219	113016

注：括号内为稳健性标准误，*** 、** 、* 分别表示 1% 、5% 和 10% 的显著性水平。

回归结果与基准回归结果基本一致，可以认为基准回归结果通过稳健性检验。接下来，本章将分别从所有制分类、要素密集类型分类、地区分布分类以及天生国际化特性分类进行分组异质性检验。

6.5.3 异质性检验

1. 按所有制分类分组检验

得到的结果如表 6-15 ~ 表 6-18 所示。其中表 6-15 为中央企业样本回归结果，表 6 - 16 为地方国有企业样本回归结果，表 6 - 17 为私营企业样本回归结果，表 6 - 18 为外资企业样本回归结果。各表的模型（1）对应式（6 - 29），被解释变量为 KT 法估算得到的出口国内增加值率 DVAR_KT，使用最小二乘虚拟变量法进行面板回归，核心解释变量为处理变量 Invest × Time，控制行业固定效应、省份固定效应以及国际金融危机事件影响，控制变量均滞后一期；模型（2）对应式（6 - 30），被解释变量为 ACF 法估算得到的全要素生产率对数形式 lnTFP，使用最小二乘虚拟变量法进行面板回归，核心解释变量为处理变量 Invest × Time，控制行业固定效应、省份固定效应以及国际金融危机事件影响，控制变量均滞后一期；模型（3）对应式（6 - 31），被解释变量为 KT 法估算得到的出口国内增加值率 DVAR_KT，使用最小二乘虚拟变量法进行面板回归，核心解释变量为处理变量 Invest × Time 以及 ACF 法估算得到的全要素生产率对数形式 lnTFP，控制行业固定效应、省份固定效应以及国际金融危机事件影响，控制变量均滞后一期；模型（4）对应式（6 - 32），被解释变量为 KT 法估算得到的出口国内增加值率 DVAR_KT，使用最小二乘虚拟变量法进行面板回归，核心解释变量为处理变量 Invest × Time 以及 ACF 法估算得到的全要素生产率对数形式 lnTFP 滞后一期项，控制行业固定效应、省份固定效应以及国际金融危机事件影响，控制变量均滞后一期；模型（5）对应式（6 - 29），被解释变量为 KT 法估算得到的出口国内增加值率占龙头企业比重 MDVAR_KT，使用最小二乘虚拟变量法进行面板回归，核心解释变量为处理变量 Invest × Time，控制行业固定效应、省份固定效应以及国际金融危机事件影响，控制变量均滞后一期；模型（6）对应式（6 - 30），被解释变量为 ACF 法估算得到的全要素生产率对数形式 lnTFP，使用最小二乘虚拟变量法进行面板回归，核心解释变量为处理变量 Invest × Time，控制行业固定效应、省份固定效应以及国际金融危机事件影响，控制变量均滞后一期；模型（7）对应式（6 - 31），被解释变量为 KT 法估算得到的出口国内增加值率占龙头企业比重 MDVAR_KT，使用最小二乘虚拟变量法进行面板回归，核心解释变量为处理变量 Invest × Time 以及 ACF 法估算得到的全要素生产率对数形式 lnTFP，控制行业固定效应、省份固定效应以及国际金融危机事件影响，控制变量均滞后一期；模型（8）对应式（6 - 32），被解释变量为 KT 法估算得到的出口国内增加值率占龙头企业比重 MDVAR_KT，使用最小二乘虚拟变量法进行面板回归，核心解释变量为处理变量 Invest × Time 以及 ACF 法估算得到的全要素生产率对数形式 lnTFP 滞后一期项，控制行业固定效应、省份固定效应以及国际金融危机事件影响，控制变量均滞后一期。

表 6 – 15　　　　　　中央企业中介效应基准回归及稳健性检验

解释变量	基准回归				稳健性检验			
	DVAR_KT (1)	lnTFP (2)	DVAR_KT (3)	DVAR_KT (4)	MDVAR_KT (5)	lnTFP (6)	MDVAR_KT (7)	MDVAR_KT (8)
Invest × Time	0.0380 (0.0239)	− 1.3695 ** (0.6334)	0.0648 (0.0487)	0.0379 (0.0243)	0.0395 * (0.0205)	− 1.3695 ** (0.6334)	0.0678 * (0.0400)	0.0392 * (0.0210)
lnTFP			− 0.0033 ** (0.0016)				− 0.0034 ** (0.0016)	
lnTFP (t − 1)				− 0.0020 (0.0020)				− 0.0027 (0.0020)
控制变量	是	是	是	是	是	是	是	是
国际金融危机虚拟变量	是	是	是	是	是	是	是	是
行业效应	是	是	是	是	是	是	是	是
地区效应	是	是	是	是	是	是	是	是
常数项	是	是	是	是	是	是	是	是
组内 R^2	0.0985	0.8151	0.1072	0.0956	0.1052	0.8151	0.1053	0.1029
样本数	1190	1037	1037	1170	1190	1037	1037	1170

注：括号内为稳健性标准误，***、**、* 分别表示 1%、5% 和 10% 的显著性水平。

表 6 – 16　　　　　　地方国有企业中介效应基准回归及稳健性检验

解释变量	基准回归				稳健性检验			
	DVAR_KT (1)	lnTFP (2)	DVAR_KT (3)	DVAR_KT (4)	MDVAR_KT (5)	lnTFP (6)	MDVAR_KT (7)	MDVAR_KT (8)
Invest × Time	0.0015 (0.0013)	0.0074 (0.2339)	− 0.0035 (0.0058)	0.0016 (0.0044)	0.0023 (0.0044)	0.0074 (0.2339)	− 0.0030 (0.0058)	0.0024 (0.0044)
lnTFP			0.0000 (0.0005)				0.0001 (0.0005)	
lnTFP (t − 1)				− 0.0015 (0.0009)				− 0.0013 (0.0009)

续表

解释变量	基准回归				稳健性检验			
	DVAR_KT (1)	lnTFP (2)	DVAR_KT (3)	DVAR_KT (4)	MDVAR_KT (5)	lnTFP (6)	MDVAR_KT (7)	MDVAR_KT (8)
控制变量	是	是	是	是	是	是	是	是
国际金融危机虚拟变量	是	是	是	是	是	是	是	是
行业效应	是	是	是	是	是	是	是	是
地区效应	是	是	是	是	是	是	是	是
常数项	是	是	是	是	是	是	是	是
组内 R^2	0.0480	0.8153	0.0268	0.0489	0.0511	0.8153	0.0293	0.0518
样本数	9117	7884	7884	8988	9117	7884	7884	8988

注：括号内为稳健性标准误，***、**、*分别表示1%、5%和10%的显著性水平。

表 6-17　　　　　　　　私营企业中介效应基准回归及稳健性检验

解释变量	基准回归				稳健性检验			
	DVAR_KT (1)	lnTFP (2)	DVAR_KT (3)	DVAR_KT (4)	MDVAR_KT (5)	lnTFP (6)	MDVAR_KT (7)	MDVAR_KT (8)
Invest×Time	0.0082*** (0.0019)	−0.1438 (0.1340)	−0.0004 (0.0031)	0.0076*** (0.0019)	0.0083*** (0.0019)	−0.1438 (0.1340)	−0.0004 (0.0031)	0.0077*** (0.0019)
lnTFP			0.0001 (0.0002)				0.0001 (0.0002)	
lnTFP (t−1)				−0.0045*** (0.0004)				−0.0046*** (0.0004)
控制变量	是	是	是	是	是	是	是	是
国际金融危机虚拟变量	是	是	是	是	是	是	是	是
行业效应	是	是	是	是	是	是	是	是
地区效应	是	是	是	是	是	是	是	是
常数项	是	是	是	是	是	是	是	是
组内 R^2	0.0885	0.8953	0.0322	0.0954	0.0902	0.8953	0.0327	0.0972
样本数	36462	27308	27308	36284	36462	27308	27308	36284

注：括号内为稳健性标准误，***、**、*分别表示1%、5%和10%的显著性水平。

表 6 - 18　　　　　　　　　**外资企业中介效应基准回归及稳健性检验**

解释变量	基准回归					稳健性检验		
	DVAR_KT (1)	lnTFP (2)	DVAR_KT (3)	DVAR_KT (4)	MDVAR_KT (5)	lnTFP (6)	MDVAR_KT (7)	MDVAR_KT (8)
Invest × Time	0.0058 * (0.0033)	0.1930 (0.2069)	- 0.0054 (0.0053)	0.0051 (0.0033)	0.0061 * (0.0033)	0.1930 (0.2069)	- 0.0054 (0.0053)	0.0054 (0.0033)
lnTFP			- 0.0002 (0.0003)				- 0.0002 (0.0003)	
lnTFP (t - 1)				- 0.0028 *** (0.0005)				- 0.0028 *** (0.0005)
控制变量	是	是	是	是	是	是	是	是
国际金融危机虚拟变量	是	是	是	是	是	是	是	是
行业效应	是	是	是	是	是	是	是	是
地区效应	是	是	是	是	是	是	是	是
常数项	是	是	是	是	是	是	是	是
组内 R^2	0.0489	0.8894	0.0129	0.0514	0.0497	0.8894	0.0133	0.0521
样本数	36506	27542	27542	36109	36506	27542	27542	36109

注：括号内为稳健性标准误，*** 、** 、* 分别表示1%、5%和10%的显著性水平。

回归结果发现，仅有中央企业全要素生产率中介效应显著，且仅存在于当期水平，当期对外直接投资行为影响当期全要素生产率，并进一步影响其全球价值链分工位置变化，中央企业全要素生产率水平中介效应显著为正，且影响强度绝对值等于0.0027。

2. 按要素密集类型分组检验

得到的结果如表 6 - 19 ~ 表 6 - 21 所示。其中表 6 - 19 为劳动密集型企业样本回归结果，表 6 - 20 为资本密集型企业样本回归结果，表 6 - 21 为资本及技术密集型企业样本回归结果。各表的模型（1）对应式（6 - 29），被解释变量为 KT 法估算得到的出口国内增加值率 DVAR_KT，使用最小二乘虚拟变量法进行面板回归，核心解释变量为处理变量 Invest × Time，控制行业固定效应、省份固定效应以及国际金融危机事件影响，控制变量均滞后一期；模型（2）对应式（6-30），被解释变量为 ACF 法估算得到的全要素生产率对数形式 TFP_ACF，使用最小二乘虚拟变量法进行面板回归，核心解释变量为处理变量 Invest × Time，控制行业固定效应、省份固定效应以及国际金融危机事件影响，控制变量均滞后一期；模型（3）对应式（6-31），被解释变量为 KT 法估算得到的出口国内增加值率 DVAR_KT，使用最小二乘虚拟变量法进行面板回归，核心解释变量为处理变量 Invest × Time 以及 ACF 法估算得到的全要素生产率对数形式 TFP_ACF，控制行业固定效应、省份固定效应以及国际金融危机事件影响，控制变量均滞后一期；模型（4）对应式（6-32），被解释变量为 KT 法估算得到的出口国内增加值率 DVAR_KT，使用最小二乘虚拟变量法进行面板回归，核心解释变量为处理变量 Invest × Time 以及 ACF 法估算得到的全要素生产率对数形式 TFP_ACF 滞后一期项，控制行业固定效应、省份固定效应以及国际金融危机事件影响，控制变量均滞后一期；模型（5）对应式（6-29），被解释变量为 KT 法估算得到的出口国内增加值率占龙头企业比重 MDVAR_KT，使用最小二乘虚拟变量法进行面板回归，核心解释变量为处理变量 Invest × Time，控制行业固定效应、省份固定效应以及国际金融危机事件影响，控制变量均滞后一期；模型（6）对应式（6-30），被解释变量为 ACF 法估算得到的全要素生产率对数形式 TFP_ACF，使用最小二乘虚拟变量法进行面板回归，核心解释变量为处理变量 Invest × Time，控制行业固定效应、省份固定效应以及国际金融危机事件影响，控制变量均滞后一期；模型（7）对应式（6-31），被解释变量为 KT 法估算得到的出口国内增加值率占龙头企业比重 MDVAR_KT，使用最小二乘虚拟变量法进行面板回归，核心解释变量为处理变量 Invest × Time 以及 ACF 法估算得到的全要素生产率对数形式 TFP_ACF，控制行业固定效应、省份固定效应以及国际金融危机事件影响，控制变量均滞后一期；模型（8）对应式（6-32），被解释变量为 KT 法估算得到的出口国内增加值率占龙头企业比重 MDVAR_KT，使用最小二乘虚拟变量法进行面板回归，核心解释变量为处理变量 Invest × Time 以及 ACF 法估算得到的全要素生产率对数形式 lnTFP 滞后一期项，控制行业固定效应、省份固定效应以及国际金融危机事件影响，控制变量均滞后一期。

表 6 - 19　　　　劳动密集型企业中介效应基准回归及稳健性检验

解释变量	基准回归				稳健性检验			
	DVAR_KT (1)	lnTFP (2)	DVAR_KT (3)	DVAR_KT (4)	MDVAR_KT (5)	lnTFP (6)	MDVAR_KT (7)	MDVAR_KT (8)
Invest × Time	0.0040 *** (0.0013)	0.2142 ** (0.0907)	0.0021 (0.0015)	0.0039 *** (0.0013)	0.0041 *** (0.0013)	0.2142 ** (0.0907)	0.0021 (0.0015)	0.0040 *** (0.0013)
lnTFP			0.0004 *** (0.0001)				0.0004 *** (0.0001)	
lnTFP (t - 1)				- 0.0012 *** (0.0002)				- 0.0012 *** (0.0002)
控制变量	是	是	是	是	是	是	是	是
国际金融危机虚拟变量	是	是	是	是	是	是	是	是
行业效应	是	是	是	是	是	是	是	是
地区效应	是	是	是	是	是	是	是	是
常数项	是	是	是	是	是	是	是	是
组内 R^2	0.0476	0.8493	0.0386	0.0501	0.0505	0.8493	0.0384	0.0531
样本数	34071	28234	28234	33829	34071	28234	28234	33829

注：括号内为稳健性标准误，***、**、*分别表示1%、5%和10%的显著性水平。

表 6 - 20　　　　资本密集型企业中介效应基准回归及稳健性检验

解释变量	基准回归				稳健性检验			
	DVAR_KT (1)	lnTFP (2)	DVAR_KT (3)	DVAR_KT (4)	MDVAR_KT (5)	lnTFP (6)	MDVAR_KT (7)	MDVAR_KT (8)
Invest × Time	0.0051 (0.0032)	- 0.0673 (0.1260)	- 0.0038 (0.0049)	0.0052 (0.0032)	0.0051 (0.0032)	- 0.0673 (0.1260)	- 0.0038 (0.0049)	0.0052 (0.0032)
lnTFP			- 0.0002 (0.0002)				- 0.0002 (0.0002)	
lnTFP (t - 1)				- 0.0019 *** (0.0004)				- 0.0020 *** (0.0004)
控制变量	是	是	是	是	是	是	是	是
国际金融危机虚拟变量	是	是	是	是	是	是	是	是
行业效应	是	是	是	是	是	是	是	是

续表

解释变量	基准回归				稳健性检验			
	DVAR_KT (1)	lnTFP (2)	DVAR_KT (3)	DVAR_KT (4)	MDVAR_KT (5)	lnTFP (6)	MDVAR_KT (7)	MDVAR_KT (8)
地区效应	是	是	是	是	是	是	是	是
常数项	是	是	是	是	是	是	是	是
组内 R²	0.0419	0.8547	0.0176	0.0430	0.0421	0.8547	0.0176	0.0432
样本数	32109	27117	27117	31815	32109	27117	27117	31815

注：括号内为稳健性标准误，***、**、*分别表示1%、5%和10%的显著性水平。

表6-21　　资本及技术密集型企业中介效应基准回归及稳健性检验

解释变量	基准回归				稳健性检验			
	DVAR_KT (1)	lnTFP (2)	DVAR_KT (3)	DVAR_KT (4)	MDVAR_KT (5)	lnTFP (6)	MDVAR_KT (7)	MDVAR_KT (8)
Invest × Time	0.0091*** (0.0022)	0.1223 (0.0852)	-0.0012 (0.0033)	0.0087*** (0.0022)	0.0093*** (0.0022)	0.1223 (0.0852)	-0.0012 (0.0033)	0.0088*** (0.0023)
lnTFP			-0.0008** (0.0003)				-0.0008** (0.0003)	
lnTFP (t-1)				-0.0034*** (0.0005)				-0.0035*** (0.0005)
控制变量	是	是	是	是	是	是	是	是
国际金融危机虚拟变量	是	是	是	是	是	是	是	是
行业效应	是	是	是	是	是	是	是	是
地区效应	是	是	是	是	是	是	是	是
常数项	是	是	是	是	是	是	是	是
组内 R²	0.0421	0.8467	0.0111	0.0451	0.0424	0.8467	0.0111	0.0454
样本数	47732	37700	37700	47192	47732	37700	37700	47192

注：括号内为稳健性标准误，***、**、*分别表示1%、5%和10%的显著性水平。

回归结果发现，仅有劳动密集型企业全要素生产率中介效应显著存在，且同时存在于当期水平与上一期水平，当期对外直接投资行为影响当期全要素生产率，并进一步影响其全球价值链分工位置变化，企业全要素生产率水平中介效应显著为正，且影响强度绝对值等于 0.0001；同时上一期对外直接投资行为影响上一期全要素生产率，并进一步影响企业当期全球价值链分工位置变化，企业全要素生产率水平中介效应显著为负，且影响强度绝对值等于 0.0003。两者累计为负，且影响强度绝对值等于 0.0002。

3. 按地区分布分组检验

得到的结果如表 6 – 22 ~ 表 6 – 25 所示。其中表 6 – 22 为东部地区企业样本回归结果，表 6 – 23 为中部地区企业样本回归结果，表 6 – 24 为西部地区企业样本回归结果，表 6 – 25 为东北三省企业样本回归结果。各表的模型（1）对应式（6 – 29），被解释变量为 KT 法估算得到的出口国内增加值率 DVAR_KT，使用最小二乘虚拟变量法进行面板回归，核心解释变量为处理变量 Invest × Time，控制行业固定效应、省份固定效应以及国际金融危机事件影响，控制变量均滞后一期；模型（2）对应式（6 – 30），被解释变量为 ACF 法估算得到的全要素生产率对数形式 lnTFP，使用最小二乘虚拟变量法进行面板回归，核心解释变量为处理变量 Invest × Time，控制行业固定效应、省份固定效应以及国际金融危机事件影响，控制变量均滞后一期；模型（3）对应式（6 – 31），被解释变量为 KT 法估算得到的出口国内增加值率 DVAR_KT，使用最小二乘虚拟变量法进行面板回归，核心解释变量为处理变量 Invest × Time 以及 ACF 法估算得到的全要素生产率对数形式 lnTFP，控制行业固定效应、省份固定效应以及国际金融危机事件影响，控制变量均滞后一期；模型（4）对应式（6 – 32），被解释变量为 KT 法估算得到的出口国内增加值率 DVAR_KT，使用最小二乘虚拟变量法进行面板回归，核心解释变量为处理变量 Invest × Time 以及 ACF 法估算得到的全要素生产率对数形式 lnTFP 滞后一期项，控制行业固定效应、省份固定效应以及国际金融危机事件影响，控制变量均滞后一期；模型（5）对应式（6 – 29），被解释变量为 KT 法估算得到的出口国内增加值率占龙头企业比重 MDVAR_KT，使用最小二乘虚拟变量法进行面板回归，核心解释变量为处理变量 Invest × Time，控制行业固定效应、省份固定效应以及国际金融危机事件影响，控制变量均滞后一期；模型（6）对应式（6 – 30），被解释变量为 ACF 法估算得到的全要素生产率对数形式 lnTFP，使用最小二乘虚拟变量法进行面板回归，核心解释变量为处理变量 Invest × Time，控制行业固定效应、省份固定效应以及国际金融危机事件影响，控制变量均滞后一期；模型（7）对应式（6-31），被解释变量为 KT 法估算得到的出口国内增加值率占龙头企业比重 MDVAR_KT，使用最小二乘虚拟变量法进行面板回归，核心解释变量为处理变量 Invest × Time 以及 ACF 法估算得到的全要素生产率对数形式 lnTFP，控制行业固定效应、省份固定效应以及国际金融危机事件影响，控制变量均滞后一期；模型（8）对应式（6-32），被解释变量为 KT 法估算得到的出口国内增加值率占龙头企业比重 MDVAR_KT，使用最小二乘虚拟变量法进行面板回归，核心解释变量为处理变量 Invest × Time 以及 ACF 法估算得到的全要素生产率对数形式 lnTFP 滞后一期项，控制行业固定效应、省份固定效应以及国际金融危机事件影响，控制变量均滞后一期。

表 6-22　　　　　　东部地区企业中介效应基准回归及稳健性检验

解释变量	基准回归				稳健性检验			
	DVAR_KT (1)	lnTFP (2)	DVAR_KT (3)	DVAR_KT (4)	MDVAR_KT (5)	lnTFP (6)	MDVAR_KT (7)	MDVAR_KT (8)
Invest × Time	0.0081 *** (0.0014)	0.0946 (0.0596)	0.0007 (0.0020)	0.0077 *** (0.0014)	0.0082 *** (0.0014)	0.0946 (0.0596)	0.0007 (0.0020)	0.0079 *** (0.0014)
lnTFP			−0.0001 (0.0002)				−0.0001 (0.0002)	
lnTFP (t−1)				−0.0026 *** (0.0003)				−0.0027 *** (0.0003)
控制变量	是	是	是	是	是	是	是	是
国际金融危机虚拟变量	是	是	是	是	是	是	是	是
行业效应	是	是	是	是	是	是	是	是
地区效应	是	是	是	是	是	是	是	是
常数项	是	是	是	是	是	是	是	是
组内 R^2	0.0348	0.8512	0.0120	0.0372	0.0352	0.8512	0.0121	0.0377
样本数	100125	81456	81456	99204	100125	81456	81456	99204

注：括号内为稳健性标准误，*** 、** 、* 分别表示1%、5%和10%的显著性水平。

表 6 – 23　　　　　　中部地区企业中介效应基准回归及稳健性检验

解释变量	基准回归				稳健性检验			
	DVAR_KT (1)	lnTFP (2)	DVAR_KT (3)	DVAR_KT (4)	MDVAR_KT (5)	lnTFP (6)	MDVAR_KT (7)	MDVAR_KT (8)
Invest × Time	0.0122 *** (0.0042)	0.1917 (0.2452)	0.0035 (0.0059)	0.0122 *** (0.0040)	0.0135 *** (0.0043)	0.1917 (0.2452)	0.0036 (0.0059)	0.0135 *** (0.0041)
TFP_ACF			−0.0015 ** (0.0006)				−0.0015 ** (0.0006)	
TFP_ACF (t−1)				−0.0045 *** (0.0010)				−0.0045 *** (0.0010)
控制变量	是	是	是	是	是	是	是	是
国际金融危机 虚拟变量	是	是	是	是	是	是	是	是
行业效应	是	是	是	是	是	是	是	是
地区效应	是	是	是	是	是	是	是	是
常数项	是	是	是	是	是	是	是	是
组内 R^2	0.0615	0.8555	0.0501	0.0700	0.0700	0.8555	0.0597	0.0785
样本数	5093	4307	4307	5057	5093	4307	4307	5057

注：括号内为稳健性标准误，***、**、*分别表示1%、5%和10%的显著性水平。

表 6 – 24　　　　　　西部地区企业中介效应基准回归及稳健性检验

解释变量	基准回归				稳健性检验			
	DVAR_KT (1)	lnTFP (2)	DVAR_KT (3)	DVAR_KT (4)	MDVAR_KT (5)	lnTFP (6)	MDVAR_KT (7)	MDVAR_KT (8)
Invest × Time	−0.0126 (0.0081)	−0.1202 (0.2527)	−0.0135 (0.0083)	−0.0124 (0.0082)	−0.0124 (0.0081)	−0.1202 (0.2527)	−0.0133 (0.0083)	−0.0121 (0.0082)
lnTFP			−0.0001 (0.0007)				−0.0001 (0.0007)	
lnTFP (t−1)				−0.0033 *** (0.0011)				−0.0030 *** (0.0011)
控制变量	是	是	是	是	是	是	是	是
国际金融危机 虚拟变量	是	是	是	是	是	是	是	是
行业效应	是	是	是	是	是	是	是	是

续表

解释变量	基准回归				稳健性检验			
	DVAR_KT (1)	lnTFP (2)	DVAR_KT (3)	DVAR_KT (4)	MDVAR_KT (5)	lnTFP (6)	MDVAR_KT (7)	MDVAR_KT (8)
地区效应	是	是	是	是	是	是	是	是
常数项	是	是	是	是	是	是	是	是
组内 R^2	0.0427	0.8480	0.0447	0.0419	0.0515	0.8480	0.0469	0.0497
样本数	3687	3491	3491	3641	3687	3491	3491	3641

注：括号内为稳健性标准误，***、**、*分别表示1%、5%和10%的显著性水平。

表6－25　　　　东北三省企业中介效应基准回归及稳健性检验

解释变量	基准回归				稳健性检验			
	DVAR_KT (1)	lnTFP (2)	DVAR_KT (3)	DVAR_KT (4)	MDVAR_KT (5)	lnTFP (6)	MDVAR_KT (7)	MDVAR_KT (8)
Invest×Time	0.0049 (0.0056)	0.6777** (0.3343)	0.0034 (0.0061)	0.0048 (0.0056)	0.0049 (0.0056)	0.6777** (0.3343)	0.0033 (0.0061)	0.0048 (0.0056)
lnTFP			−0.0005 (0.0006)				−0.0005 (0.0006)	
lnTFP（t−1）				−0.0019*** (0.0007)				−0.0020*** (0.0007)
控制变量	是	是	是	是	是	是	是	是
国际金融危机虚拟变量	是	是	是	是	是	是	是	是
行业效应	是	是	是	是	是	是	是	是
地区效应	是	是	是	是	是	是	是	是
常数项	是	是	是	是	是	是	是	是
组内 R^2	0.0685	0.8401	0.0257	0.0696	0.0711	0.8401	0.0258	0.0722
样本数	5190	3965	3965	5114	5190	3965	3966	5114

注：括号内为稳健性标准误，***、**、*分别表示1%、5%和10%的显著性水平。

回归结果发现，仅有东北三省企业全要素生产率中介效应均显著存在，且仅存在于上一期水平，上一期对外直接投资行为影响上一期全要素生产率，并进一步影响当期全球价值链分工位置变化，企业全要素生产率水平中介效应显著为负，且影响强度绝对值等于0.0013。

4. 按天生国际化分类分组检验

得到的结果如表6-26、表6-27所示。其中表6-26为天生国际化企业样本回归结果，表6-27为非天生国际化企业样本回归结果。各表的模型（1）对应式（6-29），被解释变量为KT法估算得到的出口国内增加值率DVAR_KT，使用最小二乘虚拟变量法进行面板回归，核心解释变量为处理变量Invest×Time，控制行业固定效应、省份固定效应以及国际金融危机事件影响，控制变量均滞后一期；模型（2）对应式（6-30），被解释变量为ACF法估算得到的全要素生产率对数形式TFP_ACF，使用最小二乘虚拟变量法进行面板回归，核心解释变量为处理变量Invest×Time，控制行业固定效应、省份固定效应以及国际金融危机事件影响，控制变量均滞后一期；模型（3）对应式（6-31），被解释变量为KT法估算得到的出口国内增加值率DVAR_KT，使用最小二乘虚拟变量法进行面板回归，核心解释变量为处理变量Invest×Time以及ACF法估算得到的全要素生产率对数形式TFP_ACF，控制行业固定效应、省份固定效应以及国际金融危机事件影响，控制变量均滞后一期；模型（4）对应式（6-32），被解释变量为KT法估算得到的出口国内增加值率DVAR_KT，使用最小二乘虚拟变量法进行面板回归，核心解释变量为处理变量Invest×Time以及ACF法估算得到的全要素生产率对数形式TFP_ACF滞后一期项，控制行业固定效应、省份固定效应以及国际金融危机事件影响，控制变量均滞后一期；模型（5）对应式（6-29），被解释变量为KT法估算得到的出口国内增加值率占龙头企业比重MDVAR_KT，使用最小二乘虚拟变量法进行面板回归，核心解释变量为处理变量Invest×Time，控制行业固定效应、省份固定效应以及国际金融危机事件影响，控制变量均滞后一期；模型（6）对应式（6-30），被解释变量为ACF法估算得到的全要素生产率对数形式TFP_ACF，使用最小二乘虚拟变量法进行面板回归，核心解释变量为处理变量Invest×Time，控制行业固定效应、省份固定效应以及国际金融危机事件影响，控制变量均滞后一期；模型（7）对应式（6-31），被解释变量为KT法估算得到的出口国内增加值率占龙头企业比重MDVAR_KT，使用最小二乘虚拟变量法进行面板回归，核心解释变量为处理变量Invest×Time以及ACF法估算得到的全要素生产率对数形式TFP_ACF，控制行业固定效应、省份固定效应以及国际金融危机事件影响，控制变量均滞后一期；模型（8）对应式（6-32），被解释变量为 KT 法估算得到的出口国内增加值率占龙头企业比重 MDVAR_KT，使用最小二乘虚拟变量法进行面板回归，核心解释变量为处理变量 Invest×Time 以及 ACF 法估算得到的全要素生产率对数形式 TFP_ACF 滞后一期项，控制行业固定效应、省份固定效应以及国际金融危机事件影响，控制变量均滞后一期。

表 6-26　　　　天生国际化企业中介效应基准回归及稳健性检验

解释变量	基准回归				稳健性检验			
	DVAR_KT (1)	lnTFP (2)	DVAR_KT (3)	DVAR_KT (4)	MDVAR_KT (5)	lnTFP (6)	MDVAR_KT (7)	MDVAR_KT (8)
Invest×Time	0.0097 (0.0079)	0.3738 (0.4146)	0.0026 (0.0089)	0.0090 (0.0079)	0.0092 (0.0077)	0.3738 (0.4146)	0.0026 (0.0089)	0.0084 (0.0076)
lnTFP			0.0014 (0.0011)				0.0014 (0.0011)	
lnTFP (t-1)				-0.0074 *** (0.0028)				-0.0083 *** (0.0028)
控制变量	是	是	是	是	是	是	是	是
国际金融危机 虚拟变量	是	是	是	是	是	是	是	是
行业效应	是	是	是	是	是	是	是	是
地区效应	是	是	是	是	是	是	是	是
常数项	是	是	是	是	是	是	是	是
组内 R^2	0.3942	0.9067	0.1805	0.4083	0.3965	0.9067	0.1804	0.4136
样本数	225	165	165	224	225	165	165	224

注：括号内为稳健性标准误，*** 、** 、* 分别表示 1%、5% 和 10% 的显著性水平。

表 6-27　　　　非天生国际化企业中介效应基准回归及稳健性检验

解释变量	基准回归				稳健性检验			
	DVAR_KT (1)	lnTFP (2)	DVAR_KT (3)	DVAR_KT (4)	MDVAR_KT (5)	lnTFP (6)	MDVAR_KT (7)	MDVAR_KT (8)
Invest×Time	0.0077 *** (0.0013)	0.1166 ** (0.0559)	0.0001 (0.0019)	0.0074 *** (0.0013)	0.0078 *** (0.0013)	0.1166 ** (0.0559)	0.0001 (0.0019)	0.0075 *** (0.0013)
lnTFP			-0.0002 (0.0001)				-0.0002 (0.0001)	

解释变量	基准回归				稳健性检验			
	DVAR_KT (1)	lnTFP (2)	DVAR_KT (3)	DVAR_KT (4)	MDVAR_KT (5)	lnTFP (6)	MDVAR_KT (7)	MDVAR_KT (8)
lnTFP（t－1）				-0.0027^{***} (0.0002)				-0.0027^{***} (0.0002)
控制变量	是	是	是	是	是	是	是	是
金融危机事件	是	是	是	是	是	是	是	是
行业效应	是	是	是	是	是	是	是	是
地区效应	是	是	是	是	是	是	是	是
常数项	是	是	是	是	是	是	是	是
组内 R^2	0.0343	0.8497	0.0119	0.0369	0.0352	0.8497	0.0124	0.0378
样本数	113870	93054	93054	112792	113870	93054	93054	112792

注：括号内为稳健性标准误，***、**、*分别表示1%、5%和10%的显著性水平。

回归结果发现，仅有非天生国际化企业全要素生产率中介效应均显著存在，且仅存在于上一期水平，上一期对外直接投资行为影响上一期全要素生产率，并进一步影响当期全球价值链分工位置变化，企业全要素生产率水平中介效应显著为负，且影响强度绝对值等于0.0003。

6.6　结论与启示

6.6.1　研究结论

本章使用中国工业企业调查数据库、中国海关进出口数据库和中华人民共和国商务部公布的《中国境外投资企业（机构）名录》合并数据样本，年份周期为2000～2013年，在对国际金融危机事件影响进行控制的基础上，使用多期双重差分法进行实证分析得到以下研究结论。

（1）当企业处于持续投资"发展期"阶段时，企业多时期对外直接投资行为显著促进其全球价值链分工位置提升。虽然当企业处于初始投资"适应期"阶段时，企业在某个特定时期初始对外直接投资行为在短期内对其全球价值链分工位置提升产生显著的抑制效应，但是这种抑制效应随着时间累进会逐步变小，而且当企业迈进持续投资"发展期"阶段，这种影响作用将会转变为显著的促进效应。这可能是因为企业已经逐步在国际市场掌握主动权，更多地采购来自本国要素市场的中间投入品，这有利于提升企业应对来自国外市场突发冲击的抗风险能力。

（2）当企业处于持续投资"发展期"阶段时，企业多时期对外直接投资行为决策对其全球价值链分工位置影响作用将受其所有制、行业要素密集类型、地区分布以及天生国际化性质等特征影响而出现不同变化。企业所有制分组异质性检验结果显示，企业多时期对外直接投资对其全球价值链分工位置的促进效应显著存在，且这种促进效应主要体现在私营企业以及中央企业，其中中央企业较私营企业更为强烈；企业行业要素密集类型分组异质性检验结果显示，企业多时期对外直接投资对其全球价值链分工位置的促进效应显著存在，且这种促进效应主要体现在劳动密集型企业和资本及技术密集型企业，其中资本及技术密集型企业表现得更为强烈；企业地区分布分组异质性检验结果显示，企业多时期对外直接投资对其全球价值链分工位置的促进效应显著存在，且这种促进效应主要体现在东部地区企业上；企业天生国际化性质分组异质性检验结果显示，企业多时期对外直接投资对其全球价值链分工位置的促进效应显著存在，且这种促进效应主要体现在非天生国际化企业上。

（3）企业生产工艺、产品功能、市场地位以及国外市场扩张等因素对其影响作用的调节效应不显著。回归结果发现，在多期持续投资动态视角下，企业生产工艺、产品功能、市场地位以及国外市场扩张等因素对企业对外直接投资行为影响其全球价值链分工位置作用效应的调节效应在统计意义上不显著，这有待进一步检验和深入论证。

（4）企业全要素生产率中介效应显著为负且表现为滞后效应。企业全要素生产率水平提升对企业对外直接投资行为影响其全球价值链分工位置作用效应的中介效应显著为负且存在滞后性，即在当期企业多期对外直接投资行为显著提升其全要素生产率水平，当期全要素生产率水平提升进而对其下一期参与国际分工状态产生作用，加大企业下一期对国外要素市场的依赖程度，从而导致以出口国内增加值率衡量的全球价值链分工位置指标出现下降。这种影响作用的滞后性将为政府采取措施降低其抑制效应提供机会。

（5）企业全要素生产率中介效应受其所有制、要素密集类型、地区分布以及天生国际化性质等特征影响而出现不同变化。分组异质性检验结果显示，企业全要素生产率中介效应并非在所有分组都显著为负，其影响特征各有特点。企业所有制分组异质性检验结果显示，企业全要素生产率中介效应主要体现在中央企业，其中介效应显著为正且仅存在于当期水平；企业要素密集类型分组异质性检验结果显示，企业全要素生产率中介效应主要体现在劳动密集型企业且同时存在上一期及当期影响，其中上一期中介效应显著为负，当期中介效应显著为正，两者累计为负，最终表现为抑制效应；企业区域分布分组异质性检验显示，企业全要素生产率中介效应主要体现在东北三省企业上，其中介效应显著为负且仅存在于上一期水平；企业天生国际化特性分组异质性检验结果显示，企业全要素生产率中介效应主要体现在非天生国际化企业上，其中介效应显著为负且仅存在于上一期水平。

6.6.2 政策启示

（1）鼓励和支持企业持续开展对外直接投资行为。虽然企业在某个特定时期初始对外直接投资在短期内可能存在国外要素市场依赖程度扩张而导致的全球价值链分工位置下降，但是从多期动态视角检验结果可以发现，随着企业持续投资活动的开展，企业对外直接投资对其全球价值链分工位置的影响作用转变为促进效应，此时基于提升企业全球价值链分工位置的政策出发点，政府应出台相关激励扶持政策激发企业持续开展对外直接投资活动的积极性和能动性。

（2）加大扶持民营企业"走出去"力度。民营企业是市场经济的重要主体，同时相较于国有企业，由于生存环境更为严峻以及制度条件相对灵活等原因，民营企业更具有变革活力。因此要加大力度扶持民营企业"走出去"开展对外直接投资，进一步扩大其对外直接投资行为对其全球价值链分工位置的促进效应，推动整体产业竞争能力的提升。

（3）加快推进资本及技术密集型企业发展壮大。无论是某个特定时期的静态视角还是多时期的动态视角，资本及技术密集型企业对外直接投资行为对其全球价值链分工位置的影响作用均显著存在，加上随着中国经济社会发展迈进新时代新阶段，附加值率更高的资本及技术密集型企业应成为国民经济发展的中坚力量，加快推进资本及技术密集型企业发展壮大将是未来一段时期的产业政策重点目标。

（4）重点关注东部以外地区企业抗风险能力提升。相较于东部地区，其他区域数据样本促进效应均不显著，这不意味着就没有影响，只是不存在促进效应。东部地区企业可以通过自身努力实现对国际市场的掌握，但其他区域企业未必可以实现自我提升，此时需要政府通过培训、指引等方式引导企业加快提升其抵抗突发风险的能力。

（5）加快培育天生国际化企业业务模式本地化延伸。相较于非天生国际化企业，天生国际化企业对外直接投资对其全球价值链分工位置的促进效应在统计意义上并不显著，这或许与天生国际化企业以国际化业务为重点密切相关，对国际市场的高度依赖，往往会使得这类企业在全球贸易争端中首当其冲，政府应在对这类企业进行深度摸底调研的基础上，适度引导其业务模式向本地市场延伸，实现业务模式"国际化＋本地化"双轮驱动，提升抗风险能力。

（6）积极应对全要素生产率可能存在的反向中介效应。研究结果表明，企业多期对外直接投资影响其全要素生产率从而影响其全球价值链分工位置的中介传导效应主要表现为企业对国际市场依赖程度扩张，其内在缘由仍有待进一步深挖和论证。企业参与国际分工并处于国际分工哪个位置，实际上并没有对错或好坏之分，从经济社会稳定发展的角度出发，基于回归结果可以发现，政府不能盲目相信全要素生产率"万能论"，要积极应对全要素生产率可能存在的国际市场依赖程度扩张效应，提防由此带来的潜在抗风险能力降低的问题。

第7章

企业全球价值链分工位置变化影响
其出口持续概率的机制研究

7.1 引言

在上述对企业对外直接投资行为如何影响其全球价值链分工位置提升进行充分讨论的基础上，本章进一步探讨企业对外直接投资通过其全球价值链分工位置的提升，将对企业出口持续概率产生什么样的影响作用，作为上述研究的延续。党的十九大报告明确提出要"主动参与和推动经济全球化进程，发展更高层次的开放型经济"。嵌入全球价值链是出口企业参与国际分工的第一步，而提升其出口持续概率则直接体现了企业在国际产业竞争中生存下来的能力，因此，提升出口企业在全球价值链嵌入位置以及提升其出口持续概率，均是中国进一步扩大对外开放、推动出口贸易稳定增长的重要渠道。

改革开放40多年来，中国企业"走出去"始终保持强劲的增长趋势，国家统计局公布的统计数据显示，2019年中国企业贸易货物出口额同比增长5.0%、服务出口额同比增长8.9%、对"一带一路"沿线国家货物贸易出口额同比增长13.2%。在中国企业"走出去"融入全球产品内国际分工体系的初期阶段，凭借劳动力成本优势在全球产业竞争中占据一席之地，由此产生大量以代工生产为主、出口国内增加值率低的劳动密集型企业，这些企业高度依赖国外市场提供的原材料、技术和销售市场，由此产生"价值链低端锁定"困境，然而随着发达国家"制造业回归政策"的实施、中国劳动年龄人口数量连年下滑以及其他发展中国家的兴起，粗放增长的代工生产模式已捉襟见肘、难以为继，争取迈向产品内分工价值链中高端环节是中国企业在全球产业竞争中生存下去的必然要求。对于企业而言，向全球价值链中高端位置提升的初衷大多是为了在全球竞争中生存下来，增加其参与国际分工的持续时间，因此，相关部门在制定实施政策、促进企业迈向全球价值链中高端的过程中，应重点关注如何使企业在全球价值链嵌入位置得到提升并最终更好地服务企业出口贸易关系存续。此时，研究企业对外直接投资通过全球价值链嵌入位置的提升对其参与国际分工持续概率的影响作用以及内在传导机制，具有重要的现实价值和理论意义。

本章重点从企业出口持续状态来论述，采用企业出口国内增加值率来衡量其全球价值链分工位置变化，指标取值越高则表示企业对国外要素市场依赖程度越低，在国际产业竞争中拥有越多的自主权和话语权，对国际市场走向的掌控有利于提升企业出口持续概率。如图 4 - 36 所示，从总体变化趋势来看，随着企业全球价值链分工位置的提升，企业出口持续概率总体呈右偏的"U"型变化趋势，看图中的趋势走向可以发现，在企业全球价值链分工位置形成初期，企业对出口持续概率的影响作用略有下降，但不久之后就出现明显的上升趋势。本章重点关注企业全球价值链分工位置提升对其出口持续概率的影响作用，将对这种影响作用机制进行实证分析研究。

如上所述，本章可能的理论贡献在于：第一，从企业—产品层面探讨企业全球价值链嵌入位置提升对其出口持续的影响作用。第二，从企业—产品层面更为深入地对企业全球价值链分工位置进行衡量。第三，考虑调节效应影响，更为全面地考察企业全球价值链分工地位提升影响其出口持续概率的内在传导机制。

本章接下来的结构安排如下：第二部分是理论分析与研究假说提出，第三部分是计量模型设定、变量选取与数据说明，第四部分是实证结果及分析，第五部分是进一步分析，第六部分是结论与启示。

7.2　理论分析与研究假说提出

本书用出口国内增加值率来衡量企业在全球价值链分工地位的提升。全球价值链的微观测算指标主要包括出口国内增加值率和出口国外增加值率，其中出口国内增加值率主要衡量企业在全球价值链前端的嵌入程度，出口国外增加值率则主要衡量企业在全球价值链后端的嵌入程度。出口国内增加值率越大，企业从事出口产品价值所创造的国内增加值比重越大，从产品内国际分工的角度诠释，此时意味着出口企业在国际分工中处于被依赖的主动地位，因此本书认为出口国内增加值率可以用来衡量企业在全球价值链分工中的地位，取值增大则意味着企业在全球价值链的分工位置得到提升。通常情况下，出口企业在全球价值链分工地位的提升，将在全球资源配置竞争中占据更为有利的主动优势，提升出口企业在国际市场的话语权，此时企业出口持续时间将得到延长。

而且，从贸易方式来看，以一般贸易方式为主的企业相较于以加工贸易为主的企业而言，贸易自主性和增值能力也更强，抵抗国际市场风险的能力也更为出色；从所有制来看，外资企业因为更为熟悉国际交易规则且拥有更为紧密的国际业务关系，在国际市场中存活的概率要大于内资企业；从企业规模来看，随着企业规模的扩大，除了企业综合市场增强使得企业在国际商品市场中生存的概率增加之外，企业还可能由于因内部决策层级增多而导致决策缓慢、企业扩大生产使得沉没成本增加等原因，使得企业即使想剥离出口业务，其决策实施速度也不及规模较小的企业，变相延长其出口持续时间；从要素密集类型来看，技术密集型的出口企业更容易凭借技术创新优势在某个细分领域占据不可撼动的市场地位，在全球商品贸易市场中存活的概率要大于劳动密集型出口企业和资本密集型出口企业。

此外，由于企业全球价值链分工地位变化显著影响其生产率水平（Brancati et al.，2017），并且生产率水平的变化也显著影响企业出口持续时间（陈勇兵等，2012；李宏兵等，2016），因此本书选取全要素生产率作为中介变量。并且，根据已有研究成果，融资能力、沉没成本等企业特征因素以及出口产品质量、出口产品多样化、出口产品核心程度、产品出口规模等产品特征因素与企业出口持续显著相关，企业在全球价值链分工地位提升所带来的自身发展条件以及外部环境的变化，将可能通过上述因素对其出口持续时间产生影响作用，这些因素的调节效应也不容忽视。

据此，本书提出以下研究假说：

H7-1：企业在特定产品全球价值链分工地位提升，显著正向影响企业该产品出口持续概率的提升，且从贸易方式来看，一般贸易出口方式影响作用显著为正且最为强烈；从所有制类型来看，外资企业影响作用显著为正且最为强烈；从规模大小来看，大型企业影响作用显著为正且最为强烈；从要素密集类型来看，技术密集型企业影响作用显著为正且最为强烈。

H7-2：企业在全球价值链分工地位提升，显著正向影响其出口持续时间的延长，同时融资能力、技术效率、贸易依存度、沉没成本、产品功能、市场势力、出口产品多样化、出口产品质量、出口产品核心程度、产品出口规模等因素均对企业全球价值链分工地位提升影响其出口持续概率提升作用产生显著正向的调节效应。

7.3 计量模型设定、变量选取与数据说明

7.3.1 计量模型设定

1. 生存函数及风险函数模型设定

假设企业出口持续时间周期为 T，其中一个特定取值为 t。考虑企业出口持续时间超过 t 的概率，称之为出口企业生存函数。生存函数设定如式（7-1）所示：

$$S_i(t) = Pr(T_i > t) = \prod_{k=1}^{t} (1 - h_{ik}) \tag{7-1}$$

其中，h_{ik} 表示出口企业在 t 时期停止出口业务的概率，称之为出口企业风险函数。风险函数用出口企业在 t-1 期开展出口业务并在 t 期停止出口业务的条件概率来衡量：

$$h(t_i) = Pr(t-1 < T_i \leqslant t \mid T_i > t-1)$$
$$= Pr(t-1 < T_i \leqslant t)/Pr(T_i > t-1) \tag{7-2}$$

此时生存函数的无偏估计量可用 Kaplan-Meier 连乘估计法计算得到（Kaplan & Meier，1958）：

$$\hat{S}_i(t) = \prod_{i=1}^{t} \left[\frac{n_i - k_i}{n_i} \right] = \prod_{i=1}^{t} \left[1 - \frac{k_i}{n_i} \right] \tag{7-3}$$

其中，n_i 表示在 i 时期处于危险状态的企业出口持续时间段的个数，k_i 表示

在 i 时期观测到的失败的企业出口持续时间段的个数。由式（7 - 1）和式（7 - 3）可以得到风险函数的无偏估计量，如式（7 - 4）所示：

$$h(t_i) = \frac{k_i}{n_i} \tag{7-4}$$

2. Cox 模型设定

本书选择 Cox 模型来检验企业在特定产品全球价值链分工地位提升对其出口持续概率的影响。模型设定如式（7 - 5）所示：

$$\ln[h_{itd}(t, GVC, X)] = \alpha_0 + \alpha_1 GVC_{it} + \beta' X_{it} + \ln h_0(t) + \gamma_t +$$
$$\lambda_{year} + \lambda_{pro} + \lambda_{ind} + \varepsilon_{it} \tag{7-5}$$

其中，h_{itd} 表示 i 企业在 t 时期出口到 d 国家（或地区）的离散风险概率，GVC_{it} 表示 i 企业在 t 时期所处的全球价值链分工位置，X 表示一系列控制变量，$h_0(t)$ 表示基准风险水平，γ_t 表示基准风险率，λ_{year}、λ_{pro}、λ_{ind} 分别表示年份虚拟变量、省份虚拟变量和行业虚拟变量，ε_{it} 表示服从标准正态分布的随机扰动项。式（7 - 5）中的 GVC 以及相关控制变量的原始数据均采用标准化法进行无量纲化处理。此外，本书还将引入基于 Weibull 分布的参数回归模型进行稳健性检验。

7.3.2　变量选取

1. 被解释变量

采用风险函数来表示，被解释变量取值越大，则出口企业特定产品在国际市场的生存概率越低。讨论出口持续问题，往往会涉及数据归并问题（蒋灵多和陈勇兵，2015）。其中，在 2000 年就存在企业某产品出口到某国家的贸易记录，但是我们无法得知该企业某产品对于某国家的出口行为是在 2000 年才开始的，还是在 2000 年以前就已经开始，此时存在出口持续时间的"左归并"问题，对于这一问题，我们的解决方案是仅保留在 2001 ~ 2010 年才出现出口行为的数据样本，剔除 2000 年及以前出现出口行为的数据样本；对于 2010 年以后企业是否仍存在出口行为，我们无法得知，此时就存在"右归并"问题，对于这一问题，我们的解决方案是采用生存分析模型拟合估计出口行为存活概率。

2. 核心解释变量

采用出口国内增加值率对企业在特定产品全球价值链中的分工位置进行测算（Kee & Tang，2016）。出口国内增加值率反映了出口企业在特定产品全球价值链中前端嵌入的程度，出口国内增加值率取值越大，意味着出口企业在特定产品全球价值链中越处于被依赖、更具有主导优势的位置，此时我们认为企业在特定产品全球价值链中的分工位置得到提升。借鉴基和唐（2016）的观点，出口企业总收入水平等于其利润、工资支出、资金筹集成本、来自本国要素市场的中间投入品支出以及来自国外要素市场的中间投入品支出的加总，即 $PY = \pi + wL + rK + P^D M^D + P^I M^I$。其中，来自本国要素市场的中间投入品支出以及来自国外要素市场的中间投入品支出既包含本国成分也包括国外成分，分别表示为 $P^D M^D = q^D + \delta^F$ 以及 $P^I M^I = q^F + \delta^D$。依据增加值的定义，出口企业创造增加值等于其创造本地产品及服务的价值总和，即 $DVA = \pi + wL + rK + q^D + \delta^D$。假设企业出口其所有产品并进口中间投入品以及用于消费和投资的资本品，此时，企业的出口总额就等于其总收入，即 $EXP = PY$；进口总额等于其进口的生产要素及用于消费和投资的资本品，即 $IMP = P^I M^I + \delta^K$。此时有：

$$
\begin{aligned}
EXP_{it} &= \pi_{it} + w_t L_{it} + r_t K_{it} + P^D_{it} M^D_{it} + P^I_{it} M^I_{it} \\
&= \pi_{it} + w_t L_{it} + r_t K_{it} + q^D_{it} + \delta^F_{it} + q^F_{it} + \delta^D_{it} \\
&= DVA_{it} - q^D_{it} - \delta^D_{it} + q^D_{it} + \delta^F_{it} + q^F_{it} + \delta^D_{it} \\
&= DVA_{it} + IMP_{it} - \delta^K_{it} - \delta^D_{it} + \delta^F_{it} \\
&= DVA_{it} + P^I_{it} M^I_{it} - \delta^D_{it} + \delta^F_{it} \\
\Rightarrow DVA_{it} &= \left(EXP_{it} - P^I_{it} M^I_{it} \right) + \left(\delta^D_{it} - \delta^F_{it} \right) \\
\Rightarrow DVAR_{it} &= \frac{DVA_{it}}{EXP_{it}} \\
&= \frac{\left(EXP_{it} - P^I_{it} M^I_{it} \right) + \left(\delta^D_{it} - \delta^F_{it} \right)}{EXP_{it}} \\
&= 1 - \frac{P^D_t M^D_{it} + P^I_t M^I_{it}}{EXP_{it}} \frac{P^I_t M^I_{it}}{P^D_t M^D_{it} + P^I_t M^I_{it}} + \frac{\delta^D_i}{EXP_{it}} - \frac{\delta^F_i}{EXP_{it}}
\end{aligned} \tag{7-6}
$$

式（7-6）中，EXP 表示企业出口贸易额，P^D、M^D 分别表示来自本国要素市场的中间投入品的价格和数量，P^I、M^I 分别表示来自国外要素市场的中间投入品的价格和数量，δ^D、δ^F 分别表示来自国外要素市场的中间投入品的本国成分、来自本国要素市场的中间投入品的国外成分。其中，关于 δ^D 的估算，借鉴库普曼等（2014）以及王等（2014）的做法，运用 WIOD 数据库对行业层面的数据进行测算，以此作为替代变量；关于 δ^F 的估算，借鉴库普曼等（2012）的做法，运用 WIOD 数据库对行业层面的数据进行测算，以此作为替代变量。

关于 δ^D 的估算，本书使用各进口起运国各行业中间投入品中的中国成分占比乘以来自各进口起运国各行业的中间投入品金额，计算得到企业—产品层面来自国外要素市场的中间投入品的本国成分。关于中国成分占比，通过计算中国最终产出中最终被其他国家各行业使用的产出比重得到。

关于 δ^F 的估算，本书使用中国各行业中间投入品中的国外成分占比乘以企业—产品层面来自本国要素市场的中间投入品金额，计算得到企业—产品层面来自本国要素市场的中间投入品中的国外成分。关于国外成分占比，通过计算中国各行业中间投入品来自国外的比重得到。

此外，本书还使用企业—产品层面出口国内增加值率占行业龙头企业最大值比重 $MDVAR_{it}$ 进行稳健性检验：

$$MDVAR_{it} = \frac{DVAR_{it}}{DVAR_{jt}^{max}} \qquad (7-7)$$

其中，$DVAR_{jt}^{max}$ 表示各两位数行业中企业—产品层面全球价值链分工位置的最大值，$DVAR_{it}/DVAR_{jt}^{max}$ 衡量的是企业与行业龙头企业之间的差距。

对上述计算得到的出口国内增加值率在 1% 和 99% 分位上进行缩尾处理，并采用标准化法进行无量纲化处理。

3. 调节变量

调节变量包括企业应对融资约束能力，用利息支出占总资产比重计算得到的融资能力指标来衡量；企业技术效率，采用 LP 法（Levinsohn & Petrin，2000）测算得到的全要素生产率对数形式来衡量；企业贸易依存度，用出口贸易额除以工业销售产值计算得到的贸易密度来衡量；企业沉没成本，用企业专用性资产投资占总资产比重来衡量；企业产品功能，用每年新产品产值占工业总产值比重计算得到的新产品比率来衡量；企业市场地位，用 LP 法计算得到的垄断势力指数（林梨奎，2019）衡量；出口产品多元化，用企业出口产品种类数量来衡量；出口产品质量，借鉴施炳展和邵文波（2014）、格威斯（Gervais，2015）的计算方法，如式（7-8）所示；出口产品核心程度，用产品出口额占企业总出口额比重来衡量（蒋灵多和陈勇兵，2015）。所有调节变量均采用标准化法进行无量纲化处理。

其中，出口产品质量的测算过程如下：首先，通过如式（7-8）所示的回归方程进行估计：

$$\ln q_{imt} = \ln(E_{mt}/P_{mt}) + \ln D_{jt} - \sigma \ln p_{imt} + \varepsilon_{imt}$$

$$= \ln(E_{mt}/P_{mt}) + \ln\left(\frac{E_{jt}}{r_{jt}} + \sum_{k \neq j} \frac{E_{kt}}{Dist_{ijt}}\right) - \sigma \ln p_{imt} + (\sigma - 1)\ln\lambda_{imt}$$

$$(7-8)$$

如式（7-8）所示，q_{imt}、p_{imt} 分别表示 i 产品在 t 时期出口到 m 国家或地区的数量和价格；E_{mt}/P_{mt} 用来衡量 m 国家或地区在 t 时期的市场需求规模，其中 E_{mt} 表示 m 国家或地区在 t 时期的最终消费支出，P_{mt} 表示 m 国家或地区在 t 时期的居民消费价格指数（以 2000 年为基期）；D_t 用来衡量企业国内市场需求规模（黄玖立和李坤望，2006），其中 E_{jt}、E_{kt} 分别表示中国 j 省区、k 省区在 t 时期的最终消费支出，r_{jt} 表示用中国 j 省区在 t 时期陆地面积的地理半径的 2/3 来衡量（Redding & Venables，2004），$Dist_{ijt}$ 表示中国 i 省区和 j 省区省会城市地理坐标在 t 时期的地理距离（林梨奎和余壮雄，2018）。此外，为了解决出口产品价格与出口产品质量相关导致的内生性问题，选择企业在除了 m 国以外的出口产品价格平均值作为出口产品价格 p_{imt} 的工具变量。企业出口产品质量用残差项 ε_{imt} 的无偏估计量除以（$\sigma - 1$）计算得到。进一步进行标准化处理：

$$r - quality_{imt} = \frac{quality_{imt} - \min quality_{imt}}{\max quality_{imt} - \min quality_{imt}} \qquad (7-9)$$

4. 控制变量

主要分为企业特征变量、产品特征变量和引力模型变量。其中，企业特征变量包括技术效率，采用 LP 法（Levinsohn & Petrin，2000）测算得到的全要素生产率对数形式来衡量；资本密集度，用总资产除以年均就业人数计算得到；贸易密度，用出口贸易额除以工业销售产值计算得到；融资能力，用利息支出除以总资产计算得到；沉没成本，即企业资产专用性，用企业固定资产净值年平均余额占总资产比重来衡量（韦曙林和欧梅，2017）；新产品比率，用每年新产品产值占工业总产值比重来衡量；行业集中度，用赫芬达尔—赫希曼指数来衡量，该指数用工业销售产值计算得到；行业话语权，用 LP 法计算得到的垄断势力指数衡量（林梨奎，2019）；企业规模，用年均就业人数来衡量；企业年龄，细化到年份；企业出口产品种类多样化，用企业出口产品种类数量来衡量。对全要素生产率、资本密集度、贸易密度、融资能力、沉没成本、新产品比率、行业集中度、行业话语权、企业规模、企业年龄等企业特征变量均在 1% 和 99% 分位上进行缩尾处理。

产品特征变量包括上述的出口产品质量、出口产品核心程度、产品出口规模。对这些产品特征变量在 1% 和 99% 分位上进行缩尾处理。

引力模型变量包括双边距离，用某两国首都城市地理坐标之间的距离来衡量；共同边界虚拟变量，若中国与出口目的国接壤，取值为 1，反之为 0；内陆国家虚拟变量，若出口目的国为内陆国家，取值为 1，反之为 0；共同语言虚拟变量，若中国与出口目的国不少于 9% 的人口讲同一种语言，取值为 1，反之为 0；出口目的国经济发展水平，用以 2000 年为基期的各国人均国内生产总值来衡量；出口目的国风险程度，用国家风险指数来衡量，采用政治风险指数、经济风险指数和金融风险指数原始数据加总乘以 0.5 计算得到；汇率因素，使用双边实际汇率波动（王秀玲等，2018）来刻画。双边实际汇率波动为：

$$BRERV_j = [E_j CPI_j / CPI - Mean(E_j CPI_j / CPI)] / SD(E_j CPI_j / CPI)$$

$$(7 - 10)$$

其中，E_j 表示 j 国货币兑人民币的名义汇率年平均价格，CPI_j 表示 j 国的居民消费价格指数，CPI 表示中国的居民消费价格指数。此外，对出口目的国经济发展水平、出口目的国风险程度、双边实际汇率波动等引力模型变量在 1% 和 99% 分位上进行缩尾处理。

所有控制变量均采用标准化法进行无量纲化处理。

7.3.3　数据说明

本书所使用数据主要来源于中国工业企业调查数据库、中国海关进出口数据库，此外，双边距离、共同边界虚拟变量、内陆国家虚拟变量、共同语言虚拟变量原始数据来源于法国前景研究与国际信息中心（CEPII）地理及距离数据库，政治风险指数、经济风险指数和金融风险指数原始数据来源于国家风险国际指南（ICRG），以 2000 年为基期的各国人均国内生产总值原始数据来源于世界银行 WDI 数据库。各国货币兑人民币名义汇率数据来源于世界银行 WDI 数据库和国家统计局《国际统计年鉴》，此外，2001～2004 年欧元兑人民币名义汇率年平均价格是按照当年每日名义汇率价格取平均值计算得到。为保障研究成果的完整性，本书采用工业数据样本。

本书使用的《国别（地区）统计代码表》截至《关于对进口原产于塞尔维亚共和国和黑山共和国的货物实施最惠国税率》（海关总署公告〔2007〕8 号）公布时（2007 年 3 月 21 日），并根据该版本代码表对所有研究样本进行统一调整。关于中国海关总署公告文件，自海关总署公告〔2007〕8 号发布之后，中国海关仅在 2011 年 11 月 15 日对外公布《关于增设南苏丹共和国国别名称代码和使用税率》（海关总署公告〔2011〕69 号），增设"南苏丹共和国"及其国别代码（260），而且本书时间跨度为 2000～2010 年，因此本书所使用的《国别（地区）统计代码表》可视为最新版本。

根据数据缺失情况，首先，剔除国别或地区数据缺失样本，剔除样本包括出口运抵国家或地区为阿富汗、朝鲜、黎巴嫩、巴勒斯坦、阿拉伯联合酋长国、中国台湾地区、东帝汶、土库曼斯坦、乌兹别克斯坦、加那利群岛、佛得角、塞卜泰（休达）、几内亚、利比里亚、莫桑比克、纳米比亚、留尼汪、西撒哈拉、津巴布韦、梅利利亚、斯威士兰、厄立特里亚、马约特岛、南苏丹共和国、安道尔、直布罗陀、列支敦士登、摩纳哥、圣马力诺、格鲁吉亚、白俄罗斯、波斯尼亚—黑塞哥维那、梵蒂冈城国、法罗群岛、黑山、阿根廷、伯利兹、博内尔、开曼群岛、古巴、瓜德罗普岛、马提尼克岛、蒙特塞拉特、波多黎各、萨巴、圣马丁岛、苏里南、特克斯和凯科斯群岛、委内瑞拉、英属维尔京群岛、圣皮埃尔和密克隆、荷属安地列斯群岛、格陵兰、百慕大群岛、库克群岛、盖比群岛、马克萨斯群岛、瑙鲁、新喀里多尼亚、诺福克岛、社会群岛、土阿莫土群岛、土布艾群岛、基里巴斯、图瓦卢、马绍尔群岛共和国、帕劳共和国、法属波利尼西亚、瓦利斯和富图纳、国别（地区）不详、联合国及所属机构和其他国际组织。其次，进一步剔除国家风险指数数据缺失样本，剔除样本包括出口运抵国家或地区为不丹、柬埔寨、老挝、中国澳门地区、马尔代夫、尼泊尔、吉尔吉斯斯坦、塔吉克斯坦、贝宁、布隆迪、中非共和国、乍得、科摩罗、吉布提、赤道几内亚、毛里塔尼亚、毛里求斯、卢旺达、圣多美和普林西比、塞舌尔、莱索托、马其顿、安提瓜和巴布达、阿鲁巴岛、巴巴多斯、多米尼克、库腊索岛、法属圭亚那、格林纳达、圣卢西亚、圣文森特和格林纳丁斯、圣其茨—尼维斯、斐济、瓦努阿图、所罗门群岛、汤加、萨摩亚、密克罗尼西亚联邦。再次，再进一步剔除出口运抵国家或地区货币兑人民币汇率数据缺失样本，剔除样本包括出口运抵国家或地区为塞拉利昂、索马里。最后，由于中国工业企业数据库中仅有 2000~2007 年以及 2010 年对工业增加值进行统计，因此，本书需通过其他渠道对 2008 年以及 2009 年的工业增加值进行插补。参考王贵东（2018）的研究成果，计算得到 2000~2007 年各企业应交增值税占工业增加值比重的平均值，以此估算 2008 年、2009 年各企业工业增加值，并引入 2010 年中国投入产出表中各细分行业中间投入占行业增加值比重，估算 2008 年、2009 年和 2010 年各企业当年工业中间投入。

关于平减处理，参考林梨奎和徐印州（2019）以及林梨奎（2019）的做法。其中，资本密集度，用总资产除以年均就业人数计算得到，涉及的总资产用固定资产投资价格指数（FPI）平减；贸易密度，用出口贸易额除以工业销售产值计算得到，涉及的出口贸易额用商品零售价格指数（RPI）平减、工业销售产值用工业品出厂价格指数（PPI）平减；融资能力，用利息支出除以总资产计算得到，涉及的利息支出用居民消费价格指数（CPI）平减、总资产用固定资产投资价格指数（FPI）平减；沉没成本，用企业固定资产净值年平均余额占总资产比重来衡量，涉及的企业固定资产净值年平均余额用固定资产投资价格指数（FPI）平减、总资产用固定资产投资价格指数（FPI）平减；新产品比率，用每年新产品产值占工业总产值比重来衡量，涉及的新产品产值用工业品出厂价格指数（PPI）平减、工业总产值用工业品出厂价格指数（PPI）平减；行业集中度，用赫芬达尔—赫希曼指数来衡量，该指数用工业销售产值计算得到，涉及的工业销售产值用工业品出厂价格指数（PPI）平减；LP 法计算涉及工业增加值、中间投入、总资产，其中，工业增加值用工业品出厂价格指数（PPI）平减，中间投入用固定资产投资价格指数（FPI）平减，总资产用固定资产投资价格指数（FPI）平减；

ACF法计算涉及工业增加值、中间投入、总资产，其中，工业增加值用工业品出厂价格指数（PPI）平减，中间投入用固定资产投资价格指数（FPI）平减，总资产用固定资产投资价格指数（FPI）平减；LP法计算垄断势力指数涉及工资总额、工业总产值，其中，应付工资总额用居民消费价格指数（CPI）平减，工业总产值用工业品出厂价格指数（PPI）平减；产品出口规模用各省份工业品出厂价格指数进行平减。

参考安等（2011）研究成果，选取企业名称中关于"进出口""经贸""贸易""科贸""外经"等关键词，在匹配后的样本中，对中间贸易商进行识别并剔除。主要变量选择及定义如表7-1所示。主要变量描述性统计分析如表7-2所示。

表7-1   **主要变量选择及定义**

变量类型		变量符号	变量名称	变量定义
核心解释变量		DVAR_KT	全球价值链分工位置	KT法估算的企业—产品层面的出口国内增加值率
核心解释变量的替代变量		MDVAR_KT	全球价值链分工位置较行业龙头差距	KT法估算的企业—产品层面的出口国内增加值率占行业内龙头企业最大值的比重
控制变量	企业特征变量	FC	企业融资能力	平减后的利息支出占平减后的总资产比重
		lnTFP	企业技术效率	采用LP法估算得到的全要素生产率对数形式
		lnCI	资本密集度	平减后的总资产除以年均就业人数
		EI	贸易密度	平减后的出口贸易额除以平减后的工业销售产值
		SC	沉没成本	平减后的企业固定资产净值年平均余额占平减后的总资产比重
		NPR	新产品产值比率	平减后的每年新产品产值占平减后的工业总产值比重
		HHI	行业集中度	赫芬达尔—赫希曼指数，用平减后的工业销售产值计算得到
		MI_LP	行业话语权	用LP法计算得到的垄断势力指数的对数形式
		lnL	企业规模	年均就业人数的对数形式
		lnAGE	企业年龄	企业存续年限的对数形式

续表

变量类型		变量符号	变量名称	变量定义
控制变量	产品特征变量	PDIDBE	企业出口产品种类多元化	企业出口产品种类数量
		REQIDBG	出口产品质量	企业—产品—国家层面的出口产品质量的标准化处理
		coreIDBE	出口产品核心程度	企业—国家层面某产品出口额占企业—国家层面总出口额比重
		lnRVIDBG	产品出口规模	平减后的企业—产品—国家层面出口额的对数形式
	引力模型变量	C	双边距离	两国首都城市地理坐标之间的距离
		D	共同边界	若中国与出口目的国接壤，取值为1，反之为0
		E	内陆国家	若出口目的国为内陆国家，取值为1，反之为0
		F	共同语言	中国与出口目的国不少于9%的人口讲同一种语言，取值为1，反之为0
		RPGDP	出口目的国经济水平	平减后的各国人均国内生产总值
		NRI	出口目的国风险程度	国家风险指数，采用政治风险指数、经济风险指数和金融风险指数原始数据加总乘以0.5计算得到
		ERF	汇率水平	双边实际汇率波动

表 7 − 2　　　　　　　主要变量描述性统计分析

变量符号	样本量	均值	标准差	最小值	最大值
DVAR_KT	5553139	0.0000	1.0000	− 3.0690	1.0151
MDVAR_KT	5553139	0.0000	1.0000	− 3.0691	1.0151
TFP_LP	5031670	0.0000	1.0000	− 11.2935	3.3412
FC	5552314	0.0000	1.0000	− 1.4203	6.5159
REQIDBG	4289445	0.0000	1.0000	− 2.9380	3.6127
coreIDBE	5553139	0.0000	1.0000	− 1.1871	1.2472
lnCI	5552314	0.0000	1.0000	− 2.6193	3.1090
EI	5066971	0.0000	1.0000	− 1.8315	6.7983

变量符号	样本量	均值	标准差	最小值	最大值
SC	3331393	0.0000	1.0000	-1.6566	2.9400
NPR	4193830	0.0000	1.0000	-0.4312	9.4535
HHI	5553139	0.0000	1.0000	-1.1335	6.6461
MI_LP	3330534	0.0000	1.0000	-0.8135	6.0889
lnL	5553139	0.0000	1.0000	-2.3507	2.9044
lnAGE	5500673	0.0000	1.0000	-3.9535	2.9139
PDIDBE	5553139	0.0000	1.0000	-0.5865	5.5704
lnRVIDBG	5553139	0.0000	1.0000	-2.8223	2.4287
C	5553139	0.0000	1.0000	-1.8312	3.1107
D	5553139	0.0660	0.2482	0.0000	1.0000
E	5553139	0.0293	0.1688	0.0000	1.0000
F	5553139	0.0065	0.0803	0.0000	1.0000
RPGDP	5543295	0.0000	1.0000	-1.5428	2.9279
NRI	4252608	0.0000	1.0000	-3.6193	1.4896
ERF	5553139	0.0000	1.0000	-2.3668	3.0102

注：数据样本剔除中间贸易商且进行缩尾处理并对解释变量和控制变量采用标准化法进行无量纲化处理。

7.4　实证结果及分析

7.4.1　典型事实分析

在进行实证检验之前，对企业在价值链分工位置高低对其出口持续概率进行初步的描述性统计分析，具体如表7-3所示。由表7-3可知，企业在全球价值链分工位置提升在某种程度上可能有利于提高企业出口持续概率。企业生存函数曲线以及累积风险函数曲线如图7-1所示。这仅仅是直观观察的结果，下一步将进行更为严谨的实证检验分析。

表 7 - 3　　　　　　　　　不同企业类型出口持续概率描述性统计分析

企业类型	出口持续 时间均值	标准误 差值	95% 置信区间 最小值	95% 置信区间 最大值	出口持续 概率
出口国内增加值率较低	1.6291	0.0006	1.6279	1.6303	0.6291
出口国内增加值率中等	2.8644	0.1103	2.6482	3.0805	0.6905
出口国内增加值率较高	2.2731	0.0525	2.1702	2.3760	0.7214

资料来源：中国工业企业调查数据库、中国海关进出口数据库。

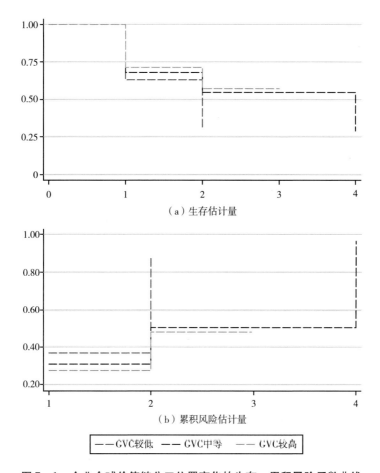

图 7 - 1　企业全球价值链分工位置变化的生存、累积风险函数曲线

7.4.2 基准回归结果

基准回归结果如表7-4所示。模型（1）选择Cox比例风险模型进行实证分析，没有控制年份固定效应、行业固定效应以及省份地区效应，并且没有考虑企业特征变量、产品特征变量以及引力模型变量等控制变量；模型（2）选择Cox比例风险模型进行实证分析，控制年份固定效应、行业固定效应以及省份地区效应，但没有考虑企业特征变量、产品特征变量以及引力模型变量等控制变量；模型（3）选择Cox比例风险模型进行实证分析，没有控制年份固定效应、行业固定效应以及省份地区效应，将企业特征变量作为控制变量纳入回归估计，但没有考虑产品特征变量以及引力模型变量等控制变量；模型（4）选择Cox比例风险模型进行实证分析，控制年份固定效应、行业固定效应以及省份地区效应，将企业特征变量作为控制变量纳入回归估计，但没有考虑产品特征变量以及引力模型变量等控制变量；模型（5）选择Cox比例风险模型进行实证分析，没有控制年份固定效应、行业固定效应以及省份地区效应，将企业特征变量、产品特征变量作为控制变量纳入回归估计，但没有考虑引力模型变量等控制变量；模型（6）选择Cox比例风险模型进行实证分析，控制年份固定效应、行业固定效应以及省份地区效应，将企业特征变量、产品特征变量作为控制变量纳入回归估计，但没有考虑引力模型变量等控制变量；模型（7）选择Cox比例风险模型进行实证分析，没有控制年份固定效应、行业固定效应以及省份地区效应，同时将企业特征变量、产品特征变量和引力模型变量作为控制变量纳入回归估计；模型（8）选择Cox比例风险模型进行实证分析，控制年份固定效应、行业固定效应以及省份地区效应，并同时将企业特征变量、产品特征变量和引力模型变量作为控制变量纳入回归估计。

表7-4　　　　　　　　　　　　基准回归结果

解释变量	模型（1）	模型（2）	模型（3）	模型（4）	模型（5）	模型（6）	模型（7）	模型（8）
DVAR_KT	-0.1018 *** (0.0010)	-0.0704 *** (0.0013)	-0.0967 *** (0.0016)	-0.0591 *** (0.0017)	-0.0108 *** (0.0018)	-0.0126 *** (0.0020)	-0.0110 *** (0.0021)	-0.0126 *** (0.0024)
FC			-0.0945 *** (0.0017)	-0.0610 *** (0.0017)	-0.0127 *** (0.0016)	-0.0082 *** (0.0017)	-0.0130 *** (0.0020)	-0.0076 *** (0.0021)

续表

解释变量	模型 (1)	模型 (2)	模型 (3)	模型 (4)	模型 (5)	模型 (6)	模型 (7)	模型 (8)
lnTFP			− 0. 0599 *** (0. 0015)	− 0. 0263 *** (0. 0016)	− 0. 0049 *** (0. 0018)	− 0. 0026 (0. 0019)	− 0. 0049 ** (0. 0022)	− 0. 0023 (0. 0022)
lnCI			− 0. 0447 *** (0. 0017)	− 0. 0184 *** (0. 0019)	− 0. 0385 *** (0. 0020)	− 0. 0349 *** (0. 0021)	− 0. 0369 *** (0. 0023)	− 0. 0321 *** (0. 0025)
EI			0. 0122 *** (0. 0015)	− 0. 0023 (0. 0015)	− 0. 0105 *** (0. 0016)	− 0. 0193 *** (0. 0017)	− 0. 0113 *** (0. 0019)	− 0. 0198 *** (0. 0020)
SC			0. 0307 *** (0. 0014)	0. 0151 *** (0. 0015)	− 0. 0059 *** (0. 0016)	− 0. 0012 (0. 0016)	− 0. 0056 *** (0. 0019)	− 0. 0007 (0. 0020)
NPR			0. 0328 *** (0. 0014)	0. 0260 *** (0. 0014)	0. 0046 *** (0. 0015)	0. 0053 *** (0. 0016)	0. 0052 *** (0. 0018)	0. 0067 *** (0. 0018)
HHI			0. 0216 *** (0. 0016)	0. 1155 *** (0. 0039)	0. 0010 (0. 0017)	0. 0049 (0. 0043)	0. 0008 (0. 0021)	0. 0029 (0. 0051)
MI_LP			0. 0061 *** (0. 0017)	− 0. 0073 *** (0. 0018)	− 0. 0391 *** (0. 0020)	− 0. 0274 *** (0. 0020)	− 0. 0385 *** (0. 0023)	− 0. 0270 *** (0. 0024)
lnL			0. 0502 *** (0. 0016)	0. 0178 *** (0. 0017)	− 0. 0444 *** (0. 0019)	− 0. 0395 *** (0. 0020)	− 0. 0441 *** (0. 0023)	− 0. 0402 *** (0. 0024)
lnAGE			0. 0124 *** (0. 0015)	0. 0207 *** (0. 0015)	0. 0166 *** (0. 0016)	0. 0166 *** (0. 0016)	0. 0160 *** (0. 0019)	0. 0163 *** (0. 0019)
PDIDBE			0. 1181 *** (0. 0012)	0. 1347 *** (0. 0012)	− 0. 0436 *** (0. 0022)	− 0. 0457 *** (0. 0023)	− 0. 0421 *** (0. 0026)	− 0. 0441 *** (0. 0027)
REQIDBG					0. 0061 ** (0. 0031)	0. 0071 ** (0. 0031)	0. 0049 (0. 0036)	0. 0067 * (0. 0036)
coreIDBE					− 0. 0760 *** (0. 0018)	− 0. 0664 *** (0. 0018)	− 0. 0790 *** (0. 0021)	− 0. 0688 *** (0. 0022)
lnRVIDBG					− 1. 0808 *** (0. 0018)	− 1. 0842 *** (0. 0018)	− 1. 0859 *** (0. 0021)	− 1. 0895 *** (0. 0021)
C							− 0. 0018 (0. 0023)	− 0. 0067 *** (0. 0023)
D							0. 0055 (0. 0078)	0. 0057 (0. 0078)
E							0. 0675 *** (0. 0109)	0. 0594 *** (0. 0109)
F							0. 0554 ** (0. 0255)	0. 0585 ** (0. 0254)
RPGDP							− 0. 0082 *** (0. 0023)	− 0. 0060 *** (0. 0023)

续表

解释变量	模型 (1)	模型 (2)	模型 (3)	模型 (4)	模型 (5)	模型 (6)	模型 (7)	模型 (8)
NRI							−0.0010 (0.0020)	−0.0006 (0.0020)
ERF							0.0021 (0.0019)	0.0025 (0.0019)
年份效应	否	是	否	是	否	是	否	是
行业效应	否	是	否	是	否	是	否	是
地区效应	否	是	否	是	否	是	否	是
对数伪 似然数	−8591374.3000	−8561772.7000	−4284883.5000	−4270381.9000	−2520859.5000	−2520287.2000	−1725298.5000	−1724880.9000
样本数	1861170	1861170	897707	897707	590944	590944	423299	423299

注：括号内为稳健性标准误，***、**、*分别表示1%、5%和10%的显著性水平。

需要留意的是，Cox 模型的被解释变量是企业—产品层面出口退出概率，因此如果回归估计系数显著为负，则意味着企业全球价值链分工位置提升对企业—产品层面出口持续概率的影响作用显著为正。以上回归结果均通过基于舍恩菲尔德残差的 PH 检验，检验结果 P 值均大于10%，无法拒绝存在比例风险假定的原假设。回归结果发现，企业全球价值链分工位置提升使企业在全球产业竞争中将占据更有主导权的优势地位，显著促进企业出口持续概率的提升。

7.4.3 稳健性检验

1. 基于威布尔分布参数回归的稳健性检验

本书采用基于威布尔分布假设的参数回归进行稳健性检验。回归结果如表 7-5 所示。其中，模型 (1) 选择基于威布尔分布假设的参数回归进行实证分析，控制年份固定效应、行业固定效应以及省份地区效应，但没有考虑企业特征变量、产品特征变量以及引力模型变量等控制变量；模型 (2) 选择基于威布尔分布假设的参数回归进行实证分析，控制年份固定效应、行业固定效应以及省份地区效应，将企业特征变量作为控制变量纳入回归估计，但没有考虑产品特征变量以及引力模型变量等控制变量；模型 (3) 选择基于威布尔分布假设的参数回归进行实证分析，控制年份固定效应、行业固定效应以及省份地区效应，将企业特征变量、产品特征变量作为控制变量纳入回归估计，但没有考虑引力模型变量等控制变量；模型（4）选择基于威布尔分布假设的参数回归进行实证分析，控制年份固定效应、行业固定效应以及省份地区效应，并同时将企业特征变量、产品特征变量和引力模型变量作为控制变量纳入回归估计。

表 7 - 5　　　　稳健性回归结果（基于威布尔分布假设的参数回归）

解释变量	模型（1）	模型（2）	模型（3）	模型（4）
DVAR_KT	- 0. 0933 *** (0. 0016)	- 0. 0823 *** (0. 0023)	- 0. 0163 *** (0. 0030)	- 0. 0176 *** (0. 0035)
企业特征控制变量	否	是	是	是
行业特征控制变量	否	否	是	是
引力模型控制变量	否	否	否	是
常数项	是	是	是	是
年份效应	是	是	是	是
行业效应	是	是	是	是
地区效应	是	是	是	是
对数似然数	25379. 3900	29954. 2230	125814. 8900	85987. 3170
样本数	1861170	897707	590944	423299

注：括号内为稳健性标准误，*** 、** 、* 分别表示1%、5%和10%的显著性水平。

需要留意的是，威布尔分布参数回归模型的被解释变量是企业—产品层面出口退出概率，因此如果回归估计系数显著为负，则意味着企业全球价值链分工位置提升对企业—产品层面出口持续概率的影响作用显著为正。回归结果发现，企业全球价值链分工位置提升显著提高企业出口持续概率，这与基准回归结果基本一致。

2. 基于核心解释变量替代变量的稳健性检验

本书进一步采用 KT 法估算的企业—产品层面出口国内增加值率占行业内龙头企业最大值比重 MDVAR_KT 作为核心解释变量的替代变量，进行稳健性检验。回归结果如表 7 - 6 所示。其中，模型（1）选择 Cox 比例风险模型进行实证分析，控制年份固定效应、行业固定效应以及省份地区效应，但没有考虑企业特征变量、产品特征变量以及引力模型变量等控制变量；模型（2）选择 Cox 比例风险模型进行实证分析，控制年份固定效应、行业固定效应以及省份地区效应，将企业特征变量作为控制变量纳入回归估计，但没有考虑产品特征变量以及引力模型变量等控制变量；模型（3）选择 Cox 比例风险模型进行实证分析，控制年份固定效应、行业固定效应以及省份地区效应，将企业特征变量、产品特征变量作为控制变量纳入回归估计，但没有考虑引力模型变量等控制变量；模型（4）选择 Cox 比例风险模型进行实证分析，控制年份固定效应、行业固定效应以及省份地区效应，并同时将企业特征变量、产品特征变量和引力模型变量作为控制变量纳入回归估计。

表 7-6　　　　　稳健性检验（采用核心解释变量的替代变量）

解释变量	模型（1）	模型（2）	模型（3）	模型（4）
MDVAR_KT	-0.0704 *** (0.0013)	-0.0591 *** (0.0017)	-0.0126 *** (0.0020)	-0.0126 *** (0.0024)
企业特征控制变量	否	是	是	是
行业特征控制变量	否	否	是	是
引力模型控制变量	否	否	否	是
年份效应	是	是	是	是
行业效应	是	是	是	是
地区效应	是	是	是	是
对数伪似然数	-8561771.9000	-4270381.8000	-2520287.2000	-1724880.9000
样本数	1861170	897707	590944	423299

注：括号内为稳健性标准误，***、**、*分别表示1%、5%和10%的显著性水平。

需要留意的是，Cox 模型的被解释变量是企业—产品层面出口退出概率，因此如果回归估计系数显著为负，则意味着企业全球价值链分工位置提升对企业—产品层面出口持续概率的影响作用显著为正。以上回归结果均通过基于舍恩菲尔德残差的 PH 检验，检验结果 P 值均大于10%，无法拒绝存在比例风险假定的原假设。回归结果发现，企业全球价值链分工位置提升依然显著提高企业出口持续概率，这与基准回归结果基本一致。

7.4.4　异质性检验

1. 按贸易方式分组检验

本书所获取的海关数据样本中，2007～2011 年的数据仅包括一般贸易和加工贸易两种方式，所以 2000～2006 年的数据库仅保留一般贸易和加工贸易的数据，以确保数据一致性。本书将贸易方式分为一般贸易为主的企业以及加工贸易为主的企业。如果企业—产品—国家层面的出口贸易中一般贸易占比超过 50%，则将该企业视为以一般贸易为主的企业，反之则视为以加工贸易为主的企业。按贸易方式分组检验结果如表 7-7 所示。其中，模型（1）采用以一般贸易为主的企业样本，选择 Cox 比例风险模型进行实证分析，没有控制年份固定效应、行业固定效应以及省份地区效应，并同时将企业特征变量、产品特征变量和引力模型变量作为控制变量纳入回归估计；模型（2）采用以一般贸易为主的企业样本，选择 Cox 比例风险模型进行实证分析，控制年份固定效应、行业固定效应以及省份地区效应，并同时将企业特征变量、产品特征变量和引力模型变量作为控制变量纳入回归估计；模型（3）采用以加工贸易为主的企业样本，选择 Cox 比例风险模型进行实证分析，没有控制年份固定效应、行业固定效应以及省份地区效应，并同时将企业特征变量、产品特征变量和引力模型变量作为控制变量纳入回归估计；模型（4）采用以加工贸易为主的企业样本，选择 Cox 比例风险模型进行实证分析，控制年份固定效应、行业固定效应以及省份地区效应，并同时将企业特征变量、产品特征变量和引力模型变量作为控制变量纳入回归估计。

表 7-7　　　　　　　　分组异质性检验结果（按贸易方式分类）

解释变量	以一般贸易为主的企业		以加工贸易为主的企业	
	模型（1）	模型（2）	模型（3）	模型（4）
DVAR_KT	-0.0193 *** (0.0024)	-0.0141 *** (0.0027)	0.0034 (0.0044)	-0.0131 *** (0.0050)
企业特征控制变量	是	是	是	是
行业特征控制变量	是	是	是	是
引力模型控制变量	是	是	是	是
年份效应	否	是	否	是
行业效应	否	是	否	是
地区效应	否	是	否	是
对数伪似然数	-1371075.9000	-1370701.6000	-286038.7600	-285938.5200
样本数	334698	334698	88601	88601

注：括号内为稳健性标准误，*** 、** 、* 分别表示 1%、5% 和 10% 的显著性水平。

需要留意的是，Cox 模型的被解释变量是企业—产品层面出口退出概率，因此如果回归估计系数显著为负，则意味着企业全球价值链分工位置提升对企业—产品层面出口持续概率的影响作用显著为正。模型（1）和模型（2）的回归结果均通过基于舍恩菲尔德残差的 PH 检验，检验结果 P 值均大于10%，无法拒绝存在比例风险假定的原假设；模型（3）和模型（4）的回归结果没有通过基于舍恩菲尔德残差的 PH 检验，比例风险假定不存在，回归结果不可靠。回归结果发现，从贸易方式分类来看，企业全球价值链分工位置提升对企业出口持续概率的影响作用显著为正，且这种影响作用主要体现在以一般贸易为主的企业样本。

2. 按所有制分类分组检验

本书所获取的工业企业数据库中，关于企业所有制类型分类有一个识别变量，其中代码1为国有绝对控股企业，代码2为国有相对控股企业，代码3为私人控股企业，代码4为港澳台商控股企业，代码5为外商投资企业，代码9为其他。本书将国有绝对控股企业以及国有相对控股企业认定为国有企业，并根据隶属关系，进一步划分为中央企业（隶属关系代码为10）和地方国有企业（隶属关系代码为20、40、50、61、62、63、71、72 和90）；同时将私人控股企业认定为私营企业，港澳台商控股企业以及外商投资企业认定为外资企业。按所有制分类分组检验结果如表7-8所示。其中，模型（1）采用中央企业样本，并选择 Cox 比例风险模型进行实证分析，没有控制年份固定效应、行业固定效应以及省份地区效应，并同时将企业特征变量、产品特征变量和引力模型变量作为控制变量纳入回归估计；模型（2）采用中央企业样本，并选择 Cox 比例风险模型进行实证分析，控制年份固定效应、行业固定效应以及省份地区效应，并同时将企业特征变量、产品特征变量和引力模型变量作为控制变量纳入回归估计；模型（3）采用地方国有企业样本，并选择 Cox 比例风险模型进行实证分析，没有控制年份固定效应、行业固定效应以及省份地区效应，并同时将企业特征变量、产品特征变量和引力模型变量作为控制变量纳入回归估计；模型（4）采用地方国有企业样本，并选择 Cox 比例风险模型进行实证分析，控制年份固定效应、行业固定效应以及省份地区效应，并同时将企业特征变量、产品特征变量和引力模型变量作为控制变量纳入回归估计；模型（5）采用私营企业样本，并选择

Cox 比例风险模型进行实证分析，没有控制年份固定效应、行业固定效应以及省份地区效应，并同时将企业特征变量、产品特征变量和引力模型变量作为控制变量纳入回归估计；模型（6）采用私营企业样本，并选择 Cox 比例风险模型进行实证分析，控制年份固定效应、行业固定效应以及省份地区效应，并同时将企业特征变量、产品特征变量和引力模型变量作为控制变量纳入回归估计；模型（7）采用外资企业样本，并选择 Cox 比例风险模型进行实证分析，没有控制年份固定效应、行业固定效应以及省份地区效应，并同时将企业特征变量、产品特征变量和引力模型变量作为控制变量纳入回归估计；模型（8）采用外资企业样本，并选择 Cox 比例风险模型进行实证分析，控制年份固定效应、行业固定效应以及省份地区效应，并同时将企业特征变量、产品特征变量和引力模型变量作为控制变量纳入回归估计。

表 7 - 8　　　　　分组异质性检验结果（按企业所有制类型分类）

解释变量	中央企业		地方国有企业		私营企业		外资企业	
	模型（1）	模型（2）	模型（3）	模型（4）	模型（5）	模型（6）	模型（7）	模型（8）
DVAR_KT	- 0.0513 *	- 0.0026	- 0.0269 ***	- 0.0236 **	- 0.0180 ***	- 0.0112 **	0.0004	0.0012
	(0.0276)	(0.0301)	(0.0089)	(0.0103)	(0.0049)	(0.0055)	(0.0038)	(0.0042)
控制变量	是	是	是	是	是	是	是	是
年份效应	否	是	否	是	否	是	否	是
行业效应	否	是	否	是	否	是	否	是
地区效应	否	是	否	是	否	是	否	是
对数伪似然数	- 6090.8644	- 6065.0326	- 73318.2140	- 73247.6040	- 365308.4200	- 365194.6700	- 407573.6600	- 407459.9600
样本数	2862	2862	26266	26266	111406	111406	110185	110185

注：括号内为稳健性标准误，***、**、*分别表示1%、5%和10%的显著性水平。

需要留意的是，Cox 模型的被解释变量是企业—产品层面出口退出概率，因此如果回归估计系数显著为负，则意味着企业全球价值链分工位置提升对企业—产品层面出口持续概率的影响作用显著为正。模型（1）和模型（2）的回归结果没有通过基于舍恩菲尔德残差的 PH 检验，比例风险假定不存在，回归结果不可靠；模型（3）、模型（4）、模型（5）、模型（6）、模型（7）和模型（8）均通过基于舍恩菲尔德残差的 PH 检验，检验结果 P 值均大于

10%，无法拒绝存在比例风险假定的原假设。回归结果发现，企业全球价值链分工位置提升对企业出口持续概率的影响作用显著为正，且这种影响效应主要体现在地方国有企业样本以及私营企业样本，其中地方国有企业的影响作用更为强烈。

3. 按企业规模大小分组检验

本书基于工业企业数据库中企业规模变量，将所获取的样本划分为大型企业、中型企业和小型企业。其中代码 1 为大型企业，代码 11 为特大型企业，代码 12 为大一型企业，代码 13 为大二型企业，代码 2 为中型企业，代码 21 为中一型企业，代码 22 为中二型企业，代码 30 为小型企业。本书采用剔除中间贸易商且进行缩尾处理的数据样本进行回归检验。按企业规模大小分组检验结果如表 7 - 9 所示。其中，模型（1）采用大型企业样本，并选择 Cox 比例风险模型进行实证分析，没有控制年份固定效应、行业固定效应以及省份地区效应，并同时将企业特征变量、产品特征变量和引力模型变量作为控制变量纳入回归估计；模型（2）采用大型企业样本，并选择 Cox 比例风险模型进行实证分析，控制年份固定效应、行业固定效应以及省份地区效应，并同时将企业特征变量、产品特征变量和引力模型变量作为控制变量纳入回归估计；模型（3）采用中型企业样本，并选择 Cox 比例风险模型进行实证分析，没有控制年份固定效应、行业固定效应以及省份地区效应，并同时将企业特征变量、产品特征变量和引力模型变量作为控制变量纳入回归估计；模型（4）采用中型企业样本，并选择 Cox 比例风险模型进行实证分析，控制年份固定效应、行业固定效应以及省份地区效应，并同时将企业特征变量、产品特征变量和引力模型变量作为控制变量纳入回归估计；模型（5）采用小型企业样本，并选择 Cox 比例风险模型进行实证分析，没有控制年份固定效应、行业固定效应以及省份地区效应，并同时将企业特征变量、产品特征变量和引力模型变量作为控制变量纳入回归估计；模型（6）采用小型企业样本，并选择 Cox 比例风险模型进行实证分析，控制年份固定效应、行业固定效应以及省份地区效应，并同时将企业特征变量、产品特征变量和引力模型变量作为控制变量纳入回归估计。

表 7 - 9　　　　　　分组异质性检验结果（按企业规模大小分类）

解释变量	大型企业		中型企业		小型企业	
	模型（1）	模型（2）	模型（3）	模型（4）	模型（5）	模型（6）
DVAR_KT	- 0.0334 ***	- 0.0336 ***	- 0.0106 ***	- 0.0098 **	- 0.0027	- 0.0088
	(0.0062)	(0.0066)	(0.0036)	(0.0040)	(0.0065)	(0.0071)
控制变量	是	是	是	是	是	是
年份效应	否	是	否	是	否	是
行业效应	否	是	否	是	否	是
地区效应	否	是	否	是	否	是
对数伪似然数	- 98192.4070	- 98094.7720	- 456009.0400	- 455891.5400	- 164893.6600	- 164818.6600
样本数	29127	29127	122928	122928	47157	47157

注：括号内为稳健性标准误，*** 、** 、* 分别表示 1%、5% 和 10% 的显著性水平。

需要留意的是，Cox 模型的被解释变量是企业—产品层面出口退出概率，因此如果回归估计系数显著为负，则意味着企业全球价值链分工位置提升对企业—产品层面出口持续概率的影响作用显著为正。模型（1）、模型（2）、模型（3）和模型（4）均没有通过基于舍恩菲尔德残差的 PH 检验，比例风险假定不存在，回归结果不可靠；模型（5）和模型（6）均通过基于舍恩菲尔德残差的 PH 检验，检验结果 P 值均大于 10%，无法拒绝存在比例风险假定的原假设。回归结果发现，从企业规模分类来看，企业全球价值链分工位置提升对企业出口持续概率的影响作用显著为正，且这种影响作用主要体现在小规模企业。

4. 按行业要素密集类型分组检验

根据各行业要素依赖程度不同，将所有样本划分为资源密集型行业、劳动密集型行业、资本密集型行业和资本及技术密集型行业。参考谢建国（2003）、邱斌等（2012）、洪世勤和刘厚俊（2013）、冯根福和毛毅（2015）以及陈旭等（2019）的划分方法以及 2002 年版国民经济行业分类代码，将煤炭开采和洗选业（行业代码 06）、石油和天然气开采业（行业代码 07）、黑色金属矿采选业（行业代码 08）、有色金属矿采选业（行业代码 09）、非金属矿采选业（行业代码 10）、其他采矿业（行业代码 11）归类为资源密集型行业；将农副食品加工业（行业代码 13），食品制造业（行业代码 14），饮料制造业（行业代码15），烟草制造业（行业代码16），纺织业（行业代码17），纺织服装、鞋、帽制造业（行业代码18），皮革、毛皮、羽毛（绒）及其制造业（行业代码19），木材加工及木、竹、藤、棕、草制品业（行业代码20）归类为劳动密集型行业；将家具制造业（行业代码21）、造纸及纸制品业（行业代码22）、印刷业和记录媒介的复制（行业代码23）、文教体育用品制造业（行业代码24）、化学原料及化学制品制造业（行业代码26）、橡胶制品业（行业代码29）、塑料制品业（行业代码30）、非金属矿物制品业（行业代码31）、金属制品业（行业代码34）归类为资本密集型行业；将石油加工、炼焦及核燃料加工业（行业代码25），医药制造业（行业代码27），化学纤维制造业（行业代码28），黑色金属冶炼及压延加工业（行业代码32），有色金属冶炼及压延加工业（行业代码33），通用设备制造业（行业代码35），专用设备制造业（行业代码36），交通运输设备制造业（行业代码37），电气机械及器材制造业（行业代码39），通信设备、计算机及其他电子设备制造业（行业代码40），仪器仪表及文化、办公用机械制造业（行业代码41），工艺品及其他制造业（行业代码42）归类为资本及技术密集型行业。按行业要素密集类型分组检验结果如表7-10所示。其中，模型（1）采用资源密集型行业样本，并选择Cox比例风险模型进行实证分析，没有控制年份固定效应、行业固定效应以及省份地区效应，并同时将企业特征变量、产品特征变量和引力模型变量作为控制变量纳入回归估计；模型（2）采用资源密集型行业样本，并选择Cox比例风险模型进行实证分析，控制年份固定效应、行业固定效应以及省份地区效应，并同时将企业特征变量、产品特征变量和引力模型变量作为控制变量纳入回归估计；模型（3）采用劳动密集型行业样本，并选择Cox比例风险模型进行实证分析，没有控制年份固定效应、行业固定效应以及省份地区效应，并同时将企业特征变量、产品特征变量和引力模型变量作为控制变量纳入回归估计；模型（4）采用劳动密集型行业样本，并选择Cox比例风险模型进行实证分析，控制年份固定效应、行业固定效应以及省份地区效应，并同时将企业特征变量、产品特征变量和引力模型变量作为控制变量纳入回归估计；模型（5）采用资本密集型行业样本，并选择Cox比例风险模型进行实证分析，没有控制年份固定效应、行业固定效应以及省份地区效应，并同时将企业特征变量、产品特征变量和引力模型变量作为控制变量纳入回归估计；模型（6）采用资本密集型行业样本，并选择 Cox 比例风险模型进行实证分析，控制年份固定效应、行业固定效应以及省份地区效应，并同时将企业特征变量、产品特征变量和引力模型变量作为控制变量纳入回归估计；模型（7）采用资本及技术密集型行业样本，并选择 Cox 比例风险模型进行实证分析，没有控制年份固定效应、行业固定效应以及省份地区效应，并同时将企业特征变量、产品特征变量和引力模型变量作为控制变量纳入回归估计；模型（8）采用资本及技术密集型行业样本，并选择 Cox 比例风险模型进行实证分析，控制年份固定效应、行业固定效应以及省份地区效应，并同时将企业特征变量、产品特征变量和引力模型变量作为控制变量纳入回归估计。

表 7 – 10　　　　分组异质性检验结果（按行业要素依赖特征分类）

解释变量	资源密集型		劳动密集型		资本密集型		资本及技术密集型	
	模型（1）	模型（2）	模型（3）	模型（4）	模型（5）	模型（6）	模型（7）	模型（8）
DVAR_KT	0.1704 (0.1557)	0.3010 * (0.1735)	0.0802 *** (0.0114)	0.0505 *** (0.0120)	0.0149 *** (0.0044)	0.0101 ** (0.0045)	– 0.0199 *** (0.0026)	– 0.0258 *** (0.0027)
控制变量	是	是	是	是	是	是	是	是
年份效应	否	是	否	是	否	是	否	是
行业效应	否	是	否	是	否	是	否	是
地区效应	否	是	否	是	否	是	否	是
对数伪似然数	– 313.1447	– 305.8816	– 288667.1900	– 288417.5700	– 510498.7000	– 510351.0700	– 780411.3100	– 780272.7800
样本数	305	305	108951	108951	129821	129821	184222	184222

注：括号内为稳健性标准误，***、**、* 分别表示 1%、5% 和 10% 的显著性水平。

需要留意的是，Cox 模型的被解释变量是企业—产品层面出口退出概率，因此如果回归估计系数显著为负，则意味着企业全球价值链分工位置提升对企业—产品层面出口持续概率的影响作用显著为正。模型（1）、模型（2）、模型（7）和模型（8）没有通过基于舍恩菲尔德残差的 PH 检验，比例风险假定不存在，回归结果不可靠；模型（3）、模型（4）、模型（5）和模型（6）均通过基于舍恩菲尔德残差的 PH 检验，检验结果 P 值均大于 10%，无法拒绝存在比例风险假定的原假设。回归结果发现，企业全球价值链分工位置提升对企业出口持续概率的影响作用显著为正，主要体现在资本及技术密集型企业，但回归结果不可靠，相反，这一影响作用在劳动密集型企业以及资本密集型企业上，则转变为负向影响作用。也就是说，劳动密集型企业以及资本密集型企业对国外要素市场的依赖程度进一步降低，全球价值链分工位置得到提升，但其出口持续概率反而出现下滑趋势，这可能是因为相对于国际市场，这类企业更多的是内需市场导向型的企业，这一观点有待进一步论证。

7.5 进一步分析

本书选取企业应对融资约束能力、技术效率、贸易依存度、沉没成本、产品功能、市场地位、出口产品多元化等企业特征变量以及出口产品质量、出口产品核心程度、产品出口规模等产品特征变量作为调节变量，考察上述变量对企业全球价值链地位提升对企业出口持续概率影响作用的调节效应。

7.5.1 企业应对融资约束能力提升的调节效应

本书用企业利息支出占总资产比重计算得到企业融资能力变量 FC，因此用企业融资能力变量 FC 来说明企业应对融资约束能力提升的调节效应。引入企业融资能力变量 FC 与企业全球价值链分工位置的交乘项，捕捉企业融资能力对企业全球价值链地位提升对企业出口持续影响作用的调节效应。

采用 KT 法估算的企业—产品层面的出口国内增加值率（Kee & Tang，2016）为核心解释变量进行基准回归，并采用 KT 法估算的企业—产品层面出口国内增加值率占行业内龙头企业最大值比重为核心解释变量的替代变量进行稳健性检验。回归结果如表 7 - 11 所示。其中，模型（1）核心解释变量为 DVAR_KT，选择 Cox 比例风险模型进行实证分析，没有控制年份固定效应、行业固定效应以及省份地区效应，考虑企业特征变量、产品特征变量以及引力模型变量等控制变量；模型（2）核心解释变量为 DVAR_KT，选择 Cox 比例风险模型进行实证分析，控制年份固定效应、行业固定效应以及省份地区效应，考虑企业特征变量、产品特征变量以及引力模型变量等控制变量；模型（3）核心解释变量为 MDVAR_KT，选择 Cox 比例风险模型进行实证分析，没有控制年份固定效应、行业固定效应以及省份地区效应，考虑企业特征变量、产品特征变量以及引力模型变量等控制变量；模型（4）核心解释变量为 MDVAR_KT，选择 Cox 比例风险模型进行实证分析，控制年份固定效应、行业固定效应以及省份地区效应，考虑企业特征变量、产品特征变量以及引力模型变量等控制变量。

表 7－11　　　　调节效应基准回归及稳健性检验（企业融资能力）

解释变量	基准回归		稳健性检验	
	模型（1）	模型（2）	模型（3）	模型（4）
DVAR_KT	－0.0122 *** (0.0022)	－0.0135 *** (0.0024)		
MDVAR_KT			－0.0122 *** (0.0022)	－0.0135 *** (0.0024)
FC	－0.0130 *** (0.0020)	－0.0076 *** (0.0021)	－0.0130 *** (0.0020)	－0.0076 *** (0.0021)
DVAR_KT × FC	－0.0065 *** (0.0022)	－0.0049 ** (0.0022)		
MDVAR_KT × FC			－0.0065 *** (0.0022)	－0.0049 ** (0.0022)
控制变量	是	是	是	是
年份效应	否	是	否	是
行业效应	否	是	否	是
地区效应	否	是	否	是
对数伪似然数	－17252296.3000	－1724879.6000	－1725296.4000	－1724879.6000
样本数	423299	423299	423299	423299

注：括号内为稳健性标准误，***、**、*分别表示1%、5%和10%的显著性水平。

需要留意的是，Cox 模型的被解释变量是企业—产品层面出口退出概率，因此如果回归估计系数显著为负，则意味着企业全球价值链分工位置提升对企业—产品层面出口持续概率的影响作用显著为正。以上回归结果均通过基于舍恩菲尔德残差的 PH 检验，检验结果 P 值均大于10%，无法拒绝存在比例风险假定的原假设。回归结果发现，企业应对融资约束能力对企业全球价值链分工位置变化影响出口持续概率的作用的调节效应显著为正，即随着企业应对融资约束能力的提升，企业全球价值链分工位置提升影响出口持续概率的作用将随之增强，政府可以通过政策引导提升企业应对融资约束能力，从而进一步扩大企业全球价值链分工位置提升对其出口持续概率的促进效应。

7.5.2 企业技术效率提升的调节效应

引入企业全要素生产率 lnTFP 与企业全球价值链分工位置的交乘项，捕捉企业技术效率对企业全球价值链地位提升对其出口持续影响作用的调节效应。

采用 KT 法估算的企业—产品层面的出口国内增加值率（Kee & Tang, 2016）为核心解释变量进行基准回归，并采用 KT 法估算的企业—产品层面出口国内增加值率占行业内龙头企业最大值的比重为核心解释变量的替代变量进行稳健性检验。回归结果如表 7 – 12 所示。其中，模型（1）核心解释变量为 DVAR_KT，选择 Cox 比例风险模型进行实证分析，没有控制年份固定效应、行业固定效应以及省份地区效应，考虑企业特征变量、产品特征变量以及引力模型变量等控制变量；模型（2）核心解释变量为 DVAR_KT，选择 Cox 比例风险模型进行实证分析，控制年份固定效应、行业固定效应以及省份地区效应，考虑企业特征变量、产品特征变量以及引力模型变量等控制变量；模型（3）核心解释变量为 MDVAR_KT，选择 Cox 比例风险模型进行实证分析，没有控制年份固定效应、行业固定效应以及省份地区效应，考虑企业特征变量、产品特征变量以及引力模型变量等控制变量；模型（4）核心解释变量为 MDVAR_KT，选择 Cox 比例风险模型进行实证分析，控制年份固定效应、行业固定效应以及省份地区效应，考虑企业特征变量、产品特征变量以及引力模型变量等控制变量。

表 7 – 12　　　调节效应基准回归及稳健性检验（企业技术效率）

解释变量	基准回归		稳健性检验	
	模型（1）	模型（2）	模型（3）	模型（4）
DVAR_KT	– 0.0110 *** (0.0021)	– 0.0126 *** (0.0024)		
MDVAR_KT			– 0.0110 *** (0.0021)	– 0.0126 *** (0.0024)

续表

解释变量	基准回归		稳健性检验	
	模型（1）	模型（2）	模型（3）	模型（4）
lnTFP	−0.0058 *** （0.0022）	−0.0030 （0.0022）	−0.0058 *** （0.0022）	−0.0030 （0.0022）
DVAR_KT × lnTFP	−0.0041 ** （0.0017）	−0.0031 * （0.0017）		
MDVAR_KT × lnTFP			−0.0041 ** （0.0017）	−0.0031 * （0.0017）
控制变量	是	是	是	是
年份效应	否	是	否	是
行业效应	否	是	否	是
地区效应	否	是	否	是
对数伪似然数	−1725297.1000	−1724880.0000	−1725297.1000	1724880.0000
样本数	423299	423299	423299	423299

注：括号内为稳健性标准误，***、**、*分别表示1%、5%和10%的显著性水平。

　　需要留意的是，Cox模型的被解释变量是企业—产品层面出口退出概率，因此如果回归估计系数显著为负，则意味着企业全球价值链分工位置提升对企业—产品层面出口持续概率的影响作用显著为正。以上回归结果均通过甚于舍恩菲尔德残差的PH检验，检验结果P值均大于10%，无法拒绝存在比例风险假定的原假设。回归结果发现，企业技术效率对企业全球价值链分工位置变化影响出口持续概率的作用的调节效应显著为正，即随着企业技术效率的提升，企业全球价值链分工位置提升影响出口持续概率的作用将随之增强，政府可以通过政策引导加快提升企业技术效率，从而进一步扩大企业全球价值链分工位置提升对其出口持续概率的促进效应。而且与企业应对融资约束能力因素相比较，提升企业技术效率的成效更为突出。

7.5.3　企业贸易依存度的调节效应

　　本书用出口贸易额除以工业销售产值计算得到贸易密度EI，因此用贸易密度EI来说明贸易依存度的调节效应。引入企业贸易密度EI与企业全球价值链分工位置的交乘项，捕捉企业贸易密度对企业全球价值链地位提升对企业出口持续影响作用的调节效应。

采用 KT 法估算的企业—产品层面的出口国内增加值率（Kee & Tang, 2016）为核心解释变量进行基准回归，并采用 KT 法估算的企业—产品层面出口国内增加值率占行业内龙头企业最大值比重为核心解释变量的替代变量进行稳健性检验。回归结果如表 7-13 所示。其中，模型（1）核心解释变量为 DVAR_KT，选择 Cox 比例风险模型进行实证分析，没有控制年份固定效应、行业固定效应以及省份地区效应，考虑企业特征变量、产品特征变量以及引力模型变量等控制变量；模型（2）核心解释变量为 DVAR_KT，选择 Cox 比例风险模型进行实证分析，控制年份固定效应、行业固定效应以及省份地区效应，考虑企业特征变量、产品特征变量以及引力模型变量等控制变量；模型（3）核心解释变量为 MDVAR_KT，选择 Cox 比例风险模型进行实证分析，没有控制年份固定效应、行业固定效应以及省份地区效应，考虑企业特征变量、产品特征变量以及引力模型变量等控制变量；模型（4）核心解释变量为 MDVAR_KT，选择 Cox 比例风险模型进行实证分析，控制年份固定效应、行业固定效应以及省份地区效应，考虑企业特征变量、产品特征变量以及引力模型变量等控制变量。

表 7-13　　　　　调节效应基准回归及稳健性检验（企业贸易密度）

解释变量	基准回归		稳健性检验	
	模型（1）	模型（2）	模型（3）	模型（4）
DVAR_KT	−0.0107 *** (0.0021)	−0.0119 *** (0.0024)		
MDVAR_KT			−0.0107 *** (0.0021)	−0.0119 *** (0.0024)
EI	−0.0092 *** (0.0019)	−0.0178 *** (0.0020)	−0.0092 *** (0.0019)	−0.0178 *** (0.0020)
DVAR_KT × EI	0.0165 *** (0.0019)	0.0171 *** (0.0019)		
MDVAR_KT × EI			0.0165 *** (0.0019)	0.0171 *** (0.0019)
控制变量	是	是	是	是
年份效应	否	是	否	是

续表

解释变量	基准回归		稳健性检验	
	模型（1）	模型（2）	模型（3）	模型（4）
行业效应	否	是	否	是
地区效应	否	是	否	是
对数伪似然数	− 1725280. 7000	− 1724862. 0000	− 1725280. 7000	− 1724862. 0000
样本数	423299	423299	423299	423299

注：括号内为稳健性标准误，*** 、** 、*分别表示1%、5%和10%的显著性水平。

需要留意的是，Cox 模型的被解释变量是企业—产品层面出口退出概率，因此如果回归估计系数显著为负，则意味着企业全球价值链分工位置提升对企业—产品层面出口持续概率的影响作用显著为正。以上回归结果均通过基于舍恩菲尔德残差的 PH 检验，检验结果 P 值均大于 10%，无法拒绝存在比例风险假定的原假设。回归结果发现，企业贸易依存度对企业全球价值链分工位置变化影响企业出口持续概率的作用的调节效应显著为负，即随企业贸易依存度提升，企业全球价值链分工位置提升影响出口持续概率的作用效应将随之下降，这可能是因为企业对贸易市场的依赖可能会在某种程度上抑制其国际竞争力的提升。

7.5.4　企业沉没成本的调节效应

引入企业沉没成本变量 SC 与企业全球价值链分工位置的交乘项，捕捉企业沉没成本对企业全球价值链地位提升对其出口持续影响作用的调节效应。

采用 KT 法估算的企业—产品层面的出口国内增加值率（Kee & Tang，2016）为核心解释变量进行基准回归，并采用 KT 法估算的企业—产品层面出口国内增加值率占行业内龙头企业最大值比重为核心解释变量的替代变量进行稳健性检验。回归结果如表 7 - 14 所示。其中，模型（1）核心解释变量为 DVAR_KT，选择 Cox 比例风险模型进行实证分析，没有控制年份固定效应、行业固定效应以及省份地区效应，考虑企业特征变量、产品特征变量以及引力模型变量等控制变量；模型（2）核心解释变量为 DVAR_KT，选择 Cox 比例风险模型进行实证分析，控制年份固定效应、行业固定效应以及省份地区效应，考虑企业特征变量、产品特征变量以及引力模型变量等控制变量；模型（3）核心解释变量为 MDVAR_KT，选择 Cox 比例风险模型进行实证分析，没有控制年份固定效应、行业固定效应以及省份地区效应，考虑企业特征变量、产品特征变量以及引力模型变量等控制变量；模型（4）核心解释变量为 MDVAR_KT，选择 Cox 比例风险模型进行实证分析，控制年份固定效应、行业固定效应以及省份地区效应，考虑企业特征变量、产品特征变量以及引力模型变量等控制变量。

表 7-14　　　　调节效应基准回归及稳健性检验（企业沉没成本）

解释变量	基准回归		稳健性检验	
	模型（1）	模型（2）	模型（3）	模型（4）
DVAR_KT	-0.0107 *** (0.0021)	-0.0123 *** (0.0024)		
MDVAR_KT			-0.0107 *** (0.0021)	-0.0123 *** (0.0024)
SC	-0.0055 *** (0.0019)	-0.0006 (0.0020)	-0.0055 *** (0.0019)	-0.0006 (0.0020)
DVAR_KT × SC	0.0022 (0.0019)	0.0024 (0.0019)		
MDVAR_KT × SC			0.0022 (0.0019)	0.0024 (0.0019)
控制变量	是	是	是	是
年份效应	否	是	否	是
行业效应	否	是	否	是
地区效应	否	是	否	是
对数伪似然数	-1725298.2000	-1724880.5000	-1725298.2000	-1724880.5000
样本数	423299	423299	423299	423299

注：括号内为稳健性标准误，***、**、*分别表示1%、5%和10%的显著性水平。

需要留意的是，Cox 模型的被解释变量是企业—产品层面出口退出概率，因此如果回归估计系数显著为负，则意味着企业全球价值链分工位置提升对企业—产品层面出口持续概率的影响作用显著为正。以上回归结果均通过基于舍恩菲尔德残差的 PH 检验，检验结果 P 值均大于10%，无法拒绝存在比例风险假定的原假设。回归结果发现，企业沉没成本调节效应不显著。

7.5.5　企业产品功能提升的调节效应

本书用企业每年新产品产值占工业总产值比重计算得到企业新产品产值比率变量 NPR，企业新产品产值占比越大，企业产品结构更为丰富和全面，产品可以实现的需求价值也随之提升，因此用企业新产品产值比率变量 NPR 来说明企业产品功能提升的调节效应。引入企业新产品产值比率变量 NPR 与企业全球价值链分工位置的交乘项，捕捉企业新产品产值比率对企业全球价值链地位提升对其出口持续影响作用的调节效应。

采用 KT 法估算的企业—产品层面的出口国内增加值率（Kee & Tang，2016）为核心解释变量进行基准回归，并采用 KT 法估算的企业—产品层面出口国内增加值率占行业内龙头企业最大值比重为核心解释变量的替代变量进行稳健性检验。回归结果如表 7 - 15 所示。其中，模型（1）核心解释变量为 DVAR_KT，选择 Cox 比例风险模型进行实证分析，没有控制年份固定效应、行业固定效应以及省份地区效应，考虑企业特征变量、产品特征变量以及引力模型变量等控制变量；模型（2）核心解释变量为 DVAR_KT，选择 Cox 比例风险模型进行实证分析，控制年份固定效应、行业固定效应以及省份地区效应，考虑企业特征变量、产品特征变量以及引力模型变量等控制变量；模型（3）核心解释变量为 MDVAR_KT，选择 Cox 比例风险模型进行实证分析，没有控制年份固定效应、行业固定效应以及省份地区效应，考虑企业特征变量、产品特征变量以及引力模型变量等控制变量；模型（4）核心解释变量为 MDVAR_KT，选择 Cox 比例风险模型进行实证分析，控制年份固定效应、行业固定效应以及省份地区效应，考虑企业特征变量、产品特征变量以及引力模型变量等控制变量。

表 7 - 15　调节效应基准回归及稳健性检验（企业新产品产值比率）

解释变量	基准回归		稳健性检验	
	模型（1）	模型（2）	模型（3）	模型（4）
DVAR_KT	− 0. 0097 *** （0. 0021）	− 0. 0109 *** （0. 0024）		
MDVAR_KT			− 0. 0097 *** （0. 0021）	− 0. 0109 *** （0. 0024）

解释变量	基准回归		稳健性检验	
	模型（1）	模型（2）	模型（3）	模型（4）
NPR	0.0012 (0.0019)	0.0025 (0.0020)	0.0012 (0.0019)	0.0025 (0.0020)
DVAR_KT × NPR	−0.0094 *** (0.0015)	−0.0098 *** (0.0015)		
MDVAR_KT × NPR			−0.0094 *** (0.0015)	−0.0098 *** (0.0015)
控制变量	是	是	是	是
年份效应	否	是	否	是
行业效应	否	是	否	是
地区效应	否	是	否	是
对数伪似然数	−1725289.3000	−1724871.0000	−1725289.4000	−1724871.0000
样本数	423299	423299	423299	423299

注：括号内为稳健性标准误，*** 、** 、* 分别表示 1%、5% 和 10% 的显著性水平。

　　需要留意的是，Cox 模型的被解释变量是企业—产品层面出口退出概率，因此如果回归估计系数显著为负，则意味着企业全球价值链分工位置提升对企业—产品层面出口持续概率的影响作用显著为正。以上回归结果均通过基于舍恩菲尔德残差的 PH 检验，检验结果 P 值均大于 10%，无法拒绝存在比例风险假定的原假设。回归结果发现，企业产品功能提升对企业全球价值链分工位置提升影响企业出口持续概率的作用的调节效应显著为正，且相较于企业应对融资约束能力和技术效率，三者调节效应强烈程度呈"产品功能提升—应对融资约束能力—技术效率"逐步递减的变化特征。

7.5.6　企业市场地位提升的调节效应

　　引入企业市场话语权变量 MI_LP 与企业全球价值链分工位置的交乘项，捕捉企业市场话语权对企业全球价值链地位提升对其出口持续影响作用的调节效应。

　　采用 KT 法估算的企业—产品层面的出口国内增加值率（Kee & Tang，2016）为核心解释变量进行基准回归，并采用 KT 法估算的企业—产品层面出口国内增加值率占行业内龙头企业最大值比重为核心解释变量的替代变量进行稳健性检验。回归结果如表 7 - 16 所示。其中，模型（1）核心解释变量为 DVAR_KT，选择 Cox 比例风险模型进行实证分析，没有控制年份固定效应、行业固定效应以及省份地区效应，考虑企业特征变量、产品特征变量以及引力模型变量等控制变量；模型（2）核心解释变量为 DVAR_KT，选择 Cox 比例风险模型进行实证分析，控制年份固定效应、行业固定效应以及省份地区效应，考虑企业特征变量、产品特征变量以及引力模型变量等控制变量；模型（3）核心解释变量为 MDVAR_KT，选择 Cox 比例风险模型进行实证分析，没有控制年份固定效应、行业固定效应以及省份地区效应，考虑企业特征变量、产品特征变量以及引力模型变量等控制变量；模型（4）核心解释变量为 MDVAR_KT，选择 Cox 比例风险模型进行实证分析，控制年份固定效应、行业固定效应以及省份地区效应，考虑企业特征变量、产品特征变量以及引力模型变量等控制变量。

表 7 - 16　　　调节效应基准回归及稳健性检验（企业市场话语权）

解释变量	基准回归		稳健性检验	
	模型（1）	模型（2）	模型（3）	模型（4）
DVAR_KT	-0.0109 *** (0.0021)	-0.0125 *** (0.0024)		
MDVAR_KT			-0.0109 *** (0.0021)	-0.0125 *** (0.0024)
MI_LP	-0.0406 *** (0.0025)	-0.0282 *** (0.0025)	-0.0406 *** (0.0025)	-0.0282 *** (0.0025)
DVAR_KT × MI_LP	-0.0045 ** (0.0018)	-0.0027 (0.0018)		
MDVAR_KT × MI_LP			-0.0045 ** (0.0018)	-0.0027 (0.0018)
控制变量	是	是	是	是
年份效应	否	是	否	是
行业效应	否	是	否	是
地区效应	否	是	否	是
对数伪似然数	-1725296.9000	-1724880.3000	-1725297.0000	-1724880.3000
样本数	423299	423299	423299	423299

注：括号内为稳健性标准误，***、**、*分别表示1%、5%和10%的显著性水平。

需要留意的是，Cox 模型的被解释变量是企业—产品层面出口退出概率，因此如果回归估计系数显著为负，则意味着企业全球价值链分工位置提升对企业—产品层面出口持续概率的影响作用显著为正。以上回归结果均通过基于舍恩菲尔德残差的 PH 检验，检验结果 P 值均大于 10%，无法拒绝存在比例风险假定的原假设。回归结果发现，企业市场话语权对企业全球价值链分工位置提升影响其出口持续概率作用的调节效应不显著。

7.5.7　企业出口产品多元化的调节效应

引入企业出口产品多元化变量 PDIDBE 与企业全球价值链分工位置的交乘项，捕捉企业出口产品多元化对企业全球价值链地位提升对其出口持续影响作用的调节效应。

采用 KT 法估算的企业—产品层面的出口国内增加值率（Kee & Tang，2016）为核心解释变量进行基准回归，并采用 KT 法估算的企业—产品层面出口国内增加值率占行业内龙头企业最大值比重为核心解释变量的替代变量进行稳健性检验。回归结果如表 7 - 17 所示。其中，模型（1）核心解释变量为 DVAR_KT，选择 Cox 比例风险模型进行实证分析，没有控制年份固定效应、行业固定效应以及省份地区效应，考虑企业特征变量、产品特征变量以及引力模型变量等控制变量；模型（2）核心解释变量为 DVAR_KT，选择 Cox 比例风险模型进行实证分析，控制年份固定效应、行业固定效应以及省份地区效应，考虑企业特征变量、产品特征变量以及引力模型变量等控制变量；模型（3）核心解释变量为 MDVAR_KT，选择 Cox 比例风险模型进行实证分析，没有控制年份固定效应、行业固定效应以及省份地区效应，考虑企业特征变量、产品特征变量以及引力模型变量等控制变量；模型（4）核心解释变量为 MDVAR_KT，选择 Cox 比例风险模型进行实证分析，控制年份固定效应、行业固定效应以及省份地区效应，考虑企业特征变量、产品特征变量以及引力模型变量等控制变量。

需要留意的是，Cox 模型的被解释变量是企业—产品层面出口退出概率，因此如果回归估计系数显著为负，则意味着企业全球价值链分工位置提升对企业—产品层面出口持续概率的影响作用显著为正。以上回归结果均通过基于舍恩菲尔德残差的 PH 检验，检验结果 P 值均大于 10%，无法拒绝存在比

表 7 - 17　　　调节效应基准回归及稳健性检验（企业出口产品多元化）

解释变量	基准回归		稳健性检验	
	模型（1）	模型（2）	模型（3）	模型（4）
DVAR_KT	- 0. 0089 ***	- 0. 0105 ***		
	（0. 0021）	（0. 0024）		
MDVAR_KT			- 0. 0089 ***	- 0. 0105 ***
			（0. 0021）	（0. 0024）
PDIDBE	- 0. 0362 ***	- 0. 0384 ***	- 0. 0362 ***	- 0. 0384 ***
	（0. 0027）	（0. 0028）	（0. 0027）	（0. 0028）
DVAR_KT × PDIDBE	0. 0187 ***	0. 0178 ***		
	（0. 0026）	（0. 0026）		
MDVAR_KT × PDIDBE			0. 0187 ***	0. 0178 ***
			（0. 0026）	（0. 0026）
控制变量	是	是	是	是
年份效应	否	是	否	是
行业效应	否	是	否	是
地区效应	否	是	否	是
对数伪似然数	- 1725285. 4000	- 1724869. 1000	- 1725285. 4000	- 1724869. 1000
样本数	423299	423299	423299	423299

注：括号内为稳健性标准误，*** 、** 、* 分别表示 1%、5% 和 10% 的显著性水平。

例风险假定的原假设。回归结果发现，企业出口产品多元化对企业全球价值链分工位置影响企业出口持续概率的作用的调节效应显著为负，即企业出口产品多元化提升，企业全球价值链分工位置提升对其出口持续的促进效应将逐步降低，且相较于企业贸易依存度，这种抑制效应更为突出。

7.5.8　企业出口产品质量的调节效应

引入企业出口产品质量变量 REQIDBG 与企业全球价值链分工位置的交乘项，捕捉企业出口产品质量对企业全球价值链地位提升对其出口持续影响作用的调节效应。

采用 KT 法估算的企业—产品层面的出口国内增加值率（Kee & Tang，2016）为核心解释变量进行基准回归，并采用 KT 法估算的企业—产品层面出口国内增加值率占行业内龙头企业最大值比重为核心解释变量的替代变量进行稳健性检验。回归结果如表 7 - 18 所示。其中，模型（1）核心解释变量为 DVAR_KT，选择 Cox 比例风险模型进行实证分析，没有控制年份固定效应、行业固定效应以及省份地区效应，考虑企业特征变量、产品特征变量以及引力模型变量等控制变量；模型（2）核心解释变量为 DVAR_KT，选择 Cox 比例风险模型进行实证分析，控制年份固定效应、行业固定效应以及省份地区效应，考虑企业特征变量、产品特征变量以及引力模型变量等控制变量；模型（3）核心解释变量为 MDVAR_KT，选择 Cox 比例风险模型进行实证分析，没有控制年份固定效应、行业固定效应以及省份地区效应，考虑企业特征变量、产品特征变量以及引力模型变量等控制变量；模型（4）核心解释变量为 MDVAR_KT，选择 Cox 比例风险模型进行实证分析，控制年份固定效应、行业固定效应以及省份地区效应，考虑企业特征变量、产品特征变量以及引力模型变量等控制变量。

表 7 - 18   调节效应基准回归及稳健性检验（企业出口产品质量）

解释变量	基准回归		稳健性检验	
	模型（1）	模型（2）	模型（3）	模型（4）
DVAR_KT	- 0. 0112 ***	- 0. 0128 ***		
	(0. 0021)	(0. 0024)		
MDVAR_KT			- 0. 0112 ***	- 0. 0128 ***
			(0. 0021)	(0. 0024)
REQIDBG	0. 0052	0. 0071 *	0. 0052	0. 0071 *
	(0. 0037)	(0. 0037)	(0. 0037)	(0. 0037)
DVAR_KT × REQIDBG	0. 0024	0. 0028		
	(0. 0035)	(0. 0035)		
MDVAR_KT × REQIDBG			0. 0024	0. 0028
			(0. 0035)	(0. 0035)
控制变量	是	是	是	是
年份效应	否	是	否	是
行业效应	否	是	否	是
地区效应	否	是	否	是
对数伪似然数	- 1725298. 4000	- 1724880. 7000	- 1725298. 5000	- 1724880. 7000
样本数	423299	423299	423299	423299

注：括号内为稳健性标准误，*** 、** 、* 分别表示1%、5%和10%的显著性水平。

需要留意的是，Cox 模型的被解释变量是企业—产品层面出口退出概率，因此如果回归估计系数显著为负，则意味着企业全球价值链分工位置提升对企业—产品层面出口持续概率的影响作用显著为正。以上回归结果均通过基于舍恩菲尔德残差的 PH 检验，检验结果 P 值均大于 10%，无法拒绝存在比例风险假定的原假设。回归结果发现，企业出口产品质量对企业全球价值链分工位置提升影响其出口持续概率作用的调节效应不显著。

7.5.9　出口产品核心程度的调节效应

引入企业出口产品核心程度 coreIDBE 与企业全球价值链分工位置的交乘项，捕捉企业出口产品核心程度对企业全球价值链地位提升对其出口持续影响作用的调节效应。

采用 KT 法估算的企业—产品层面的出口国内增加值率（Kee & Tang，2016）为核心解释变量进行基准回归，并采用 KT 法估算的企业—产品层面出口国内增加值率占行业内龙头企业最大值比重为核心解释变量的替代变量进行稳健性检验。回归结果如表 7 – 19 所示。其中，模型（1）核心解释变量为 DVAR_KT，选择 Cox 比例风险模型进行实证分析，没有控制年份固定效应、行业固定效应以及省份地区效应，考虑企业特征变量、产品特征变量以及引力模型变量等控制变量；模型（2）核心解释变量为 DVAR_KT，选择 Cox 比例风险模型进行实证分析，控制年份固定效应、行业固定效应以及省份地区效应，考虑企业特征变量、产品特征变量以及引力模型变量等控制变量；模型（3）核心解释变量为 MDVAR_KT，选择 Cox 比例风险模型进行实证分析，没有控制年份固定效应、行业固定效应以及省份地区效应，考虑企业特征变量、产品特征变量以及引力模型变量等控制变量；模型（4）核心解释变量为 MDVAR_KT，选择 Cox 比例风险模型进行实证分析，控制年份固定效应、行业固定效应以及省份地区效应，考虑企业特征变量、产品特征变量以及引力模型变量等控制变量。

需要留意的是，Cox 模型的被解释变量是企业—产品层面出口退出概率，因此如果回归估计系数显著为负，则意味着企业全球价值链分工位置提升对企业—产品层面出口持续概率的影响作用显著为正。以上回归结果均通过基于舍恩菲尔德残差的 PH 检验，检验结果 P 值均大于 10%，无法拒绝存在比

表7-19   调节效应基准回归及稳健性检验（企业出口产品核心程度）

解释变量	基准回归		稳健性检验	
	模型（1）	模型（2）	模型（3）	模型（4）
DVAR_KT	-0.0228 *** (0.0021)	-0.0242 *** (0.0024)		
MDVAR_KT			-0.0228 *** (0.0021)	-0.0242 *** (0.0024)
coreIDBE	-0.0834 *** (0.0022)	-0.0733 *** (0.0022)	-0.0834 *** (0.0022)	-0.0733 *** (0.0022)
DVAR_KT × coreIDBE	-0.0340 *** (0.0018)	-0.0345 *** (0.0018)		
MDVAR_KT × coreIDBE			-0.0341 *** (0.0018)	-0.0345 *** (0.0018)
控制变量	是	是	是	是
年份效应	否	是	否	是
行业效应	否	是	否	是
地区效应	否	是	否	是
对数伪似然数	-1725220.6000	-1724801.0000	-1725220.5000	-1724800.9000
样本数	423299	423299	423299	423299

注：括号内为稳健性标准误，*** 、** 、* 分别表示1%、5%和10%的显著性水平。

例风险假定的原假设。回归结果发现，企业出口产品核心程度对企业全球价值链分工位置提升影响其出口持续概率作用的调节效应显著为正，且相较于企业应对融资约束能力、技术效率、产品功能等因素，其促进作用表现得最为突出，上述因素调节效应强烈程度呈"出口产品核心程度—产品功能提升—应对融资约束能力—技术效率"逐步递减的变化特征。

7.5.10   产品出口规模的调节效应

引入企业产品出口规模变量 lnRVIDBG 与企业全球价值链分工位置的交乘项，捕捉企业产品出口规模对企业全球价值链地位提升对其出口持续影响作用的调节效应。

采用 KT 法估算的企业—产品层面的出口国内增加值率（Kee & Tang,

2016）为核心解释变量进行基准回归，并采用 KT 法估算的企业—产品层面出口国内增加值率占行业内龙头企业最大值比重为核心解释变量的替代变量进行稳健性检验。回归结果如表 7 - 20 所示。其中，模型（1）核心解释变量为 DVAR_KT，选择 Cox 比例风险模型进行实证分析，没有控制年份固定效应、行业固定效应以及省份地区效应，考虑企业特征变量、产品特征变量以及引力模型变量等控制变量；模型（2）核心解释变量为 DVAR_KT，选择 Cox 比例风险模型进行实证分析，控制年份固定效应、行业固定效应以及省份地区效应，考虑企业特征变量、产品特征变量以及引力模型变量等控制变量；模型（3）核心解释变量为 MDVAR_KT，选择 Cox 比例风险模型进行实证分析，没有控制年份固定效应、行业固定效应以及省份地区效应，考虑企业特征变量、产品特征变量以及引力模型变量等控制变量；模型（4）核心解释变量为 MDVAR_KT，选择 Cox 比例风险模型进行实证分析，控制年份固定效应、行业固定效应以及省份地区效应，考虑企业特征变量、产品特征变量以及引力模型变量等控制变量。

表 7 - 20　　　　调节效应基准回归及稳健性检验（企业产品出口规模）

解释变量	基准回归		稳健性检验	
	模型（1）	模型（2）	模型（3）	模型（4）
DVAR_KT	- 0. 0973 *** （0. 0027）	- 0. 1019 *** （0. 0029）		
MDVAR_KT			- 0. 0973 *** （0. 0027）	- 0. 1019 *** （0. 0029）
lnRVIDBG	- 1. 0948 *** （0. 0021）	- 1. 0994 *** （0. 0022）	- 1. 0948 *** （0. 0021）	- 1. 0994 *** （0. 0022）
DVAR_KT × lnRVIDBG	- 0. 0679 *** （0. 0018）	- 0. 0696 *** （0. 0018）		
MDVAR_KT × lnRVIDBG			- 0. 0680 *** （0. 0018）	- 0. 0696 *** （0. 0018）
控制变量	是	是	是	是
年份效应	否	是	否	是
行业效应	否	是	否	是
地区效应	否	是	否	是
对数伪似然数	- 1725007. 9000	- 1724577. 1000	- 1725007. 5000	- 1724576. 7000
样本数	423299	423299	423299	423299

注：括号内为稳健性标准误，*** 、** 、* 分别表示 1%、5% 和 10% 的显著性水平。

需要留意的是，Cox 模型的被解释变量是企业—产品层面出口退出概率，因此如果回归估计系数显著为负，则意味着企业全球价值链分工位置提升对企业—产品层面出口持续概率的影响作用显著为正。以上回归结果均通过基于舍恩菲尔德残差的 PH 检验，检验结果 P 值均大于 10%，无法拒绝存在比例风险假定的原假设。回归结果发现，企业产品出口规模对企业全球价值链分工位置提升影响其出口持续概率作用的调节效应显著为正，且相较于企业出口产品核心程度、企业应对融资约束能力、技术效率、产品功能等因素，其促进作用表现得最为突出，上述因素调节效应强烈程度呈"企业产品出口规模—出口产品核心度—产品功能提升—应对融资约束能力—技术效率"逐步递减的变化特征。

7.6 结论与启示

7.6.1 研究结论

本章使用中国工业企业调查数据库、中国海关进出口数据库合并数据样本，年份周期为2000～2010 年，使用 Cox 模型进行实证分析得到以下研究结论。

（1）企业全球价值链分工位置提升显著促进出口持续概率提升。回归结果发现，企业全球价值链分工位置提升对其出口持续概率存在显著的促进效应，这意味着，随着企业全球价值链分工位置的提升，企业在国际市场中占据更为自主的优势地位，有利于其保持持续出口状态。

（2）企业全球价值链分工位置提升对出口持续概率影响作用因其贸易方式、所有制、企业规模以及要素密集类型特征不同而变化。贸易方式分组异质性检验结果显示，企业全球价值链分工位置提升对企业出口持续概率的影响作用显著为正，且这种影响作用主要体现在以一般贸易为主的企业上；所有制分组异质性检验结果显示，企业全球价值链分工位置提升对企业出口持续概率的影响作用显著为正，这种影响作用主要体现在地方国有企业和私营企业上，且地方国有企业影响作用更为强烈；规模大小分组异质性检验结果显示，企业全球价值链分工位置提升对企业出口持续概率的影响作用显著为正，且这种影响作用主要体现在小规模企业；要素密集类型分组异质性检验结果显示，企业全球价值链分工位置提升对企业出口持续概率的影响作用显著存在并主要体现在劳动密集型企业以及资本密集型企业上，但作用效应表现为抑制效应，这或许是因为劳动密集型企业以及资本密集型企业对国外要素市场的依赖程度进一步降低，全球价值链分工位置得到提升，但其出口持续概率反而出现下滑趋势，这可能与相对于国际市场，这类企业更多的是内需市场导向型的企业有关，这一观点有待进一步论证。

（3）企业特征变量以及产品特征变量调节效应显著存在且各有特点。本章选择企业应对融资约束能力、技术效率、贸易依存度、沉没成本、产品功能、市场地位、出口产品多元化、出口产品质量、出口产品核心程度、产品出口规模，进一步检验这些变量的调节效应。回归结果发现，企业沉没成本、市场地位以及出口产品质量对企业全球价值链分工位置提升影响其出口持续概率作用的调节效应不显著，企业应对融资约束能力、技术效率、产品功能、出口产品核心程度、产品出口规模的调节效应显著为正，且呈"产品出口规模—出口产品核心程度—产品功能提升—应对融资约束能力—技术效率"逐步递减的变化特征，企业贸易依存度、出口产品多元化的调节效应显著为负且企业出口产品多元化表现得更为强烈。

7.6.2　政策启示

（1）鼓励和支持企业在扩大国际市场的同时抢占国内需求市场，实现业务模式国际化和本地化同步发展。随着企业本地化程度的提升，企业用出口国内增加值率衡量的全球价值链分工位置进一步提高并对其出口持续概率产生显著的促进作用。从提升出口企业国际竞争力以及生存概率的角度出发，政府应鼓励和支持企业在扩大国际市场的同时，抢占国内需求市场，实现业务模式多元化发展，缓解来自国际市场对企业出口销售业务的外部冲击。

（2）依托相关变量调节效应特征扩大促进效应影响并降低抑制效应冲击。政府应制定政策以促进企业提高融资能力、提升全要素生产率、提升新产品开发能力、加大对核心产品的集中开发、扩大产品出口规模等，进一步扩大企业全球价值链分工位置提升对出口持续概率的促进效应。此外，还可以采取措施刺激企业扩大对本地需求市场的开拓，提高本地销售比例和出口销售比例的合理配置水平；对于出口产品种类过多的企业，引导其集中资源重点开发优势产品、拳头产品，实现产品运营的品牌化、品质化转型。

（3）以提升出口持续效应为政策出发点，围绕企业分组特征形成各有侧重的政策体系。根据上述企业分组异质性特征的不同表现，以提升出口持续效应为政策实施出发点，形成各有侧重的政策体系。其中从贸易方式特征来看，政策制定应重点针对以一般贸易为主的企业，加大力度扶持一般贸易企业成长和发展，优化出口贸易结构，加大一般贸易在整体出口贸易中的占比；从所有制特征来看，私营企业表现最为活跃，因此加大力度扶持民营企业发展将是政策实施的重点；从企业规模大小特征来看，应重点扶持小规模企业成长，培育市场新动力和新活力；从要素密集类型特征来看，作为我国相对优势企业，推动劳动密集型企业以及资本密集型企业的转型升级将是下一步政策实施的重点。

第 8 章

结论与展望

8.1 研究结论

本书以中国规模以上工业企业为研究样本,重点从静态视角考察企业在某个特定时期初始对外直接投资对其全球价值链分工位置提升的影响作用以及相关特征变量的调节效应、从动态视角考察企业在多时期对外直接投资对其全球价值链分工位置提升的影响作用以及全要素生产率水平的中介效应,并进一步论证企业全球价值链分工位置得到提升后对其出口持续概率的影响作用以及相关特征变量的调节效应,得出以下研究结论:

第一,企业在某个特定时期初始对外直接投资行为可能受到对新市场适应期的影响,企业对国外要素市场的依赖程度将在短期内扩大并导致其全球价值链分工位置降低,但这种抑制效应随着时间累进会逐渐变小,而且企业持续开展的投资行为会使全球价值链分工位置的影响作用发生转变,最终实现对企业全球价值链分工位置提升的促进效应。

第二,在短期内企业在某个特定时期初始对外直接投资行为对其全球价值链分工位置提升的影响作用显著为负,且这种抑制效应表现得最为突出的分组类型为中规模企业和资本及技术密集型企业,此外,企业生产工艺提升将有利于抵消这种抑制效应,而企业产品功能提升、市场势力提高、国外市场扩张等因素均会扩大这种抑制效应。

第三,从多期动态视角来看,企业在多时期对外直接投资行为对其全球价值链分工位置提升的影响作用显著为正,且这种促进效应表现得最为突出的分组类型分别为中央企业及私营企业、资本及技术密集型企业以及劳动密集型企业、东部地区企业、非天生国际化企业。此外，在模型推导基础上选取企业全要素生产率作为中介变量检验其中介传导效应，发现其中介效应显著为负且表现为滞后效应（当期变化仅对下一期影响作用统计显著）。并且从分组异质性特征来看，其中介效应在所有制分类中主要体现在中央企业，这种效应显著为正且仅存在于当期水平；在要素密集类型分类中主要体现在劳动密集型企业，且同时存在上一期及当期影响，上一期抑制效应与当期促进效应相互抵消最终表现为抑制效应；在地区分布分类中主要体现在东北三省企业，中介效应显著为负且仅存在于上一期水平；在投资特性分类中主要体现在非天生国际化企业，中介效应显著为负且仅存在于上一期水平。

第四，企业—产品层面全球价值链分工位置提升能够显著提升企业—产品层面出口持续概率，且这种促进效应表现最为突出的分组类型分别为以一般贸易为主的企业、地方国有企业及私营企业、小规模企业、劳动密集型企业及资本密集型企业，此外，企业沉没成本、市场地位以及出口产品质量对企业全球价值链分工位置提升影响其出口持续概率作用的调节效应不显著，企业应对融资约束能力、技术效率、产品功能、出口产品核心程度、产品出口规模调节效应显著为正且呈"产品出口规模—出口产品核心程度—产品功能提升—应对融资约束能力—技术效率"逐步递减的变化特征，企业贸易依存度、出口产品多元化的调节效应显著为负且企业出口产品多元化的调节效应表现得更为强烈。

基于上述研究结论以及提升企业全球价值链分工位置以及出口持续概率以服务我国进一步扩大对外开放战略的出发点，本书提出以下政策建议：

第一，鼓励和支持企业持续开展对外直接投资活动。通过政策扶持、平台服务、财政补贴等方式加大力度鼓励和支持企业"走出去"开展对外直接投资活动，扩大对全球价值链分工位置提升的促进效应，提升我国企业在全球产业竞争中的话语权。同时要重点关注投资初期的战略行业企业，对处于投资初期的适应阶段的企业，要建立企业经营风险预警体系，加大跟踪服务力度，从研发人才支持、政府采购倾向、市场平台服务等方面给予"一站式"支持服务，协助企业成功渡过投资初期的适应阶段。

第二，加大力度培育和扶持多期投资促进效应显著的企业类型。集中资源重点培育中央企业、私营企业、资本及技术密集型企业、劳动密集型企业、东部地区企业、非天生国际化企业等多期投资促进效应统计显著的企业类型。对于中央企业，应加快企业体制机制改革，激发企业活力；对于私营企业，要放开资金融资、项目招投标等方面的限制，为之提供与公有制企业同等待遇的良好营商环境；对于资本及技术密集型企业，为之提供研发服务以及资金服务，加快企业成功从初创期转入快速成长期；对于劳动密集型企业，要借助新一代信息技术、智能制造等先进技术，加快企业经营方式转型升级；对于东部地区企业，因其本身就具备开展国际投资活动的文化底蕴，所以减少对企业的干预、为其提供必要的跟踪服务就足以让企业茁壮成长；对于非天生国际化企业，这类企业并不急于布局海外市场，往往是在本地市场发展成熟之后，才考虑向海外市场扩张，企业在这时候往往具备扩张的资金、人力和技术，但缺乏海外市场经营经验，此时可以依托第三方服务机构为其提供海外运营商务服务。

第三，重点关注全球价值链分工位置提升出口持续效应显著的企业类型。企业保持稳定的出口持续状况是确保我国出口贸易实现可持续发展的重要保障。基于回归结果，政府应重点关注以一般贸易为主的企业、地方国有企业及私营企业、小规模企业、劳动密集型企业及资本密集型企业。对于以一般贸易为主的企业，应加大政策扶持，鼓励企业开展一般贸易业务，优化出口贸易结构，提升一般贸易在出口贸易中的比重；对于地方国有企业，则需加快推进国企改革，明确职能定位和支柱产业，集中资源发展其主营业务；对于私营企业，重点是放开市场管制，提升企业发展活力和动力；对于小规模企业，应在为其解决劳动力供给、资金融通和技术研发等方面投入补助；对于劳动密集型企业，推动这类企业实现自身的转型升级；对于资本密集型企业，要为之提供更符合其企业现金流表现的投融资服务。

8.2　研究展望

综上所述，本次研究尝试诠释企业在某个特定时期以及多个时期对外直接投资行为对其全球价值链分工位置的影响，以及企业全球价值链分工位置提升后的出口持续效应，本次研究可为政府基于提升企业全球竞争力、促进对外开放进一步深化发展等政策目标提供理论参考和政策建议，对于当前领域的研究成果体系也是一个较为有益的补充。但是，受到各方面条件的影响，本书依然存在一些不足之处，有待下一步论证和完善。

第一，本书通过实证分析发现企业对外直接投资存在特定时期静态变化以及多期动态变化，并通过比较得出，企业多次反复投资对全球价值链的影响作用会由抑制到抑制变小再到促进，这是一个比较有趣的研究发现，但是受到研究方法的限制，即倾向得分匹配＋双重差分法以及多期双重差分法是两套前提条件不完全一样的研究方法，无法将单期静态变化规律和多期动态变化规律融合在一起去探寻究竟是什么因素导致企业会出现这种反转式的转变，这是本次研究的不足之处之一，也是作者在下一步将尝试深入探讨的一个方向。

第二，在对多期对外直接投资影响企业全球价值链分工位置提升的影响机制中，本书通过理论推导，选取企业全要素生产率作为中介变量检验其中介效应，最终可以发现，从均值意义上看，企业多期对外直接投资显著促进其全要素生产率水平提升，企业全要素生产率水平提升进一步会扩大企业对国外要素市场的依赖程度，对企业全球价值链分工位置提升产生显著的抑制效应。由于本书所采用的全要素生产率估算方法主要基于生产函数法，在剔除劳动力投入以及资本投入对企业产出的贡献成分之后，认为其他成分就是全要素生产率，这本身就不太细致。其实，可以寻找某个方法对全要素生产率进行分解，分解之后再探讨究竟是哪部分成分影响导致企业全要素生产率均值水平提升对企业全球价值链分工位置均值水平的提升产生抑制效应，这也是本次研究的不足之处之一，同时是笔者在下一步尝试寻找更为合适的研究方法进行深入探讨的一个方向。

第三，在研究企业全球价值链分工位置提升对企业出口持续概率的影响时，受到数据样本的限制，作者所获取的中国工业企业数据库 2011 年数据没有公布企业名称，虽然通过前后年份的法人机构代码匹配以及网页爬取可以获取一部分企业名称，但缺失情况依然严重，此时如果使用 2000~2013 年年份周期，将可能因为 2011 年数据样本的严重缺失造成这样一个样本偏误，即企业本身在 2011 年是有出口行为的，但因为样本缺失问题，我们误以为它在 2011 年已处于一种出口退出状态，这不利于保障本书结论的内部有效性。作者下一步将尝试通过多种渠道完善 2011 年数据样本企业名称缺失问题，将研究年份周期延长到 2013 年，获得更多、更新的样本信息。

参 考 文 献

［1］白思达，储敏伟．商品贸易中的转让定价与税基侵蚀：来自我国对外投资企业的实证检验［J］．世界经济研究，2017（9）：78－86．

［2］柴斌锋，杨高举．高技术产业全球价值链与国内价值链的互动——基于非竞争型投入占用产出模型的分析［J］．科学学研究，2011（4）：493，533－540．

［3］柴庆春，胡添雨．中国对外直接投资的贸易效应研究——基于对东盟和欧盟投资的差异性的考察［J］．世界经济研究，2012（6）：64－69，89．

［4］陈怀超，范建红．制度距离、中国跨国公司进入战略与国际化绩效：基于组织合法性视角［J］．南开经济研究，2014（2）：99－117．

［5］陈林，伍海军．国内双重差分法的研究现状与潜在问题［J］．数量经济技术经济研究，2015（7）：133－148．

［6］陈林．中国工业企业数据库的使用问题再探［J］．经济评论，2018（6）：140－153．

［7］陈旭，邱斌，刘修岩等．多中心结构与全球价值链地位攀升：来自中国企业的证据［J］．世界经济，2019（8）：72－96．

［8］陈胤默，孙乾坤，文雯，张晓瑜．母国税收政策不确定性与企业对外直接投资［J］．世界经济研究，2019（11）：65－79．

［9］陈勇兵，李燕．贸易关系持续时间的研究进展［J］．国际贸易问题，2012（10）：28－42．

［10］陈勇兵，李燕，周世民．中国企业出口持续时间及其决定因素［J］．经济研究，2012（7）：48－61．

［11］陈兆源，田野，韩冬临．中国不同所有制企业对外直接投资的区位选择——一种交易成本的视角［J］．世界经济与政治，2018（6）：108－130，159．

［12］程时雄，刘丹．企业异质性、东道国特征与对外直接投资进入模式选择［J］．经济经纬，2018，35（4）：50－58．

［13］程中海，冯梅. 中国对欧亚区域的直接投资是否促进了能源进口——基于一带一路产能合作视角［J］. 中国科技论坛，2017（5）：101-106.

［14］程中海，张伟俊. 要素禀赋、对外直接投资与出口贸易：理论模型及实证［J］. 世界经济研究，2017（10）：78-92.

［15］戴翔，宋婕. "一带一路"有助于中国重构全球价值链吗？［J］. 世界经济研究，2019（11）：108-121，136.

［16］丁一兵，张弘媛. 伙伴国经济特征、OFDI与出口国内增加值——来自中国的经验证据［J］. 经济经纬，2019，36（2）：48-55.

［17］杜龙政，林润辉. 对外直接投资、逆向技术溢出与省域创新能力——基于中国省际面板数据的门槛回归分析［J］. 中国软科学，2018（1）：149-162.

［18］冯根福，毛毅. 外资进入对中国工业行业价格变动的影响机理及其效应［J］. 中国工业经济，2015（12）：36-50.

［19］宫汝凯，李洪亚. 中国OFDI与国内投资：相互替代抑或促进［J］. 经济学动态，2016（12）：75-87.

［20］郭晶，刘菲菲. 中国出口国内增加值提升的影响因素研究［J］. 世界经济研究，2016（6）：43-54，135.

［21］郭周明. 美日对外投资分析及其对中国启示——基于"一带一路"视角［J］. 国际贸易，2017（6）：42-47.

［22］洪世勤，刘厚俊. 出口技术结构变迁与内生经济增长：基于行业数据的研究［J］. 世界经济，2013（6）：79-107.

［23］胡大立，刘丹平. 中国代工企业全球价值链"低端锁定"成因及其突破策略［J］. 科技进步与对策，2014（23）：77-81.

［24］胡晓燕，蒋冠. 对外直接投资对中国全球价值链生产规模和结构的影响［J］. 西部论坛，2019，29（2）：73-82.

［25］胡昭玲，李红阳. 参与全球价值链对我国工资差距的影响——基于分工位置角度的分析［J］. 财经论丛，2016（1）：11-18.

［26］黄玖立，李坤望. 出口开放、地区市场规模和经济增长［J］. 经济研究，2006（6）：27-38.

［27］黄亮雄，钱馨蓓，隋广军. 中国对外直接投资改善了"一带一路"沿线国家的基础设施水平吗？［J］. 管理评论，2018，30（3）：226-239.

［28］黄梅波，张博文. 政府贷款与对外直接投资：日本经验及启示［J］. 亚太经济，2016（6）：85-91.

［29］贾妮莎，韩永辉，邹建华. 中国双向FDI的产业结构升级效应：理论机制与实证检验［J］. 国际贸易问题，2014（11）：109-120.

[30] 贾妮莎, 申晨. 中国对外直接投资的制造业产业升级效应研究 [J]. 国际贸易问题, 2016 (8): 143 – 153.

[31] 蒋冠宏, 蒋殿春. 中国工业企业对外直接投资与企业生产率进步 [J]. 世界经济, 2014 (9): 53 – 76.

[32] 蒋冠宏. 我国企业对外直接投资的 "就业效应" [J]. 统计研究, 2016 (8): 55 – 62.

[33] 蒋冠宏, 曾靓. 融资约束与中国企业对外直接投资模式: 跨国并购还是绿地投资 [J]. 财贸经济, 2020 (2): 132 – 145.

[34] 蒋学灵, 陈勇兵. 出口企业的产品异质性与出口持续时间 [J]. 世界经济, 2015 (7): 3 – 26.

[35] 金祥义, 张文菲. 金融结构与出口持续时间 [J]. 国际金融研究, 2019 (10): 19 – 29.

[36] 蓝虹. 中国海外投资对东道国环境和社会的影响 [J]. 中央财经大学学报, 2013 (7): 65 – 71.

[37] 李超, 张诚. 中国对外直接投资与制造业全球价值链升级 [J]. 经济问题探索, 2017 (11): 114 – 126.

[38] 李东坤, 邓敏. 中国省际 OFDI, 空间溢出与产业结构升级——基于空间面板杜宾模型的实证分析 [J]. 国际贸易问题, 2016 (1): 121 – 133.

[39] 李跟强, 潘文卿. 国内价值链如何嵌入全球价值链: 增加值的视角 [J]. 管理世界, 2016 (7): 10 – 22, 187.

[40] 李宏兵, 蔡宏波, 胡翔斌. 融资约束如何影响中国企业的出口持续时间 [J]. 统计研究, 2016, 33 (6): 30 – 41.

[41] 李宏兵, 郭界秀, 翟瑞瑞. 中国企业对外直接投资影响了劳动力市场的就业极化吗? [J]. 财经研究, 2017 (6): 28 – 39.

[42] 李俊江, 焦国伟, 黄浩政. 从全球化到逆全球化思潮下的欧美发达国家制造业回归效果分析 [J]. 吉林大学社会科学学报, 2018, 58 (4): 66 – 75, 205.

[43] 李俊永, 蔡琬琳. 对外直接投资与中国全球价值链分工地位升级: 基于 "一带一路" 的视角 [J]. 四川大学学报 (哲学社会科学版), 2018 (3): 157 – 168.

[44] 李兰剑, 李洄旭. 政策效应是否等同? ——基于所有制的比较分析 [J]. 科研管理, 2019 (10): 96 – 105.

[45] 李磊, 白道欢, 冼国明. 对外直接投资如何影响了母国就业? ——基于中国微观企业数据的研究? [J]. 经济研究, 2016 (8): 144 – 158.

[46] 李磊, 蒋殿春, 王小霞. 企业异质性与中国服务业对外直接投资 [J]. 世界经济, 2017 (11): 47 – 72.

［47］李蕾，赵忠秀．中国对外直接投资企业生产率影响因素研究［J］．国际贸易问题，2015（6）：114－124．

［48］李丽丽，綦建红．实际税负对中国企业对外直接投资的影响——来自中国工业企业的证据［J］．中国经济问题，2017（5）：34－46．

［49］李平，王文珍．全球价值链、异质性与企业存续［J］．产业经济研究，2018（5）：14－26．

［50］李善民，李昶．跨国并购还是绿地投资？——FDI进入模式选择的影响因素研究［J］．经济研究，2013（12）：134－147．

［51］李雪松，赵宸宇，聂菁．对外投资与企业异质性产能利用率［J］．世界经济，2017（5）：73－97．

［52］李一文．我国海外投资风险预警研究［J］．管理世界，2016（9）：178－179．

［53］梁中云．对外直接投资对母国全球价值链地位的影响研究——以中国制造业为例［D］．济南：山东大学，2017．

［54］林季红，刘莹．内生的环境规制："污染天堂假说"在中国的再检验［J］．中国人口·资源与环境，2013（1）：13－18．

［55］林梨奎．对外直接投资、全球价值链分工与出口持续概率［J］．统计与信息论坛，2020，35（12）：72－80．

［56］林梨奎．经济性垄断与企业资源错配：纠正效应或错配效应［J］．山西财经大学学报，2019（6）：13－25．

［57］林梨奎，徐印州．中国对外直接投资是否存在"生产率悖论"？——证伪"中国威胁论"的一个科学依据［J］．北京社会科学，2019（6）：27－41．

［58］林梨奎，余壮雄．房价波动、省际空间溢出与产业结构演变［J］．湖南科技大学学报（社会科学版），2018（3）：80－88．

［59］刘东丽，刘宏．中国对外直接投资对创新能力影响研究［J］．亚太经济，2017（2）：113－120．

［60］刘刚，屈恒，吴思虹．中国对外直接投资、金融联系度及其对经济增长的影响——基于金砖国家视角［J］．金融论坛，2017（8）：12－23．

［61］刘海云，毛海鸥．制造业OFDI对出口增加值的影响［J］．中国工业经济，2016（7）：91－108．

［62］刘建丽．国有企业海外投资监管的目标与制度设计［J］．经济体制改革，2017（6）：111－115．

［63］刘磊，谢申祥，步晓宁．全球价值链嵌入能提高企业的成本加成吗：基于中国微观数据的实证检验［J］．世界经济研究，2019（11）：122－136．

［64］刘希，王永红，吴宋．政治互动、文化交流与中国OFDI区位选择——来自国

事访问和孔子学院的证据 [J]. 中国经济问题, 2017 (4): 98 - 107.

[65] 刘晓丹, 衣长军. 中国对外直接投资微观绩效研究——基于 PSM 的实证分析 [J]. 世界经济研究, 2017 (3): 68 - 77.

[66] 刘晓宁. 企业对外直接投资区位选择——东道国因素与企业异质性因素的共同考察 [J]. 经济经纬, 2018, 35 (3): 59 - 66.

[67] 刘玉博, 吴万宗. 中国 OFDI 与东道国环境质量: 影响机制与实证检验 [J]. 财贸经济, 2017 (1): 99 - 114.

[68] 刘志彪, 张杰. 全球代工体系下发展中国家俘获型网络的形成、突破与对策——基于 GVC 与 NVC 的比较视角 [J]. 中国工业经济, 2007 (5): 39 - 47.

[69] 刘志坚. 我国对外投资企业的环境责任制度体系探析 [J]. 亚太经济, 2017 (5): 125 - 129.

[70] 卢潇潇, 梁颖. "一带一路" 基础设施建设与全球价值链重构 [J]. 中国经济问题, 2020 (1): 11 - 26.

[71] 吕萍, 郭晨曦. 治理结构如何影响海外市场进入模式决策——基于中国上市公司对欧盟主要发达国家对外直接投资的数据 [J]. 财经研究, 2015, 41 (3): 88 - 98.

[72] 罗军, 冯章伟. 制造业对外直接投资与全球价值链地位升级 [J]. 中国科技论坛, 2018 (8): 76 - 82, 91.

[73] 马相东. 顺向对外投资与产业结构升级——基于 "一带一路" 建设背景的分析 [J]. 中国特色社会主义研究, 2017 (3): 34 - 39.

[74] 毛海鸥, 刘海云. 中国对外直接投资对贸易互补关系的影响: "一带一路" 倡议扮演了什么角色 [J]. 财贸经济, 2019 (10): 81 - 94.

[75] 毛其淋, 许家云. 中国对外直接投资如何影响了企业加成率: 事实与机制 [J]. 世界经济, 2016 (6): 77 - 99.

[76] 倪红福. 全球价值链位置测度理论的回顾和展望 [J]. 中南财经政法大学学报, 2019 (3): 105 - 117, 160.

[77] 聂飞, 刘海云. 中国 IFDI、OFDI 与出口贸易的互动机制——基于跨国面板数据的实证检验 [J]. 国际经贸探索, 2018, 34 (1): 68 - 84.

[78] 聂名华, 徐英杰. 对外直接投资、金融发展与经济增长 [J]. 财经问题研究, 2016 (12): 13 - 20.

[79] 欧阳地地, 黄新飞, 钟林明. 企业对外直接投资对母国环境污染的影响: 本地效应与空间溢出 [J]. 中国工业经济, 2020 (2): 98 - 116.

[80] 欧阳峣. "基于大国综合优势" 的中国对外直接投资战略 [J]. 财贸经济, 2006 (5): 57 - 60.

[81] 潘镇, 鲁明泓. 在华外商直接投资进入模式选择的文化解释 [J]. 世界经济,

2006 （2）：51 - 61.

[82] 戚建梅，王明益. 对外直接投资扩大母国企业间工资差距了吗——基于我国微观数据的经验证据 [J]. 国际贸易问题，2017 （1）：116 - 126.

[83] 齐晓飞，关鑫，崔新健. 政府参与和中国企业 OFDI 行为——基于文献研究的视角 [J]. 财经问题研究，2015 （5）：117 - 123.

[84] 綦建红，杨丽. 文化距离与我国企业 OFDI 的进入模式选择——基于大型企业的微观数据检验 [J]. 世界经济研究，2014 （6）：55 - 61.

[85] 邱斌，叶龙凤，孙少勤. 参与全球生产网络对我国制造业价值链提升影响的实证研究——基于出口复杂度的分析 [J]. 中国工业经济，2012 （1）：57 - 67.

[86] 沙文兵，李莹. OFDI 逆向技术溢出、知识管理与区域创新能力 [J]. 世界经济研究，2018 （7）：80 - 94, 136.

[87] 邵玉君. FDI、OFDI 与国内技术进步 [J]. 数量经济技术经济研究，2017 （9）：21 - 38.

[88] 沈鸿，向训勇，顾乃华. 全球价值链嵌入位置与制造企业成本加成——贸易上游度视角的实证研究 [J]. 财贸经济，2019 （8）：83 - 99.

[89] 施炳展，邵文波. 中国企业出口产品质量测算及其决定因素——培育出口竞争新优势的微观视角 [J]. 管理世界，2014 （9）：90 - 106.

[90] 史青，赵跃叶. 中国嵌入全球价值链的就业效应 [J]. 国际贸易问题，2020 （1）：94 - 109.

[91] 司月芳，李英戈. 中资跨国公司对外直接投资研究述评 [J]. 经济问题探索，2015 （12）：169 - 175.

[92] 宋林，谢伟. 对外直接投资会挤出国内投资吗：地区差异及影响机制 [J]. 亚太经济，2016 （5）：106 - 112.

[93] 苏丽萍. 中国发展对外直接投资的比较优势分析 [J]. 中国经济问题，2007 （2）：72 - 75.

[94] 隋广军，黄亮雄，黄兴. 中国对外直接投资、基础设施建设与"一带一路"沿线国家经济增长 [J]. 广东财经大学学报，2017 （1）：32 - 43.

[95] 孙坤乾. 中国企业对外直接投资对其在全球价值链中链节提升途径的作用分析 [D]. 济南：山东大学，2009.

[96] 汤婧，于立新. 我国对外直接投资与产业结构调整的关联分析 [J]. 国际贸易问题，2012 （4）：81 - 89.

[97] 陶攀，荆逢春. 中国企业对外直接投资的区位选择——基于企业异质性理论的实证研究 [J]. 世界经济研究，2013 （9）：74 - 80.

[98] 田巍，余淼杰. 汇率变化、贸易服务与中国企业对外直接投资 [J]. 世界经

济，2017（11）：23 – 46.

［99］田巍，余淼杰．企业生产率和企业"走出去"对外直接投资：基于企业层面数据的实证研究［J］．经济学（季刊），2012（2）：383 – 408.

［100］王方方，赵永亮．企业异质性与对外直接投资区位选择——基于广东省企业层面数据的考察［J］．世界经济研究，2012（2）：64 – 69.

［101］王贵东．1996 – 2013 年中国制造业企业 TFP 测算［J］．中国经济问题，2018（4）：88 – 99.

［102］王欢欢，樊海潮，唐立鑫．最低工资、法律制度变化和企业对外直接投资［J］．管理世界，2019（11）：38 – 51.

［103］王杰，段瑞珍，孙学敏．对外直接投资与中国企业的全球价值链升级［J］．西安交通大学学报（社会科学版），2019（2）：43 – 50.

［104］王胜，田涛，谢润德．中国对外直接投资的贸易效应研究［J］．世界经济研究，2014（10）：80 – 86，89.

［105］王是业．政策性金融机构支持企业"走出去"模型探析——来自欧美国家的经验［J］．现代经济探讨，2017（1）：88 – 92.

［106］王文珍，李平．要素市场扭曲对企业对外直接投资的影响［J］．世界经济研究，2018（9）：77 – 92，136.

［107］王秀玲，邹宗森，冯等田．实际汇率波动对中国出口持续时间的影响研究［J］．国际贸易问题，2018（6）：164 – 174.

［108］韦曙林，欧梅．产业集聚、资产专用性和制造企业生产率［J］．当代经济科学，2017，39（3）：77 – 86，126 – 127.

［109］文娟，张叶娟．企业税、生产率与全球价值链参与度［J］．国际贸易问题，2019（12）：61 – 75.

［110］巫强，刘志彪．本土装备制造业市场空间障碍分析——基于下游行业全球价值链的视角［J］．中国工业经济，2012（3）：43 – 55.

［111］吴先明，胡博文．对外直接投资与后发企业技术追赶［J］．科学学研究，2017（10）：1546 – 1556.

［112］吴先明．制度环境与我国企业海外投资进入模式［J］．经济管理，2011，33（4）：68 – 79.

［113］吴云霞，蒋庚华．全球价值链位置对中国行业内劳动者就业工资报酬差距的影响——基于 WIOD 数据库的实证研究［J］．国际贸易问题，2018（1）：58 – 70.

［114］肖添．中国对外直接投资与产业价值链攀升——基于人民币汇率波动视角［J］．经济体制改革，2019（5）：195 – 200.

［115］肖宇，田侃．融资杠杆率与中国企业全球价值链攀升［J］．经济管理，2020

（1）：42 - 58.

［116］肖宇，夏杰长，倪红福．中国制造业全球价值链攀升路径［J］．数量经济技术经济研究，2019（11）：40 - 59.

［117］谢建国．市场竞争、东道国引资政策与跨国公司的技术转移［J］．经济研究，2007（6）：87 - 97，130.

［118］谢建国．外商直接投资与中国的出口竞争力———一个中国的经验研究［J］．世界经济研究，2003（7）：34 - 39.

［119］邢天添，于杨．借鉴日本经验完善我国对外直接投资税收激励政策［J］．税务研究，2017（1）：83 - 86.

［120］幸炜，李长英．基于要素密集型度异质性的全行业出口增加值拉动效应研究［J］．经济问题探索，2016（9）：92 - 100.

［121］徐长山，金龙．"一带一路"战略下中国铁路走出去的时间价值、空间意义与约束条件［J］．科技进步与对策，2016（16）：111 - 115.

［122］徐璐，陈逸豪，叶光亮．多元所有制市场中的竞争政策与银行风险［J］．世界经济，2019（12）：145 - 165.

［123］薛琰如，张海亮，邹平．所有制差异、套利动机与对外直接投资区位决策———基于矿产资源型国有企业的分析［J］．经济评论，2016（2）：137 - 150.

［124］严兵，张禹，李雪飞．中国企业对外直接投资的生产率效应———基于江苏省企业数据的检验［J］．南开经济研究，2016（4）：85 - 98.

［125］阎大颖．国际经验、文化距离与中国企业海外并购的经营绩效［J］．经济评论，2009（1）：83 - 92.

［126］阎虹戎，冼国明．对外直接投资是否能够提高员工收入———来自中国上市公司的证据［J］．国际贸易问题，2017（11）：93 - 103.

［127］杨海洋．中国制造业向海外转移的区位分析［J］．国际贸易问题，2013（4）：123 - 138.

［128］杨连星，刘晓光．中国OFDI逆向技术溢出与出口技术复杂度提升［J］．财贸经济，2016（6）：97 - 112.

［129］杨连星，罗玉辉．中国对外直接投资与全球价值链升级［J］．数量经济技术经济研究，2017（6）：54 - 70.

［130］杨连星，缪晨韵，樊琦．文化特征如何影响文化贸易联系持续期？［J］．经济与管理研究，2020，41（2）：82 - 97.

［131］杨连星，沈超海，殷德生．对外直接投资如何影响企业产出［J］．世界经济，2019（4）：77 - 100.

［132］杨平丽，曹子瑛．对外直接投资对企业利润率的影响———来自中国工业企业

的证据 [J]. 中南财经政法大学学报, 2017 (1): 133 – 139.

[133] 杨水利, 杨祎. 技术创新模式对全球价值链分工地位的影响 [J]. 科研管理, 2019, 40 (12): 11 – 20.

[134] 杨亚平, 高玥. "一带一路" 沿线国家的投资选址——制度距离与海外华人网络的视角 [J]. 经济学动态, 2017 (4): 41 – 52.

[135] 姚树洁, 冯根福, 王攀, 欧璟华. 中国是否挤占了 OECD 成员国的对外投资? [J]. 经济研究, 2014 (11): 43 – 57.

[136] 姚战琪. 生产性服务的中间品进口对中国制造业全球价值链分工地位的影响 [J]. 学术探索, 2019 (3): 86 – 95.

[137] 姚战琪, 夏杰长. 中国对外直接投资对 "一带一路" 沿线国家攀升全球价值链的影响 [J]. 南京大学学报 (哲学·人文科学·社会科学), 2018, (4): 35 – 46.

[138] 殷华方, 鲁明泓. 文化距离和国际直接投资流向: S 型曲线假说 [J]. 南方经济, 2011 (1): 26 – 38.

[139] 余官胜, 都斌, 范朋真. 中国 "天生对外直接投资" 企业的特征与影响因素——基于微观层面数据的实证研究 [J]. 国际贸易问题, 2017 (10): 119 – 131.

[140] 余官胜. 企业对外直接投资能否降低母国环境污染——基于跨国面板数据门槛效应的实证研究 [J]. 国际商务 (对外经济贸易大学学报), 2017 (1): 131 – 139.

[141] 余海燕, 沈桂龙. 对外直接投资对母国全球价值链地位影响的实证研究 [J]. 世界经济研究, 2020 (3): 107 – 120.

[142] 余振, 陈鸣. 贸易摩擦对中国对外直接投资的影响: 基于境外对华反倾销的实证研究 [J]. 世界经济研究, 2019 (12): 108 – 133.

[143] 余壮雄, 付利. 中国企业对外投资的区位选择: 制度障碍与先行贸易 [J]. 国际贸易问题, 2017 (11): 115 – 126.

[144] 袁小慧, 范金, 徐小换. 长三角地区制造业嵌入全球价值链的中间消耗研究 [J]. 管理评论, 2018 (5): 127 – 136.

[145] 袁媛, 綦建红. 嵌入全球价值链对企业劳动收入份额的影响研究——基于前向生产链长度的测算 [J]. 产业经济研究, 2019 (5): 1 – 12, 38.

[146] 张春萍. 中国对外直接投资的贸易效应研究 [J]. 数量经济技术经济研究, 2012 (6): 74 – 85.

[147] 张海波. 对外直接投资能促进我国制造业跨国企业生产率提升吗——基于投资广度和投资深度的实证检验 [J]. 国际贸易问题, 2017 (4): 95 – 106.

[148] 张俊美. 出口产品质量、出口关系存续与增长 [J]. 中南财经政法大学学报, 2019 (4): 111 – 121.

[149] 张明志, 李敏. 国际垂直专业化分工下的中国制造业产业升级及实证分析

[J]. 国际贸易问题，2011（1）：118－128.

[150] 张盼盼，陈建国. 融资约束如何影响了中国制造业的出口国内增加值率：效应和机制 [J]. 国际贸易问题，2019（12）：18－31.

[151] 张鹏杨，徐佳君，刘会政. 产业政策促进全球价值链升级的有效性研究——基于出口加工区的准自然实验 [J]. 金融研究，2019（5）：76－95.

[152] 张少军，刘志彪. 国内价值链是否对接了全球价值链——基于联立方程模型的经验分析 [J]. 国际贸易问题，2013（2）：14－27.

[153] 张少军. 全球价值链降低了劳动收入份额吗——来自中国行业面板数据的实证研究 [J]. 经济学动态，2015（10）：39－48.

[154] 张夏，汪亚楠，施炳展. 事实汇率制度选择、企业生产率与对外直接投资 [J]. 金融研究，2019（10）：1－20.

[155] 张先锋，蒋慕超，刘有璐，吴飞飞. 化解过剩产能的路径：出口抑或对外直接投资 [J]. 财贸经济，2017（9）：63－78.

[156] 张晓涛，陈国媚. 国际化程度、OFDI 区位分布对企业绩效的影响研究——基于我国 A 股上市制造业企业的证据 [J]. 国际商务（对外经济贸易大学学报），2017（2）：72－85.

[157] 张宗斌，汤子玉，辛大楞. 城市化与城市规模对中美对外直接投资区位选择的影响研究 [J]. 中国人口·资源与环境，2019，29（12）：158－167.

[158] 章志华，唐礼智. 空间溢出视角下的对外直接投资与母国产业结构升级 [J]. 统计研究，2019，36（4）：29－38.

[159] 赵放，曾国屏. 全球价值链与国内价值链并行条件下产业升级的联动效应——以深圳产业升级为案例 [J]. 中国软科学，2014（11）：50－58.

[160] 赵玲，高翔，黄建忠. 成本加成与企业出口国内附加值的决定：来自中国企业层面数据的经验研究 [J]. 国际贸易问题，2018（11）：17－30.

[161] 赵瑞丽，沈玉良，金晓梅. 企业出口复杂度与贸易持续时间 [J]. 产业经济研究，2017（4）：17－29.

[162] 赵增耀，沈能. 垂直专业化分工对我国企业价值链影响的非线性效应 [J]. 国际贸易问题，2014（5）：23－34.

[163] 郑丹青. 对外直接投资与全球价值链分工地位——来自中国微观企业的经验证据 [J]. 国际贸易问题，2019（8）：109－123.

[164] 周超. 对外直接投资与生产率：学习效应还是自选择效应 [J]. 世界经济研究，2018（1）：78－97，135.

[165] 周大鹏. 中国产业国际竞争力的评价及企业所有制差异的影响研究——出口增加值核算方法的分析 [J]. 世界经济研究，2014（9）：81－86，89.

[166] 周茂, 陆毅, 陈丽丽. 企业生产率与企业对外直接投资进入模式选择——来自中国企业的证据 [J]. 管理世界, 2015 (11): 70 - 86.

[167] 朱荃, 张天华. 中国企业对外直接投资存在"生产率悖论"吗——基于上市工业企业的实证研究 [J]. 财贸经济, 2015 (12): 103 - 117.

[168] 诸竹君, 张胜利, 黄先海. 对外直接投资能治愈僵尸企业吗——基于企业加成率的视角 [J]. 国际贸易问题, 2018 (8): 108 - 120.

[169] Ackerberg, D. A., Caves, K. and Frazer, G. Identification Properties of Recent Production Function Estimators [J]. *Econometrica*, 2015, 83 (6): 2411 - 2451.

[170] Ahn, J., Khandelwal, A. K. and Wei, S. J. The Role of Intermediaries in Facilitating Trade [J]. *Journal of International Economics*, 2011, 84 (1): 73 - 85.

[171] Aitken, B. J. and Harrison, A. E. Do Domestic Firms Benefit from Direct Foreign Investment? Evidence from Venezuela [J]. *American Economic Review*, 1999, 89: 605 - 618.

[172] Al-Kaabi, M., Demirbag, M. and Tatoglu, E. International Market Entry Strategies of Emerging Market MNEs: A Case Study of Qatar Telecom [J]. *Journal of East-West Business*, 2010, 16 (2): 146 - 170.

[173] Amighini, A. China in the International Fragmentation of Production: Evidence from the ICT Industry [J]. *The European Journal of Comparative Economics*, 2005, 2 (2): 203 - 219.

[174] Andersson, S., Gabrielsson, J., and Wictor, I. International Activities in Small Firms: Examing Factors Influencing the Internationalization and Export Growth of Small Firms [J]. *Canadian Journal of Administrative Sciences*, 2004, 21 (1): 22 - 34.

[175] Andersson, T. and Svensson, R. Entry Modes for Direct Investment Determined by the Composition of Firm-specific Skills [J]. *The Scandinavian Journal of Economics*, 1994, 96 (4): 551 - 560.

[176] Antràs, P. and Chor, D. On the Measurement of Upstreamness and Downstreamness in Global Value Chains [R]. *NBER Working Paper*, 2018, No. 24185.

[177] Antràs, P., Chor, D., Fally, T. and Hillberry, R. Measuring the Upstreamness of Production and Trade Flows [R]. *NBER Working Paper*, 2012, No. 17819.

[178] Anwar, S., Hu, B., Jin, Y. and Wang, K. Chinese Export Tax Rebate and the Duration of Firm Export Spells [J]. *Review of Development Economics*, 2019, 23 (1): 376 - 394.

[179] Arslan, A. and Larimo, J. Ownership Strategy of Multinational Enterprises and the Impacts of Regulative and Normative Institutional Distance: Evidence from Finish Foreign Direct Investments in Central and Eastern Europe [J]. *Journal of East-West Business*, 2010, 16

（3）：179－200.

［180］Arvanitis, S. and Hollenstein, H. How do Different Drivers of R&D Investment in Foreign Locations Affect Domestic Firm Performance? An Analysis Based on Swiss Panel Micro Data ［J］. *Industrial and Corporate Change*, 2011, 20（2）：605－640.

［181］Baier, S. L. and Bergstrand, J. H. Do Free Trade Agreements Actually Increase Members' International Trade? ［J］. *Journal of International Economics*, 2007, 71（1）：72－95.

［182］Bajo-Rubio, O. and Díaz-Mora, C. On the Employment Effects of Outward FDI：The Case of Spain, 1995－2011 ［J］. *Applied Economics*, 2015, 47（21）：2127－2141.

［183］Barkema, H. G. and Vermeulen, F. International Expansion Through Start-Up or Acquisition：A Learning Perspective ［J］. *Academy of Management Journal*, 1998, 41（1），7－26.

［184］Barkema, H. G. and Vermeulen, F. What Differences in the Cultural Backgrounds of Partners Are Detrimental for International Joint Ventures? ［J］. *Journal of International Business Studies*, 1997, 28（4）：845－864.

［185］Barrios, S., Görg, H. and Strobl, E. Foreign Direct Investment, Competition and Industrial Development in the Host Country ［J］. *European Economic Review*, 2005, 49（7）：1761－1784.

［186］Beck T., Levine, R. and Levkov, A. Big Bad Banks? The Winners and Losers from Bank Deregulation in the United States ［J］. *The Journal of Finance*, 2010, 65（5）：1637－1667.

［187］Belderbos, R. and Sleuwaegen, L. Japanese Firms and the Decision to Invest Abroad：Business Groups and Regional Core Networks ［J］. *The Review of Economics and Statistics*, 1996, 78（2）：214－220.

［188］Besedeš, T. and Prusa, T. J. Ins, Outs, and the Duration of Trade ［J］. *Canadian Journal of Economics*, 2006, 39（1）：266－295.

［189］Besedeš, T. and Prusa, T. J. Product Differentiation and Duration of US Import Trade ［J］. *Journal of International Economics*, 2006, 70（2）：339－358.

［190］Biesebroeck, J. V. Exporting Raises Productivity in Sub-Saharan African Manufacturing Firms ［J］. *Journal of International Economics*, 2005, 67（2）：373－391.

［191］Björkman, I., Stahl, G. K. and Vaara, E. Cultural Differences and Capability Transfer in Cross-Border Acquisitions：The Mediating Roles of Capability Complementarity, Absorptive Capacity, and Social Integration ［J］. *Journal of International Business Studies*, 2007, 38（4）：658－672.

[192] Blonigen, B. A. In Search of Substitution Between Foreign Production and Exports [J]. *Journal of International Economics*, 2001, 53 (1): 81 – 104.

[193] Bénassy-Quéré, A., Coupet, M. and Mayer, T. Institutional Determinants of Foreign Direct Investment [J]. *The World Economy*, 2007, 30 (5): 764 – 782.

[194] Bowe, M., Golesorkhi, S. and Yamin, M. Explaining Equity Shares in International Joint Ventures: Combining the Influence of Asset Characteristics, Culture and Institutional Difference [J]. *Research in International Business and Finance*, 2014, 31 (3): 212 – 233.

[195] Brainard, S. L. A Simple Theory of Multinational Corporations and Trade with a Trade – Off Between Proximity and Concentration [J]. *NBER Working Papers*, 1993, No. 4269.

[196] Brancati, E., Brancati, R. and Maresca, A. Global Value Chains, Innovation and Performance: Firm-Level Evidence from the Great Recession [J]. *Journal of Economic Geography*, 2017, 17 (5): 1039 – 1073.

[197] Branstetter, L. Is Foreign Direct Investment a Channel of Knowledge Spillovers? Evidence From Japan's FDI in the United States [J]. *Journal of International Economics*, 2006, 68 (2): 325 – 344.

[198] Brenton, P., Saborowski, C. and von Uexkull, E. What Explains the Low Survival Rate of Developing Country Export Flows? [J]. *The World Bank Economic Review*, 2010, 24 (3): 474 – 499.

[199] Brouthers, K. D. A Retrospective on: Institutional, Cultural and Transaction Cost Influences on Entry Mode Choice and Performance [J]. *Journal of International Business Studies*, 2012, 44 (1): 14 – 22.

[200] Buckley, P. and Casson, M. *The Future of the Multinational Enterprise* [M]. London: Palgrave Macmillan, 1976.

[201] Buckley, P. J. and Casson, M. The Optimal Timing of a Foreign Direct Investment [J]. *Economic Journal*, 1981, 91 (361): 75 – 87.

[202] Buckley, P. J., Clegg, L. J., Cross, A. R., Liu, X., Voss, H. and Zheng, P. The Determinants of Chinese Outward Foreign Direct Investment [J]. *Journal of International Business Studies*, 2007, 38 (4): 499 – 518.

[203] Cannone, G. and Ughetto, E. Born Globals: A Cross-country Survey on High-tech Start-ups [J]. *International Business Review*, 2014, 23 (1): 272 – 283.

[204] Carr, D. L., Markusen, J. R. and Maskus, K. E. Estimating the Knowledge-Capital Model of the Multinational Enterprise [J]. *American Economic Review*, 2001, 91 (3): 693 – 708.

[205] Carrère, C. and Strauss-Kahn, V. Export Survival and The Dynamics of Experience

[J]. *Review of World Economics*, 2017, 153 (2): 271 – 300.

[206] Chen, C. J., Huang, Y. F. and Lin, B. W. How Firms Innovate Through R&D Internationalization? [J]. *An S-Curve Hypothesis. Research Policy*, 2012, 41 (9): 1544 – 1554.

[207] Chen, S. F. S. and Zeng, M. Japanese Investors' Choice of Acquisitions vs. Startups in the US: The Role of Reputation Barriers and Advertising Outlays [J]. *International Journal of Research in Marketing*, 2004, 21 (2), 123 – 136.

[208] Chen, W. and Tang, H. The Dragon is Flying West: Micro-Level Evidence of Chinese Outward Direct Investment [J]. *Asian Development Review*, 2014, 31 (2): 109 – 140.

[209] Cheung, K. and Lin, P. Spillover Effects of FDI on Innovation in China: Evidence from the Provincial Data [J]. *China Economic Review*, 2004, 15 (1): 25 – 44.

[210] Choi, N. Global Value Chains and East Asian Trade in Value-Added [J]. *Asian Economic Papers*, 2015, 14 (3): 129 – 144.

[211] Choquette, E. Import-based Market Experience and Firms' Exit from Export Markets [J]. *Journal of International Business Studies*, 2019, 50 (3): 423 – 449.

[212] Cobb, C. W. and Douglas, P. H. A Theory of Production [J]. *American Economic Review*, 1928, 18 (1): 139 – 165.

[213] Copeland, B. R. and Taylor, M. S. North-South Trade and the Environment [J]. *The Quarterly Journal of Economics*, 1994, 109 (3): 755 – 787.

[214] Corless R. M., Gonnet G. H., Hare D. E. G., Jeffrey D. J. and Knuth D. E. On the Lambert W Function [J]. *Advances in Computational Mathematics*, 1996, 5 (1): 329 – 359.

[215] Covin, J. G. and Miller, D. International entrepreneurial orientation: Conceptual considerations, research themes, measurement issues, and future research directions [J]. *Entrepreneurship Theory and Practice*, 2014, 38 (1): 11 – 44.

[216] Cozza, C., Rabellotti, R. and Sanfilippo, M. The impact of outward FDI on the performance of Chinese firms. *China Economic Review*, 2015, 36: 42 – 57.

[217] Córcoles, D., Díaz-Mora, C. and Gandoy, R. Export Survival in Global Production Chains [J]. *The World Economy*, 2015, 38 (10): 1526 – 1554.

[218] Cui, Y. and Liu, B. Manufacturing Servitisation and Duration of Exports in China [J]. *The World Economy*, 2018, 41 (6): 1695 – 1721.

[219] Damijan, J. P. and Knell, M. How Important Is Trade and Foreign Ownership in Closing the Technology Gap? Evidence from Estonia and Slovenia [J]. *Review of World Economics*, 2005, 141 (2): 271 – 295.

[220] Davis, C. L., Fuchs, A. and Johnson, K. State Control and the Effects of Foreign Relations on Bilateral Trade [J]. *Journal of Conflict Resolution*, 2019, 63 (2): 405 – 438.

［221］Díaz-Mora, C. , Gandoy, R. and Gonzalez-Diaz, B. Strengthening the Stability of Exports Through GVC Participation ［J］. *Journal of Economic Studies*, 2018, 45 (3): 610 – 637.

［222］Dietzenbacher, E. , Romero, I. R. and Bosma, N. S. Using Average Propagation Lengths to Identify Production Chains in the Andalusian Economy/Empleando Longitudes Medias de Propagación para Identificar Cadenas Productivas en la Economia Andaluza ［J］. *Estudios de Economía Aplicada*, 2005, 23: 405 – 422.

［223］Djankov, S. and Hoekman, B. Foreign Investment and Productivity Growth in Czech Enterprises ［J］. *The World Bank Economic Review*, 2000, 14 (1): 49 – 64.

［224］Driffield, N. , Love, J. H. and Menghinello, S. The Multinaional Enterprise as a Source of International Knowledge Flows: Direct Evidence From Italy ［J］. *Journal of International Business Studies*, 2009, 41 (2): 350 – 359.

［225］Driffield, N. , Love, J. H. and Taylor, K. Productivity and Labour Demand Effects of Inward and Outward Foreign Direct Investment on UK Industry ［J］. *The Manchester School*, 2009, 77 (2): 171 – 203.

［226］Drogendijk, R. and Slangen, A. Hofstede, Schwartz, or Managerial Perceptions? The Effects of Different Cultural Distance Measures on Establishment Mode Choices by Multinational Enterprises ［J］. *International Business Review*, 2006, 15 (4), 361 – 380.

［227］Duanmu, J. L. and Urdinez, F. The Dissuasive Effect of U. S. Political Influence on Chinese FDI During the "Going Global" Policy Era ［J］. *Journal of Asian and African Studies*, 2018, 20 (1): 38 – 69.

［228］Dunning, J. H. Explaining the International Direct Investment Position of Countries: Towards a Dynamic or Developmental Approach ［C］. In: Black, J. , Dunning, J. H. , Eds. , *International Capital Movements*, London: Palgrave Macmillan, 1982.

［229］Dunning, J. H. Reappraising the Eclectic Paradigm in an Age of Alliance Capitalism ［J］. *Journal of International Business Studies*, 1995, 26 (3): 461 – 491.

［230］Dunning, J. H. Trade, Location of Economic Activity and the MNE: A Search for an Eclectic Approach ［C］. In: Ohlin, B. , Hesselborn, P. O. and Wijkman, P. M. , Eds. , *The International Allocation of Economic Activity*, London: Palgrave Macmillan, 1977.

［231］Easterby-Smith, M. , Graca, M. , Antonacopoulou, E. and Ferdinand, J. Absorptive Capacity: Process Perspective ［J］. *Management Learning*, 2008, 39 (5): 483 – 501.

［232］Eckel, C. , Iacovone, L. , Javorcik, B. and Neary, J. P. Multi-product Firms at Home and Away: Cost-versus Quality-based Competence ［J］. *Journal of International Economics*, 2015, 95 (2): 216 – 232.

[233] Esteve-Pérez, S. , Requena-Silvente, F. and Pallardó-Lopez, V. J. The Duration of Firm-destination Export Relationships: Evidence from Spain, 1997 – 2006 [J]. *Economic Inquiry*, 2013, 51 (1), 159 – 180.

[234] Fally, T. Production Staging: Measurement and Facts [R]. *FREIT Working Paper*, 2012.

[235] Fang, Y. , Gu, G. and Li, H. The Impact of Financial Development on the Upgrading of Chinese Export Technical Sophistication [J]. *International Economics and Economic Policy*, 2014, 12 (2): 257 – 280.

[236] Feenstra, R. C. A Homothetic Utility Function for Monopolistic Competition Models, Without Constant Price Elasticity [J]. *Economics Letters*, 2003, 78: 79 – 86.

[237] Feenstra, R. C. , Hong, C. , Ma, H. and Spencer, B. J. Contractual Versus Noncontratual Trade: The Role of Institutions In China [J]. *Journal of Economic Behavior & Organization*, 2013, 94: 281 – 294.

[238] Fosfuri, A. and Tribo, J. Exploring the Antecedents of Potential Absorptive Capacity and Its Impace on Innovation Performance [J]. *Omega*, 2008, 36 (2): 173 – 187.

[239] Gerschewski, S. , Rose, E. L. and Lindsay, V. J. Understanding the Drivers of International Performance for Born Global Firms: An Integrated Perspective [J]. *Journal of World Business*, 2015, 50 (3): 558 – 575.

[240] Gervais, A. Product Quality and Firm Heterogeneity in International Trade [J]. *Canadian Journal of Economics*, 2015, 48 (3): 1152 – 1174.

[241] Greenaway, D. and Kneller, R. Firm Heterogeneity, Exporting and Foreign Direct Investment [J]. *The Economic Journal*, 2007, 117 (517): 134 – 161.

[242] Görg, H. , Kneller, R. and Muraközy B. What Makes a Successful Export? Evidence from Firm-product-level Data [J]. *Canadian Journal of Economics*, 2012, 45 (4): 1332 – 1368.

[243] Gullstrand, J. and Persson, M. How to Combine High Sunk Costs of Exporting and Low Export Survival [J]. *Review of World Economics*, 2015, 151 (1): 23 – 51.

[244] Hakkala, K. N. , Heyman, F. and Sjöholm, F. Multinational Firms, Acquisitions and Job Tasks [J]. *European Economic Review*, 2014, 66, 248 – 265.

[245] Head, K. and Ries, J. Heterogeneity and the FDI Versus Export Decision of Japanese Manufacturers [J]. *Journal of the Japanese and International Economies*, 2003, 17 (4): 448 – 467.

[246] Head, K. and Ries, J. Overseas Investment and Firm Exports [J]. *Review of International Economics*, 2001, 9 (1): 108 – 122.

[247] Hejazi, W. A. and Edward, S. Trade, Foreign Direct Investment, and R&D Spillovers [J]. *Journal of International Business Studies*, 1999, 30: 491 – 511.

[248] Helpman, E., Melitz, M. J. and Yeaple, S. R. Export Versus FDI with Heterogeneous Firms [J]. *American Economic Review*, 2004, 94 (1): 300 – 316.

[249] Helpman, E. Multinational Corporations and Trade Structure [J]. *The Review of Economic Studies*, 1985, 52 (3): 443 – 457.

[250] Hennart, J. and Larimo, J. The Impact of Culture on the Strategy of Multinational Enterprises: Does National Origin Affect Ownership Decisions? [J]. *Journal of International Business Studies*, 1998, 29 (3): 515 – 538.

[251] Hennart, J. and Reddy, S. The Choice Between Mergers/Acquisitions and Joint Ventures: The Case of Japanese Investors in the United States [J]. *Strategic Management Journal*, 1997, 18 (1): 1 – 12.

[252] Hennart, J. F. and Park, Y. R. Greenfield vs. Acquisition: The Strategy of Japanese Investors in the United States [J]. *Management Science*, 1993, 39 (9), 1054 – 1070.

[253] Hess, W. and Persson, M. The Duration of Trade Revisited: Continuous-time Versus Discrete-time Hazards [J]. *Empirical Economics*, 2012, 43 (3): 1083 – 1107.

[254] Hsu, C. W., Lien, Y. C. and Chen, H. R&D Internationalization and Innovation Performance [J]. *International Business Reviews*, 2015, 24 (2): 187 – 195.

[255] Huang, Y. and Zhang, Y. How Does Outward Foreign Direct Investment Enhance Firm Productivity? A Heterogeneous Empirical Analysis From Chinese Manufacturing [J]. *China Economic Review*, 2017, 44: 1 – 15.

[256] Hummels, D., Ishii, J. and Yi, K. The Nature and Growth of Vertical Specialization in World Trade [J]. *Journal of International Economics*, 2001, 54 (1): 75 – 96.

[257] Humphrey, J. and Schmitz, H. How Does Insertion in Global Value Chains Affect Upgrading in Industrial Clusters? [J]. *Regional Studies*, 2002, 36 (9): 1017 – 1027.

[258] Hymer, S. *The International Operations of National Firms: A Study of Direct Foreign Investment* [M]. Cambridge, MA: MIT Press, 1976.

[259] Iacovone, L. and Javorcik, B. S. Multi-product Exporters: Product Churning, Uncertainty and Export Discoveries [J]. *The Economic Journal*, 2010, 120 (544): 481 – 499.

[260] Iwasa, T. and Odagiri, H. Overseas R&D, Knowledge Sourcing, and Patenting: An Empirical Study of Japanese R&D Investment in the US [J]. *Research Policy*, 2004, 33 (5): 807 – 828.

[261] Jaud, M., Kukenova, M. and Strieborny, M. Financial Development and Sustainable Exports: Evidence from Firm-product Data [J]. *The World Economy*, 2015, 38 (7):

1090 – 1114.

[262] Javorcik, B. S. Does Foreign Direct Investment Increase the Productivity of Domestic Firms? In Search of Spillovers Through Backward Linkages [J]. *American Economic Review*, 2004, 94 (3): 605 – 627.

[263] Kam, A. J. Y. International Production Networks and Host Country Productivity: Evidence from Malaysia [J]. *Asian-Pacific Economic Literature*, 2013, 27 (1): 127 – 146.

[264] Kaplan, E. L. and Meier, P. Nonparametric Estimation from Incomplete Observations [J]. *Journal of the American Statistical Association*, 1958, 53 (282): 457 – 481.

[265] Kee, H. L. and Tang, H. Domestic Value Added in Exports: Theory and Firm Evidence from China [J]. *American Economic Review*, 2016, 106 (6): 1402 – 1436.

[266] Kimura, F. and Kiyota, K. Exports, FDI, and Productivity: Dynamic Evidence from Japanese Firms [J]. *Review of World Economics*, 2006, 142 (4): 695 – 719.

[267] Kogut, B. and Singh, H. The Effect of National Culture on the Choice of Entry Mode [J]. *Journal of International Business Studies*, 1988, 19 (3): 411 – 432.

[268] Kojima, K. Direct Foreign Investment: *A Japanese Model of Multinational Business Operations* [M]. London: Croom Helm, 1978.

[269] Koopman, R., Powers, W., Wang, Z. and Wei, S. Give Credit Where Credit Is Due: Tracing Value Added in Global Production Chains [R]. *NBER Working Paper*, 2010, No. 16426.

[270] Koopman, R., Wang, Z. and Wei, S. J. How Much of Chinese Exports is Really Made in China? Assessing Domestic Value-Added When Processing Trade is Pervasive [R]. *NBER Working Paper*, 2008, No. 14109.

[271] Koopman, R., Wang Z. and Wei S. J. Tracing Value-Added and Double Counting in Gross Exports [J]. *American Economic Review*, 2014, 104 (2): 459 – 494.

[272] Krugman, P. *Geography and Trade* [M]. Cambridge, MA: Leuven University Press and MIT Press, 1991.

[273] Lall, S. Determinants of R&D in an LDC: The Indian Engineering Industry [J]. *Economics Letters*, 1983, 13 (4): 379 – 383.

[274] Leahy, D. and Pavelin, S. Follow-my-leader FDI and Tacit Collusion [J]. *International Journal of Industrial Organization*, 2003, 21 (3): 439 – 453.

[275] Levinsohn, J. and Petrin, A. Estimating Production Functions Using Inputs to Control for Unobservables [J]. *Review of Economic Studies*, 2003, 70 (2): 317 – 341.

[276] Li, L., Liu, X., Yuan, D. and Yu, M. Does Outward FDI Generate Higher Productivity for Emerging Economy MNEs? Micro-level Evidence from Chinese Manufacturing

Firms [J]. *International Business Review*, 2017, 26: 839 – 854.

[277] Loane, S., Bell, J. D. and McNaughton, R. A cross-national study on the impact of management teams on the rapid internationalization of small firms [J]. *Journal of World Business*, 2007, 42 (4): 489 – 504.

[278] Loecker, J. D. Do Exports Generate Higher Productivity? Evidence from Slovenia [J]. *Journal of International Economics*, 2007, 73 (1): 69 – 98.

[279] Love, J. H. and Máñez, J. A. Persistence in Exporting: Cumulative and Punctuated Learning Effects [J]. *International Business Review*, 2019, 28 (1): 74 – 89.

[280] López-Duarte, C. and Vidal-Suárez, M. M. External Uncertainty and Entry Mode Choice: Cultural Distance, Political Risk and Language Diversity [J]. *International Business Review*, 2010, 19 (6), 575 – 588.

[281] Ma, H., Wang, Z. and Zhu, K. Domestic Content in Chinese Exports and its Distribution by Firm Ownership [J]. *Journal of Comparative Economics*, 2015, 43 (1): 3 – 18.

[282] Manova, K. Credit Constraints, Heterogeneous Firms, and International Trade [J]. *Review of Economic Studies*, 2013, 80: 711 – 744.

[283] Markusen, J. R. Factor Movements and Commodity Trade as Complements [J]. *Journal of International Economics*, 1983, 14 (3 – 4): 341 – 356.

[284] Markusen, J. R. The Boundaries of Multinational Enterprises and the Theory of International Trade [J]. *Journal of Economic Perspective*, 1995, 9 (2): 169 – 189.

[285] Melitz, M. J. The Impact of Trade on Intra-Industry Reallocations and Aggregate Industry Productivity [J]. *Econometrica*, 2003, 71 (6): 1695 – 1725.

[286] Meyer, K. E., Estrin, S., Bhaumik, S. K. and Peng, M. W. Institutions, Resources, and Entry Strategies in Emerging Economies [J]. *Strategic Management Journal*, 2009, 30 (1): 61 – 80.

[287] Morosini, P., Shane, S. and Singh, H. National Cultural Distance and Cross-Border Acquisition Performance [J]. *Journal of International Business Studies*, 1998, 29 (1): 137 – 158.

[288] Nam, K. and Li, X. Out of Passivity: Potential Role of OFDI in IFDI-Based Learning Trajectory [J]. *Industrial and Corporate Change*, 2013, 22 (3): 711 – 743.

[289] Navas-Alemán, L. The Impact of Operating in Multiple Value Chains for Upgrading: The Case of the Brazilian Furniture and Footwear Industries [J]. *World Development*, 2011, 39 (8): 1386 – 1397.

[290] Nguyen, D. X. Demand Uncertainty: Exporting Delays and Exporting Failures [J]. *Journal of International Economics*, 2012, 86 (2): 336 – 344.

[291] Nitsch, V. Die Another Day: Duration in German Import Trade [J]. *Review of World Economics*, 2009, 145 (1): 133 – 154.

[292] Noorzoy, M. S. Flows of Direct Investment and Their Effects on U. S. Domestic Investment [J]. *Economics Letters*, 1980, 5 (4): 311 – 317.

[293] Nummela, N., Saarenketo, S., Jokela, P. and Loane, S. Strategic Decision-making of a Born Global: A Comparative Study From Three Small Open Economies [J]. *Management International Review*, 2014, 54 (4): 527 – 550.

[294] Obashi, A. Stability of Production Networks in East Asia: Duration and Survival of Trade [J]. *Japan and the World Economy*, 2010, 22: 21 – 30.

[295] Orefice, G. and Rocha, N. Deep Integration and Production Networks: An Empirical Analysis [J]. *The World Economy*, 2013, 37 (1): 106 – 136.

[296] Pain, N. and Wakelin, K. Export Performance and the Role of Foreign Direct Investment [J]. *The Manchester School*, 1998, 66 (S): 62 – 88.

[297] Panaond, P. Where Do We Go from Here?: Globalizing Subsidiaries Moving Up the Value Chain [J]. *Journal of International Management*, 2013, 19 (3): 207 – 219.

[298] Potterie, B., Van P. de la and Lichtenberg, F. Does Foreign Direct Investment Transfer Technology Across Borders? [J]. *Review of Economics and Statistics*, 2001, 83 (3): 490 – 497.

[299] Potterie, B. van P. de la and Lichtenberg, F. Does Foreign Direct Investment Transfer Technology Across Borders? [J]. *Review of Economics and Statistics*, 2001, 83 (3): 490 – 497.

[300] Redding, S. and A. J. Venables. Economic Geography and International Inequality [J]. *Journal of International Economics*, 2004, 62 (1): 53 – 82.

[301] Reeve, T. A. Factor Endowments and Industrial Structure [J]. *Review of International Economics*, 2006, 14 (1): 30 – 53.

[302] Rodríguezlópez, J. A. Prices and Exchange Rates: A Theory of Disconnect [J]. *Review of Economic Studies*, 2011, 78 (3): 1135 – 1177.

[303] Shao, J., Xu, K. and Qiu, B. Analysis of Chinese Manufacturing Export Duration [J]. *China & World Economy*, 2012, 20 (4): 56 – 73.

[304] Simpson, H. How do Firms' Outward FDI Strategies Relate to Their Activity At Home? Empirical Evidence for the UK [J]. *The World Economy*, 2010, 35 (3): 243 – 272.

[305] Stevens, G. V. G. and Lipsey, R. E. Interactions Between Domestic and Foreign Investment [J]. *Journal of International Money and Finance*, 1992, 11 (1): 40 – 62.

[306] Stirbat, L., Record, R. and Nghardsaysone, K. The Experience of Survival: Determinants of Export Survival in Lao PDR [J]. *World Development*, 2015, 76: 82 – 94.

［307］ Sun, C. and Liu, Y. Can Chinese Diplomatic Partnership Strategy Benefit Outward Foreign Direct Investment? ［J］. *China & World Economy*, 2019, 27（5）: 108 – 134.

［308］ Swenson, D. L. Explaining Domestic Content: Evidence from Japanese and U. S. Auto Production in the U. S. ［J］. *NBER Working Paper*, 1996, No. 5495.

［309］ Tang, H., Wang, F. and Wang, Z. The Domestic Segment of Global Supply Chains in China Under State Capitalism ［R］. *HKIMR Working Paper*, 2015, No. 05/2015.

［310］ Tebaldi, E. and Elmslie, B. Does Institutional Quality Impact Innovation? Evidence from Cross-Country Patent Grant Data ［J］. *Applied Economics*, 2013, 45（7）: 887 – 900.

［311］ Tian, X., Lo, V. I. and Song, M. The "Insider" and "Outsider" Effects of FDI Technology Spillovers: Some Evidence ［J］. *The Journal of Developing Areas*, 2016, 50（5）: 1 – 12.

［312］ Türkcan, K. and Saygılı, H. Economic Integration Agreements and the Survival of Exports ［J］. *Journal of Economic Integration*, 2018, 33（1）: 1046 – 1095.

［313］ Türkcan, K. and Saygılı, H. Global Production Chains and Export Survival ［J］. *Eastern European Economics*, 2019, 57（2）: 103 – 129.

［314］ Türkcan, K. On the Role of Vertical Differentiation in Enhancing Survival of Export Flows: Evidence From a Developing Country ［R］. *MPRA Working Paper*, 2016, No. 71023.

［315］ Upward, R., Wang, Z. and Zheng, J. Weighing Chinese Export Basket: The Domestic Content and Technology Intensity of Chinese Exports ［J］. *Journal of Comparative Economics*, 2013, 41（2）: 527 – 543.

［316］ Vanninen, H., Kuivalainen, O. and Ciravegna, L. Rapid multinationalization: Propositions for studying born micromultinationals ［J］. *International Business Review*, 2017, 26（2）: 365 – 379.

［317］ Vernon, R. International Investment and International Trade in the Product Cycle ［J］. *The Quarterly Journal of Economics*, 1966, 80（2）: 190 – 207.

［318］ Wagner, J. Exports, Foreign Direct Investment, and Productivity: Evidence from German Firm Level Data ［J］. *Applied Economics Letters*, 2006, 13（6）: 347 – 349.

［319］ Wang, Q., Zhu, Y. and Wang, Y. The Effects of Oil Shocks on Export Duration of China ［J］. *Energy*, 2017, 125: 55 – 61.

［320］ Wang, Y., Ning, L., Li, J. and Prevezer, M. Foreign Direct Investment Spillovers and the Geography of Innovation in Chinese Regions: The Role of Regional Industrial Specialization and Diversity ［J］. *Regional Studies*, 2014, 50（5）: 805 – 822.

［321］ Wang, Z. and Wei, S. What Accounts for the Rising Sophistication of Chinese Exports? [J]. *NBER Working Paper*, 2008, No. 13771.

[322] Wang, Z. , Powers, W. and Wei, S. Value Chains in East Asian Production Net-works—An International Input-Output Model Based Analysis [R]. *USITC Working Paper*, 2009, No. 2009 – 10 – C.

[323] Wells, L. T. *Third World Multinationals: the Rise of Foreign Investment from Devel-oping Countries* [M]. Cambridge, MA: The MIT Press, 1983.

[324] Xing, Y. and Kolstad, C. D. Do Lax Environmental Regulations Attract Foreign In-vestment [J]. *Environmental and Resource Economics*, 2002, 21 (1): 1 – 22.

[325] Xu J. , Mao, Q. and Tong, J. The Impact of Exchange Rate Movements on Multi-product Firms' Export performance: evidence from China [J]. *China Economic Review*, 2016, 39: 46 – 62.

[326] Yan, B. , Zhang, Y. , Shen, Y. and Han, J. Productivity, Financial Constraints and Outward Foreign Direct Investment: Firm-level Evidence [J]. *China Economic Review*, 2018, 47: 47 – 64.

[327] Yang, S. F. , Chen, K. M. and Huang, T. H. Outward Foreign Direct Investment and Technical Efficiency: Evidence from Taiwan's Manufacturing Firms [J]. *Journal of Asian Economics*, 2013, 27: 7 – 17.

[328] Yeaple, S. R. Firm Heterogeneity and the Structure of U. S. Multinational Activity [J]. *Journal of International Economics*, 2009, 78 (2), 206 – 215.

[329] Yeaple, S. R. Offshoring, Foreign Direct Investment, and the Structure of U. S. Trade [J]. *Journal of the European Economic Association*, 2006, 4 (2 – 3): 602 – 611.

[330] Zejan, M. C. New Ventures or Acquisitions: The Choice of Swedish Multinational Enterprises [J]. *The Journal of Industrial Economics*, 1990, 38 (9), 349 – 355.

[331] Zhu, S. and Fu, X. Drivers of Export Upgrading [J]. *World Development*, 2013, 51: 221 – 233.

[332] Zhu, X. , Liu, B. and Wei, Q. Does Participation in Global Value Chains Extend Export Duration? [J]. *Review of Development Economics*, 2019, 23 (3): 1282 – 1308.